《农村干部经营管理培训教材》
基 础 理 论 知 识 丛 书

农村干部法律基础知识教程

郑明琛　宋孟阳　主编

中国环境科学出版社·北京

图书在版编目（CIP）数据

农村干部法律基础知识教程/郑明琛，宋孟阳主编. —北京：中国环境科学出版社，2010.3（2011.9 重印）
（《农村干部经营管理培训教材》基础理论知识丛书）
ISBN 978-7-80209-448-2

Ⅰ. 农… Ⅱ. ①郑… ②宋… Ⅲ. 法律—基本知识—中国—干部教育—教材 Ⅳ. D92

中国版本图书馆 CIP 数据核字（2010）第 032239 号

责任编辑 俞光旭 徐于红
封面设计 龙文视觉

出版发行 中国环境科学出版社
（100062 北京东城区广渠门内大街 16 号）
网 址：http://www.cesp.com.cn
联系电话：010-67112765（总编室）
发行热线：010-67125803
印 刷 北京中科印刷有限公司
经 销 各地新华书店
版 次 2010 年 3 月第 1 版
印 次 2011 年 9 月第 2 次印刷
开 本 880×1230 1/32
印 张 9
字 数 250 千字
定 价 28.00 元

《农村干部经营管理培训教材》
基础理论知识丛书编委会

《农村干部法律基础知识教程》

编 委 会

前 言

建设“生产发展、生活富裕、乡风文明、村容整洁、管理民主”的社会主义新农村，是党中央提出的一项战略任务，是贯彻落实科学发展观、建设小康、构建和谐社会在广大农村的综合体现。要顺利完成这一重大的战略任务，培养一支扎根农村、贴近农民、服务农业，有文化、懂技术、会经营、善管理的村级组织带头人至关重要。因此，充分了解农村干部培训的需求，有针对性地加强农村干部培训，是基层党校搞好农村干部培训工作的重中之重。但是，在农村干部培训的教学过程中，往往缺乏理论与实践相结合的实用、可行的教材。现行的培训教材，一般讲政治理论、形势任务多，教实用技术、工作方法少，与希望获得新知识、新技术的村级组织带头人的要求相去甚远。“工欲善其事，必先利其器”，做好农村干部培训工作，重要的一环是要有一套适应本地农村经济发展特点、适应农村干部需求的好教材。为了满足农村干部学习的愿望，落实上级关于实施农村干部素质工程的意见，我们组织有关教学研究人员和实际工作者，根据新时期党对农村工作的要求和农村工作的特点，本着实际、实用、实效的原则，编写了这套农村干部经营管理培训教材。

这套教材融党的农村政策法规、各地改革实践和现代农业新科技于一体，内容丰富翔实、技术先进、信息权威，突出了实用性、时效性和规范性，注重总结农业生产实践中的经验，实现了知识与技能的有机结合，达到了既能使农村基层干部掌握基本理论和基本技能知识，又能触类旁通，扩展知识面，切实提高自身素质，增强工作能力的目的。这套教材将极大地方便各地党校的教学培训工作，同时在提高农民科技文化素质，促进农业增效，农民增收，农村和谐，进而推进农村经济社会全面发展，发挥了积极重要的作用。

在编写这套教材的过程中，得到了有关部门和单位的大力支持，参考了近千种农业专著及报刊资料，在此一并致谢，恕不一一注明。

由于水平有限，加之时间紧迫，缺点错误在所难免，敬请各位同仁及广大读者批评指正。

编者

2010年3月

目　录

第一章　农村法概述 …… 1
第一节　农村法的概念 …… 1
第二节　农村法的属性 …… 6
第三节　农村法律与农村政策的关系 …… 9

第二章　国内外农业立法概况 …… 12
第一节　国外农业立法简介 …… 12
第二节　我国农业立法发展状况 …… 19

第三章　农业法 …… 23
第一节　农业法概述 …… 23
第二节　农业生产经营体制 …… 29
第三节　农业生产 …… 33
第四节　农产品流通、加工和粮食安全 …… 38
第五节　农业投入与支持保护 …… 43
第六节　农业科技与农业教育 …… 46
第七节　农业资源与农业环境保护 …… 50
第八节　农民权益保护 …… 54
第九节　农村经济发展 …… 58
第十节　执法监督 …… 61

第四章　农村土地法律制度 …… 64
第一节　农业用地法律制度 …… 64

第二节 农村土地承包法律制度 68
第三节 农村宅基地政策与法规 78

第五章 农业环境保护法律制度 84
第一节 环境保护法律制度 84
第二节 农业环境保护法律制度 93
第三节 水法 94
第四节 水土保持法 98
第五节 基本农田保护法律制度 101

第六章 农业行政执法 106
第一节 农业行政执法概述 106
第二节 农业行政执法主体和农业行政执法相对人 109
第三节 农业行政执法手段 113
第四节 农业行政执法程序 121
第五节 农业行政处罚程序 124

第七章 农业生产安全法律制度 131
第一节 种子法 131
第二节 农药管理法律制度 138
第三节 兽药管理法律制度 144

第八章 农产品安全法律制度 150
第一节 农产品质量安全法律制度 150
第二节 有关安全食品的法律制度 156
第三节 农药管理法律制度 165
第四节 农村动物卫生检疫和农村动物疫病扑灭制度 170

第九章 农村经济组织法律制度 177
第一节 乡镇企业法 177
第二节 合伙企业法 182

第三节　个人独资企业法 190
第四节　公司法 193
第五节　个体工商户与农村承包经营户法律制度 219

第十章　农村社会保障政策与法规 223
第一节　农村社会保障政策及其目标 223
第二节　新型农村合作医疗政策 225
第三节　其他农村社会保障政策 232

第十一章　农村社会生活法律制度 240
第一节　婚姻法 240
第二节　继承法 246
第三节　收养法 249

第十二章　农村经济纠纷的仲裁和诉讼 253
第一节　农村经济纠纷的解决途径 253
第二节　仲裁 255
第三节　诉讼 265

参考文献 278

第一章 农村法概述

第一节 农村法的概念

一、什么是农村法

农村法，是指由国家及地方立法机关制定和颁布的，调整人们在农业和农村经济活动中所发生的特定农业和农村经济关系的法律、行政法规、地方性法规以及政府规章等规范性文件的总称。它不仅是农业生产经营组织和农民（或农户）等农业法主体从事农业和农村经济活动的行为准则；而且也是国家领导、组织、协调和管理农业和农村经济的重要手段，是促进农业和农村经济的持续、稳定、健康发展的强有力工具。

农村法有广义和狭义之分，狭义的农村法是指调整在国家促进农业和农村经济发展中发生的社会关系的法律规范，即农业法。如美国1933 年 5 月颁布的《农业调整法》、联邦德国 1955 年制定的《农业法》、日本 1961 年制定的《农业基本法》以及 2002 年 12 月 28 日修订的《中华人民共和国农业法》等。《农业法》不仅是保障农业和农村经济活动的基本法律，而且也是制定各项具体农业法律的直接法律依据。广义的农村法除农业基本法外，还包括调整农业生产经营体制及农业生产的法律，如《土地管理法》、《种子法》、《农业技术推广法》等。此外，还有大量行政法规、规章以及地方性法规等。因此，农村法包含农业法，其范围要比农业法广泛得多。后者所调整国家促进农业和农村经济发展中发生的社会关系只是农业和农村经济活动中的一部分。

二、农村法的调整对象

传统大陆法学理论是按照法（即指法律规范的总称）所调整的社会关系的不同领域来划分法律部门的。法律部门划分的最基本的标志，是法律规范所调整的对象，调整同一类性质社会关系的法律规范结合成一组，即构成了一个独立的法律部门。这一理论在划分、规范法律部门方面起过极其重要的历史作用，至今我们仍然以社会关系作为划分法律部门的基本标准。但是必须看到，在现代市民社会，平权的民事关系与非平权的管理关系以及隶属性的行政关系日益交融、难以分辨；同一类性质社会关系已成为一个具有多元化、立体化和复杂化特征和不可分割的有机整体，呈现出一个法律部门不一定就只能调整一种社会关系，一种社会关系也不一定就只能由一个法律部门来调整，即一个法律部门也可能调整有着内在统一联系的两种或两种以上的社会关系，或一种社会关系也可能由两个或两个以上的法律部门从不同角度、不同层次进行调整。目前，农业和农村经济关系已不仅是一类相对独立的社会经济关系，而已成为一个与整个社会不可分割的有机组分，具有多元化、立体化和复杂化特点；同时，农业和农村经济关系的特点之决定，目前一个法律部门无法调整全部的农业和农村经济关系，而应由目前的民法、行政法、经济法等法律部门从不同角度、不同手段、不同方法进行既有分工、又有协作的综合性调整。

农村法的调整对象应是特定农业和农村经济关系。“特定农业和农村经济关系”，其含义是：农村法既不是调整所有的农业和农村经济关系，也不是调整非农业和农村经济关系，而只是调整特定或重要的农业和农村经济关系，即部分农业和农村经济关系，它是有一定范围的。我国农村法调整对象的特定农业和农村经济关系，主要包括以下四类：

（一）农业和农村经济活动中的民事关系

所指的是平等主体的自然人（或公民）之间、法人之间、其他组织之间、自然人和法人以及其他组织之间在农业和农村经济活动中形成的财产关系，即人们在生产、流通、分配和消费过程中形成的具有经济内容的社会关系。农业和农村经济活动中的民事关系，如农民集体土地所有权关系、农村土地承包关系、土地租赁关系、土地承包经营权抵押关系、农业社会化服务关系、农业知识产权的使用许可和转让关系、乡镇企业联营和合伙关系、农业技术开发和转让与咨询和服务关系等。

农业和农村经济活动中的民事关系具有民事关系的特点：① 民事关系为横向的社会关系。② 民事关系中当事人法律地位平等。③ 自愿、公平、互利、协商达成这类关系。④ 当事人之间的权利与义务一般应是对等的，即等价有偿的。⑤ 当事人可以相对自由地处分自己的权益。

农业和农村经济活动中的民事关系具有自身的特点：① 这类民事关系是在农业和农村经济活动中形成的。② 这类民事关系的当事人中至少一方为农业法主体。③ 这类民事关系只包括财产关系，具有一定经济内容的民事关系，不包括人身关系，民法中的民事关系包括财产关系和人身关系。④ 这类民事关系主要由农业民事法律规范加以保护。

（二）农业和农村经济活动中的行政关系

指农业行政主体（职能行政主体与授权行政主体）在依法行使农业行政职权时，与相对主体（行政相对人）在农业和农村经济活动中发生的各种社会关系。农业行政主体产生行政职权有两种方式：一是法律、法规的规定。如《农业法》第 9 条："各级人民政府对农业和农村经济发展工作统一负责，组织各有关部门和全社会做好发展农业和为发展农业服务的各项工作。国务院农业行政主管部门主管全国农业和农村经济发展工作，国务院林业行政主管部门和其他有关部门在各自的职责范围内，负责有关的农业和农村经济发展工作。县级以上地方人民政府各级农业行政主管部门负责本行政区域内的种植业、畜牧业、渔业等农业和农村经济发展工作，林业行政主管部门负责本行政区域内的林业工作。县级以上地方人民政府其他有关部门在各自的职责范围内，负责本行政区域内有关的为农业生产经营服务的工作”；又如《宪法》第 107 条第二款规定：“乡、民族乡、镇的人民政府执行本级人民代表大会的决议和上级国家行政机关的决定和命令，管理本行政区域内的行政工作”；等等。二是行政授权。如村民委员会在某些行政管理方面，因法律法规授权而成为行政主体，如《村民委员会组织法》第 5 条第三款规定：“村民委员会依照法律规定，管理本村属于农民集体所有的土地和其他财产”。有的是一个行政主体依法把自己行政职权的部分或全部赋予另一个组织，从而使后一个组织能以自己的名义行使行政职权。农业和农村经济活动中的行政关系，如通过核发兽药生产许可证、兽药经营许可证、兽药制剂许可证、兽药产品批准文号、植物检疫证书、兽医卫生合格证、畜禽产品检疫证明、种子生产许可证、种子经营许可证等形成这类关系，还可以通过进口饲料许可、农药登记许可等发生这类关系；等等。

农业和农村经济活动中的行政关系具有行政关系的特点：① 在行政关系中，必须有一方是行政主体。② 行政关系具有隶属性，即纵向的命令与服从。③ 当事人在行政法律关系中的权利与义务不能自由处分。④ 行政主体必须依法行使行政职权，真正做到“依法行政”。⑤ 行政主体享有优益权，并有处理行政争议的权力。

农业和农村经济活动中的行政关系具有自身的特点：① 在农业行政法律关系中，必须有一方是农业行政主体。② 这类行政关系是在农业和农村经济活动中形成的。③ 农业行政主体依行政职权在农业和农村经济领域发生的这类行政关系，即农业行政经济关系或具有一定经济内容的行政关系，不涉及政治、公安、民政、军事、外交等领域的行政关系。④ 这类行政关系主要由农业行政法律规范加以保护。

（三）农业和农村经济活动中的经济管理关系

国家经济管理机关在实施国家管理农业经济职权时与农业生产经

营等组织和农民在组织、管理、调控、监督中发生的以及农业生产经营组织内部的纵向社会关系。农业和农村经济活动中的经济管理关系包括四类：第一类，国家对农业和农村经济的管理关系，是国家对农业生产部门、流通部门和其他农业生产流通直接有关的部门进行集中统一组织、指挥、协调和管理的关系；第二类，国家机关与农业生产经营组织和农业劳动者之间的经济管理关系；第三类，农业生产经营组织内部的经济管理关系；第四类，农业经济监督检查关系，这主要是指国家通过财政、银行、审计、统计、会计、海关、税务、物价、工商行政管理等依照农业经济法律、法规对农业和农村经济活动进行监督检查而形成的关系等。

农业和农村经济活动中的经济管理关系具有经济管理关系的特点：①这类经济管理关系，为纵向方面社会关系。②这类经济管理关系是不对称经济关系。③这类经济管理关系，具有指挥和服从、领导和被领导的隶属性质，经济法主体之间的地位并非平权关系。④这类经济管理关系，以“社会整体利益”为本位。⑤这类经济管理关系中，经济职权不可随意转让、放弃和抛弃，即行使经济职权，对于国家经济管理机关来说，既是权利也是义务。

农业和农村经济活动中的经济管理关系具有自身的特点：①这类经济管理关系是在农业和农村经济活动中形成的。②这类经济管理关系的当事人中至少一方为农业法主体。③这类经济管理关系是国家领导、组织、协调和管理农业和农村经济采用的重要形式。④这类经济管理关系主要由农业经济法律规范加以保护。

（四）农业和农村经济活动中的其他经济关系

如农业环境保护关系，农村劳动关系，农村社会保障关系等。农业和农村经济活动中的其他经济关系具有自身的特点：①这类其他经济关系是在农业和农村经济活动中形成的。②这类其他经济关系的当事人中至少一方为农业法主体。③这类其他经济关系主要由其他农业法律规范加以保护。

第二节 农村法的属性

一、农村法的基本属性

农村法以调整特定农业和农村经济关系为对象，而民法、行政法和经济法也从不同角度对经济关系进行调整。显然，农村法与民法、行政法、经济法这三个法律部门联系最为密切。

（一）农村法的民法属性

民法是指调整财产关系和人身关系的民事法律规范的总称。民法的内容包括物权、债权、知识产权、人格权等。民法基本原则的内容包括民事主体地位平等原则、意思自治原则、公平原则、等价有偿原则、诚实信用原则、公序良俗原则等。农村法调整对象特定农业和农村经济关系之具体类型之一的“农业和农村经济活动中的民事关系”也属于民法调整对象的一部分，如农村法中的农民集体土地所有权、土地承包经营权等已成为民法中物权之重要内容；又如《农村土地承包法》第 56 条“关于承包合同违约责任”的规定：“当事人一方不履行合同义务或者履行义务不符合约定的，应当依照《中华人民共和国合同法》的规定承担违约责任”；再如农业知识产权的使用许可与转让应遵循民法中知识产权法的基本原则；等等。随着社会主义农村市场经济的建立和发展，农业和农村经济活动中的民事关系越来越多，理所当然这类农业和农村经济活动中的民事关系受民法调整，必须遵循民法的基本原则，这样才能真正维护农业生产经营组织和农民的合法权益。因此，农村法中的民事法律规范充分体现民法属性。

（二）农村法的行政法属性

行政法是关于行政权力的授予、行使以及对行政权力进行监督和对其后果予以补救的法律规范的总称。行政法其目的在于保障国家行政权力运行的合法性和合理性。国家法律赋予农业行政管理机关依法享有行政职权，农业行政管理机关行政职权在农业和农村经济活动中实施的是行政行为。显然，农业行政管理机关在行政管理农业和农村经济活动时，必须依据行政法原理和行政法律规范，真正做到“依法行政”。对此，《农业法》第 87 条第二款明确规定：“县级以上人民政府农业行政主管部门和有关行政主管部门应当加强规划、指导、管理、协调、监督、服务职责，依法行政，公正执法。”可见，农业行政管理机关依行政职权在农业和农村经济领域发生的各种行政关系，从行政的角度来看是具有一定经济内容的行政关系；从经济的角度来看是具有行政因素的经济关系。但无论从哪种角度来说，都具有行政隶属性质，一方下达指令、命令，一方必须服从，遵照执行。显然，农业和农村经济活动中的行政关系应属行政法调整内容之一，必须遵循行政法的基本原则，才能使农业行政管理机关真正做到依法行政。因此，农村法中的行政法律规范应充分体现行政法属性。

（三）农村法的经济法属性

经济法是国家从整体经济发展的角度、对社会经济活动管理、监督、调控的法律规范的总称。农村法主要调整农业和农村经济活动中的经济关系，目前，国家颁布的农村法规中，主要是农业经济管理法律，如《土地管理法》、《森林法》、《渔业法》、《草原法》、《动物防疫法》、《水法》、《水土保持法》、《防洪法》、《农业税条例》等。因此，农村法中的经济管理法律规范充分体现经济法属性。

二、农村法的专有属性

从上述农村法的基本属性来看，农村法具有民法、行政法和经济法的属性，但其更具有其不同于民法、行政法和经济法的独特属性。

（一）农村法管理手段的独特性

农村法作为管理农业和农村经济的一种手段，与其他管理农业和农村经济的手段相比较，有自身的特点，即具有以法律手段管理经济的那些共有的特征。概括地说，农村法在管理农业和农村经济时的主要特征是：①以国家意志的形式出现，具有高度的权威和普遍的约束力。②以明确的、具体的而又稳定的法律规范形式，规定了人们在农业和农村经济活动中的权利和义务关系。③以国家强制力来保证其贯彻实施。④能建立和维护稳定的农业和农村经济活动的正常秩序，以保证其他各项管理手段的正常运转而发挥各自的作用。

（二）农村法法律属性的独特性

农村法的法律属性兼有公法、私法和社会法的多元性。农村法以调整特定农业和农村经济关系为对象，在特定农业和农村经济关系中，农业和农村经济活动中的民事关系由民法调整，民法属私法领域；农业和农村经济活动中的行政关系由行政法调整，行政法属公法领域；农业和农村经济活动中的经济管理关系由经济法调整，经济法属社会法领域。从涉及经济关系中的调整对象上看，私法的调整对象为平权性质的平等经济关系；公法的调整对象是行政性质的不平等经济关系；社会法的调整对象是管理性质的不对称经济关系。显然，农村法其法律属性具有多元性。

（三）农村法调整原则的独特性

农村法调整原则具有多元性。从涉及农业和农村经济关系的上述三元法律结构来看，公法调整不平等主体之间农业和农村经济关系，主要坚持“依法行政”原则；私法调整平等主体之间农业和农村经济关系，“意思自治”为其原则；社会法调整表面平等、实质不平等的不对称关系，为矫正不对称关系的内在利益失衡，“倾斜保护”原则应运而生。

（四）农村法调整方法的独特性

农村法调整方法上具有多元性。私法主要依靠任意性规范进行调整；公法主要依靠强制性规范进行调整；社会法以强制性与任意性规范的结合为特点。

（五）农村法调整对象的独特性

农村法是调整人们在农业和农村经济活动中所发生的特定农业和

农村经济关系，正是其调整对象的独特性使得农村法有别于民法、行政法、经济法等其他法律部门。

第三节 农村法律与农村政策的关系

法律和政策都是国家调整、管理社会的基本手段，二者相互配合、相互促进，在促进我国农业和农村发展方面发挥着重要的作用。农业的发展必须综合运用多种手段进行调控，适应农业生产力要求的政策对农业的发展具有决定性作用，而政策的有效实施需要运用法制手段和法律形式来保证，否则难以产生应有的效果。

一、农村法律与农村政策的联系

（一）农村政策和农村法律在本质上是一致的

农村政策与农村法律有着共同的价值取向，二者都产生并服务于经济基础，都必须由一定的物质生活条件所决定；二者都是社会的主流意志和要求上升为国家意志和要求；二者所追求的社会目的相同，基本内容一致。

（二）农村政策是农村法律的渊源，农村法律是农村政策的体现

法律使政策的原则性规定具体化、条文化、定型化，为政策提供法律机制的支持，保证政策的国家意志。例如，我国的《农业法》是以《中共中央关于进一步加快农业和农村工作的决定》和党的十四大通过的有关文件为指导，充分肯定 15 年来农村改革的成功经验和基本政策的基础上制定的，党的农业政策在《农业法》总则和各章条款中都有充分体现。

（三）农村法律对农业政策的实施有积极的促进和保障作用

法律的特性决定了其具有其他规范难以比拟的制约、导向、预见、调节和保障功能。因此，充分利用法律的这些功能，把经过实践检验的有益的农业政策上升为法律，使政策实施得到法律强有力的保障，

从而得到更好地贯彻。

二、农村政策与农村法律的区别

（一）制定的主体和程序不同

农村法律是由立法机关依据法定的立法程序制定的；而农村政策是由党的领导机关和国家行政机构根据民主集中制原则制定的。

（二）实施的方式不同

法律是靠国家的强制力来保证实施的，不遵守、不执行或执行不当就是违法，就要负法律责任，受到法律追究。而政策主要靠党或政府行政的纪律、模范人物的带头作用和人民群众的信赖来实现。政策的约束力不如法律，政策执行与否，执行好坏，通常难以有进行判断的量化指标和追究责任的标准。从某种意义上讲，政策是“软件”，法律是“硬件”，政策的强制力不如法律。

（三）表现形式不同

政策表现形式主要有党和国家的决议、决定、通知、规定等文件，而法则以宪法、法律、行政法规等形式表现出来。政策往往规定得比较原则，带有号召性和指导性，较少有具体、明确的权利和义务规定。法律主要由规则构成，具有高度的明确性、具体性，有严格的逻辑结构。法律必须是公开的，而政策不完全是公开的。

（四）稳定性程度不同

政策往往是为完成一定任务而提出的，它要随形势的变化而做相应的调整，在制定和实施中都具有更大的灵活性，更快的变动性。而法律则具有较高的稳定性，法律的制定、修改和废止都必须遵循严格的程序，使法律变动不可能像政策那样频繁，这是法律权威性的程序保证。

三、农村政策与农村法律的辩证统一

（一）正确认识二者的关系

政策与法律都是国家调控和管理农业的重要手段，二者相辅相成。农村政策与农村法律的特点不同，不能互相代替，它们是在功能上互补的两种社会调整方式，即依靠政策指导法律、法规的制定和实施，依靠法律法规保证政策的稳定和有效实施。

（二）正确处理二者的关系

执政党行为的法制化是依法治国的必然要求，执政党应在宪法和法律范围内进行执政，这意味着制定政策不能违背宪法和法律。因此，在实践中，有法律规定的，应依法办事；无法律规定，但有政策规定的，应依政策办事；政策与法律有冲突的，应依法办事。如果法律法规不适合实际形势发展的，应当及时修改、补充、完善，不使政策处于与法律相矛盾的境地。

第二章　国内外农业立法概况

第一节　国外农业立法简介

农业是指种植业、林业、畜牧业和渔业等产业，包括与其直接相关的产前、产中、产后服务。农业是国民经济发展的基础产业，世界各国为了巩固和加强农业的基础地位，促进农业发展，采取了一系列措施调控和保护农业。其中法律作为一种必要和有效的管理手段，已受到世界各国的普遍重视。许多国家十分重视农业立法，制定了大量的农业法律、法规，拥有比较完善的农业立法，走上或已经走上依法治农、依法建农、依法护农和依法兴农之路。

一、美国的农业立法

美国是实现工业化较早的国家，由于自然条件优越，农业生产力比较发达，是世界主要产粮国和粮食出口国。早在 20 世纪 30 年代初的经济大萧条时期，美国农产品出现大量过剩，价格猛跌，农场主入不敷出，负债累累，使农业生产和农民利益遭到严重损失。面对日趋严重的农业问题，美国政府开始尝试用法律手段来解决。在此背景下，为适应罗斯福总统提出的以干预为指导思想的“新政”，美国国会于

1933 年 12 月通过了美国历史上第一部《农业调整法》，其基本目标是：解决生产过剩危机、提高农产品价格，增加农场主收入。该法的出台，标志着美国放弃了对农业放任竞争的自由市场政策，开始了以法律手段来调整和促进农业发展的历程。经过半个多世纪的演化，美国已形成以农业法为基础和中心，100 多个重要法律为配套的一个比较完善的农业法律体系，美国农业已经走上了以法治农的轨道。美国主要从以下几个方面加强和完善农业立法：

（一）制定和修订适应各个时期调整农业经济活动的基本法

自 1933 年 12 月美国国会通过《农业调整法》后，为适应社会和农业发展，《农业调整法》每四五年修订一次，形成了《1935 年农业调整法（修正案）》、《1938 年农业调整法》、《1948 年农业法》、《1949 年农业法》、《1954 年农业法》、《1964 年农业法》、《1970 年农业法》、《1981 年食品和农业法》、《1985 年食品安全法》、《1996 年联邦农业完善和改革法》等。

（二）加强农地开发和利用方面的立法

美国注重土地立法，特别加强农地开发和利用方面的立法，在南北战争期间就有《宅地法》，后来又颁布了《赠地学院法》、《荒地法》、《新地开垦法》、《土壤保持和国内生产分配法》、《土地政策和管理法》和《联邦土地管理法》等法律。

（三）美国注重农业投入的立法和健全农业信贷机构

美国 1933 年制定的《农业调整法》就有农业投入的专门规定，特别规定政府对休耕的土地提供补贴，为农作物生产提供无追索权贷款，提供贷款帮助建立农产品的正常贮备。《1996 年美国联邦农业完善和改革法》对农业投入和农业信贷作出专门规定。除农业法外，专门制定农业投入和农业信贷方面的法律，如《农业贷款法》、《农业信贷法》、《中间信贷法》、《农场贷款法》、《农作物贷款法》、《农场抵押贷款法》、《取消农场抵押赎回权法》等。

（四）加强农产品价格支持和保护方面的立法

美国农业法中都有农产品价格支持和保护方面的法律规定，自从进入 20 世纪 80 年代以来，仅仅在农产品价格支持政策上，政府每年的开支就高达百亿美元以上；同时依法实行农业生产不足补贴，使美国农业生产结构更趋向合理。同时，专门制定农产品价格支持和农产品流通方面的法律，如《食品农业资源及贸易法》、《农产品销售协议法》、《农业易腐商品法》、《食糖法》、《农业贸易发展和援助法》等。

（五）依法加强农产品国际贸易方面立法，扩大农产品出口

（六）加强自然资源保护和环境方面立法

美国制定土壤保护、限制用水和防止水资源污染方面的法律以及控制使用农药等化学物质方面的法律，保护了自然资源，有效地维持了生态平衡。美国除农业法规外，还专门制定了《自然资源保护和恢复法》、《荒地和景观河流法》、《野生生物保护区体系管理法》、《国家环境政策法》等法律。

（七）制定调整农业经济关系的其他法律

如《合作推广法》、《造林法》、《国家森林管理法》、《渔业养护及管理法》、《灾害救济法》和《联邦农作物保险委员会法》等等。

二、日本的农业立法

日本以《农业基本法》为“母法”或农业宪法，同时配之以制定了 200 多部农业法律，已形成了较完善的农业法律体系。日本把 232 项农业法律法规划分为八大类：即总类、经济类、农业基本建设类、种植业类、畜产类、食品流通类、粮食管理类和其他类。

（一）制定农业基本法，为农业各项政策提出一个基本方向

日本于1961年6月12日正式颁布实施《农业基本法》（1978年7月5日修改，1999年7月，日本国会通过了新的《农业和农村基本法》）。该法主要规定和反映国家对农业的基本方针和政策，具有农业“母法”的性质，它确立了农业经济基本制度，其目标是有选择地扩大农业生产，调整和改善农业结构，加速农业现代化进程，促进农业生产发展，提高农户的收入水平。该法主要内容包括国家关于农业政策目标和措施、农业生产、农产品的价格及流通、农业结构的改善、农业行政机关及农业团体、农政审议会等的规定。《农业基本法》只是宣言性质的立法，是农业宪法，以法律的形式抽象地规定了农政的理念及政策的基本方向，为农业各种政策提出了一个基本的方向。

（二）重视农业投入立法，建立完善投入机制

日本一直重视加强农业投入，并对农业投入进行专门单项立法，先后颁布了《农林中央金库法》、《农林渔业金融公库法》、《农业现代化资金促进法》、《农村信用金法》和《农业改良资金促进法》等。

（三）加大农地改良和资源保护立法，增加农业发展后劲

1952年日本颁布了《农地法》，1962年、1970年、1980年先后作了三次修改，共五章95条，主要内容是为了谋求农耕者地位稳定和提高生产力而规定相应的土地产权方式、经营方式、利用与开发等。除十分关注农地改良问题外，还重视资源开发和保护，制定了一系列这方面的重要法律，如《农业改良促进法》、《农村地域工业导入促进法》、《农用土地改良法》、《农地调整法》、《日本国土调查法》、《关于农地转用许可标准法》、《森林法》和《水资源保护法》等。1949年通过、1978年修改的《农用土地改良法》目的是为了合理利用作为农业基本生产手段的土地和水利，提高农业生产力和改善农业结构。

（四）注重粮食生产支持与保护立法，促进农业生产稳定和增长

日本在第二次世界大战后，法律上最初提出计划的是有关粮食的计划。为了稳定粮食生产，促进农业生产增长，日本颁布了一系列法律，如《粮食管理法》、《粮食紧急措施法》、《主要农作物种子法》、《农作物种苗法》等。

（五）强化农业主体地位立法，真正确立和维护农业主体的生产经营自主权和合法权益

日本农业立法明确，农业协同组合是具有法人地位的不以追求利润为目的的共同体组织。《农业协同组合法》规定："组织以通过其从事的事业，为组合成员及会员提供最大限度的服务为目的，不得以盈利为目的从事其事业。"除颁布《农业协同组合法》外，还制定了《农业协同组合合并促进法》、《森林组合法》、《渔业生产调整组合法》、《水产业协同组合法》、《盐业组合法》。上述这些农业法律，从国家的角度，对各类农协的目的、法律地位、事业内容、经营管理、组织机构等都作了原则规定，它对指导农协发展和保护农协的权益起到了重要作用。

（六）加大农业发展和技术推广立法，加速实现农业现代化

如制定了《农业改良促进法》、《农业机械化法》、《林业振兴法》和《沿海渔业振兴法》等。

（七）通过农产品市场立法，稳定和发展农产品市场

日本重视农产品市场的立法工作，先后制定了《农产品批发市场法》、《农产品价格稳定法》、《稳定蔬菜生产交易法》、《家畜交易法》、《饲料供求稳定法》、《肥料价格稳定等临时措施法》等。

（八）着手农业保险与灾害救济立法，建立农业利益补偿机制

日本注重农业保险与灾害救济立法，这方面立法主要有《农业灾害补偿法》、《有关农林渔业者遭灾后的资金融通暂行措施法》、《果

树保险临时措施法》和《渔船损害补偿法》等。

（九）农业立法注重法律责任的规定，真正达到调控和保护农业

法律责任是指法律所确定的违法行为者所应承受的制裁性法律后果。法律责任包括民事责任、行政责任和刑事责任。日本农业立法，大多数法律都规定了违反农业有关法律应承担的法律责任，虽以承担民事责任为主，但也不忽视追究刑事责任的手段，通过采取有力的刑事制裁措施，更好地调控和保护农业。

三、韩国的农业立法

韩国十分重视农业农村立法，从 20 世纪 60 年代至今，韩国先后制定了大量的农业方面的法律法规，经过几十年的发展，形成了较完善的农业农村法律体系。从立法体制上看，韩国的农业立法分为三级：一是由国会制定的法律，如《农业基本法》、《农业振兴法》和《农地保护利用法》等；二是根据法律经总统颁布的法令，如《农村现代化促进法》、《农业机械化促进法施行令》、《农地保护利用法施行令》；三是由行政主管部门依照法律和法令制定的施行规则，如《农业机械化促进法施行规则》、《粮食管理法施行规则》与《农地保护利用法施行规则》。从内容上看主要有以下几个方面的农业立法：

（一）以《农业基本法》为农业宪法

韩国与日本相类似，主要是在工业高速增长，农业相对萎缩，工农业比例严重失调的情况下制定和实施农业法的。1967 年 1 月 16 日，韩国正式颁布了《农业基本法》（1970 年 1 月 1 日修改），这部“农业宪法”是当局改善农产品生产、价格和流通结构，实现农民与其他产业人员收入平衡的基本政策大纲。该法第 1 条肯定了农业在国民经济中的基础地位，着眼点是用以规范政府为实现农业经营现代化，发展农业生产力诸方面的基本政策方向，并谋求改善生产结构，向合作农业和企业农业的方向发展。

（二）立足农业发展的专门法律

韩国单独颁布有关农业发展的专门法律，如《农村振兴法》、《农村现代化法》和《农业机械化促进法》等。其中的《农村振兴法》制定于 1962 年，到 1978 年历经六次修改。该法的目的是为了振兴和开发农村进行必要的试验研究、启蒙指导、技术普及以及领导者的培养和训练，以增加农民收入。

（三）农业综合性方面的法律

如制定《农业协同组织法》、《农渔民后继者育成基金法》、《农渔村计划法》、《防潮堤管理法》和《农渔业灾害对策法》等法律。

（四）农业用地方面的法律

韩国注重土地开发和扩大经营规模，为此颁布了《农地改革法》、《开垦促进法》和《农地保护和利用法》等法律。

（五）粮政方面的法律

韩国的谷物主要是稻谷，为此制定了保护谷物生产，特别是稻谷生产有关的法律，如《粮食管理法》、《农产品检查法》、《粮食管理基金法》等，使稻谷生产增长较快，从 1950 年的 271 万吨增长到 1977 年的 854 万吨。

（六）畜产业方面的法律

畜牧业的发展在韩国受到政府的高度重视，专门制定《畜产法》、《饲料管理法》、《畜产品卫生处理法》、《家畜传染病预防法》等法律，使之全国的家畜禽饲养业已形成相当的规模。

（七）水产方面的法律

韩国重视水产业方面立法，如制定《渔业法》、《水产业法》、《水产振兴法》、《渔业资源保护法》、《水产资源保护法》等法律，有力地促进了渔业资源的保护和水产品质量，提高了水产品出口的竞争力。

（八）重视制定其他方面的农业法律

如《农业教育法》、《山林协同组合法》、《农药管理法》等法律。

四、法国的农业立法

第二次世界大战后，法国农业发展滞缓，为了促进农业发展，法国首先加快兴农政策和法规的立法工作。1960 年颁布了《农业指导法案》。为了鼓励土地向年轻农民流动，1974 年，法国开始实行“离农终身津贴”（IVD）制度。全国的老年农民只要完全放弃农业生产活动，把农业“经营权”交给青年一代，都可以终身领取退休养老金。这些支付资金也来自政府。1995 年，法国政府制定并批准实施了《农业现代化法》，并根据《农业现代化法》制订了涉及 22 个方面的一整套适合国情的国内独立农业政策措施。1999 年 7 月，法国颁布了新的《农业指导法》，鼓励青年从事农业经营，规定了改善农民生产条件、提高农民生活水平、改进农民社会保障体制以及保证并逐步提高农民养老金金额等目标。2000 年，法国又制定并实施了《2000—2006 年全国农村发展计划》，加强了执行兴农扶农政策的力度。

第二节　我国农业立法发展状况

一、新中国成立以来农业立法进程

新中国成立以来，我国农村立法经历了曲折的历史过程。具体来讲，我国农业立法可分为三个阶段：第一阶段是从新中国成立以后到全面实行“人民公社化”前，即农业合作化时期的农业立法；第二阶段是从“人民公社化”开始到党的十一届三中全会，即称为人民公社时期的农业立法；第三阶段是指党的十一届三中全会以后，即农村改革开放时期的农业立法。

（一）农业合作化时期的农业立法（1949—1957年）

这一时期的农业立法主要有：《新解放区农业税暂行条例》（1950年）、《国家建设征用土地办法》（1953年）、《农村粮食统购统销暂行办法》（1955年）、《农业生产合作社示范章程》（1956年）、《高级农业生产合作社示范章程》（1956年）、《中华人民共和国土地改革法》（1957年）等等。这个时期的农村法律法规的一个明显特征是担负着完成民主革命和对农业社会主义改造的历史任务。实践证明，这些法律法规比较好地完成了自己的使命。当然也有其历史的局限性和不容忽视的缺陷，如有的规定违背农民的自愿原则，有的规定违背客观经济规律。

（二）人民公社时期的农业立法（1958—1977年）

人民公社化时期，我国的农业立法主要有：《1956—1967年全国农业发展纲要》（1960年）、《中华人民共和国农业税条例》（1958年）、《森林保护条例》等。但在实践中，这些法律法规没有能够很好地贯彻执行。

（三）改革开放时期的农业立法（1978年以后）

十一届三中全会以后，我国农业和农村立法得到蓬勃发展。1979年以来，我国制定和颁布了《农业法》、《农村土地承包法》，以及相关的《水法》、《环境保护法》、《森林法》、《种子法》、《动物防疫法》、《进出境动植物检疫法》等一系列农村法律、法规，农村立法工作取得显著进展。

二、我国农村立法体系

目前，我国农村立法工作已经取得了重大进展。我国农村法规体系已经基本形成，主要可以分为以下几个方面：

（一）农业基本法律

主要是指《中华人民共和国农业法》（1993年7月第八届全国人

大常委会第二次会议通过，2002 年 12 月第九届全国人大常委会第 31 次会议修订），它在农村法律体系中处于基本法的地位。

（二）农业资源和环境保护法

主要包括《土地管理法》、《森林法》、《水法》、《水土保持法》、《水污染防治法》、《野生动物保护法》、《防沙治沙法》等法律以及《基本农田保护条例》、《野生植物保护条例》、《森林采伐更新管理办法》、《森林防火条例》等行政法规。

（三）促进农业科技发展的法律

包括《农业技术推广法》、《植物新品种保护条例》等法律及行政法规。

（四）保障农业生产安全方面的法律

包括《防洪法》、《气象法》、《动物防疫法》、《进出境动植物检疫法》等法律，《农业转基因生物安全管理条例》、《水库大坝安全管理条例》、《防汛条例》等行政法规。

（五）保护和合理利用种质资源方面的法律

制定了《种子法》、《种畜禽管理条例》、《农药管理条例》、《兽药管理条例》、《饲料和饲料添加剂管理条例》等。

（六）规范农村生产经营方面的法律

制定了《中华人民共和国农村土地承包法》、《乡镇企业法》、《乡村集体所有制企业条例》、《中华人民共和国农民专业合作法》等。

（七）规范农产品流通和市场交易方面的法律

制定了《粮食收购条例》、《棉花质量监督管理条例》、《粮食购销违法行为处罚办法》等行政法规。

（八）保护农民合法权益的法律

为保护农民合法权益制定了《村民委员会组织法》、《耕地占用税暂行条例》等法律、行政法规。

第三章　农业法

第一节　农业法概述

一、农业和农业法

什么是农业？我国《农业法》第 2 条对这个问题作了明确的规定：“本法所称农业，是指种植业、林业、畜牧业和渔业等产业，包括与其直接相关的产前、产中、产后服务。”作为国民经济发展的基础性产业，世界各国一直都把保护和促进农业发展放在重要的地位。

农业法是指调整在国家促进农业和农村经济发展中发生的社会关系的法律规范。它作为调整社会管理和保护农业发展的重要手段，在一国社会和国家生活中发挥着重要的作用。我国也对利用农业法调整农业关系十分重视，1993 年 7 月 2 日第八届全国人民代表大会常务委员会第 2 次会议通过《中华人民共和国农业法》（以下简称《农业法》），并于 1993 年 7 月 2 日公布之日起施行。自实施以来，《农业法》对巩固和加强农业在国民经济中的基础地位，深化农村改革，维护农民和农业生产经营组织的合法权益，促进农业和农村经济的持续、稳定和健康发展发挥了重要的作用。随着改革开放的深入和国民经济的发展，当前我国农业和农村经济发展已进入一个新阶段，出现了一些新情况和新问题，如传统的农业管理模式和支持模式已经不能适应当前的形势；部分农产品出现阶段性、结构性供过于求的情况，农业结构调整势在必行；农民收入增长缓慢，既制约了农村消费增长，也影响了国民经济的发展；加入世贸组织后，需要采取新的措施来提高农业发展水平和农产品的国际竞争力。原有的农村立法已不能完全适应形势发展的需要，农村立法的修改和完善势在必行。为应对新情况，解决新问题，2002 年 12 月 28 日第九届全国人民代表大会常务委员会第 31 次会议修订了《中华人民共和国农业法》（以下简称新《农业法》），并于 2003 年 3 月 1 日起施行。

二、新《农业法》的立法宗旨和立法目标

新《农业法》第 1 条规定："为了巩固和加强农业在国民经济中的基础地位，深化农村改革，发展农业生产力，推进农业现代化，维护农民和农业生产经营组织的合法权益，增加农民收入，提高农民科学文化素质，促进农业和农村经济的持续、稳定、健康发展，实现全面建设小康社会的目标，制定本法。"由该条可以看出新《农业法》的立法宗旨体现在以下三个方面：一是巩固和加强农业在国民经济中的基础地位；二是统筹考虑农业、农村和农民问题，深化农村改革，促进农业和农村经济的持续、稳定和健康发展；三是为实现全面建设小康社会的目标而奋斗。

新《农业法》第 3 条规定："国家把农业放在发展国民经济的首位。农业和农村经济发展的基本目标是：建立适应发展社会主义市场经济要求的农村经济体制，不断解放和发展农村生产力，提高农业的整体素质和效益，确保农产品供应和质量，满足国民经济发展和人口增长、生活改善的需求，提高农民的收入和生活水平，促进农村富余劳动力向非农产业和城镇转移，缩小城乡差别和区域差别，建设富裕、民主、文明的社会主义新农村，逐步实现农业和农村现代化。"由此可见，新《农业法》的立法目标主要有三个：一是农村经济体制改革目标，即"建立适应发展社会主义市场经济要求的农村经济体制"。

二是农业发展目标，即“不断解放和发展农村生产力，提高农业的整体素质和效益，确保农产品供应和质量，满足国民经济发展和人口增长、生活改善的需求，提高农民的收入和生活水平，促进农村富余劳动力向非农产业和城镇转移，缩小城乡差别和区域差别”。三是农村社会发展目标，即“建设富裕、民主、文明的社会主义新农村，逐步实现农业和农村现代化”。

三、新《农业法》的特点

修订后的新《农业法》全文共十三章 99 条，分为总则、农业生产经营体制、农业生产、农产品流通与加工、粮食安全、农业投入与支持保护、农业科技与农业教育、农业资源与农业环境保护、农民权益保护、农村经济发展、执法监督、法律责任和附则，概括起来有四个特点。

（一）新《农业法》是一部农业发展法，强化了新阶段农业发展的保障措施

新《农业法》总结了 1993 年以来我国农业发展的基本经验，增加了许多适应新形势发展要求的条款。明确了农业结构调整的方向和重点，确立了农产品质量安全和粮食安全保障措施，建立了农业支持和保护机制以及农产品进口预警机制，规定了促进城乡经济协调发展，逐步缩小城乡差别的基本措施等。

（二）新《农业法》是一部农村改革促进法，确立了农村改革的基本方向

新《农业法》重申了国家长期稳定农村以家庭承包经营为基础、统分结合的双层经营体制；实行农村土地承包经营制度，依法保障农村土地承包关系长期稳定，保护土地承包人的合法权益。主要表现为：确立了农民专业合作经营组织的法律地位和组织原则，明确了农产品行业协会的法律地位和职责，提出了农产品购销实行市场调节和农产品市场体系建设的原则，规定了农村金融和农业保险发展的方向等。

（三）新《农业法》是一部农业基本法，体现了农业一体化发展的要求

新《农业法》为了适应农业发展一体化的要求，将与种植业、林业、畜牧业和渔业直接相关的产前、产中、产后服务活动纳入了本法的调整范围，将“三农”问题作为一个整体加以考虑，增加了有关国家对农产品加工和市场信息服务的内容。

（四）新《农业法》是一部农民权益保障法，反映了维护广大农民群众利益的根本要求

保护农民权益，事关农业与农村改革、发展、稳定的大局。党中央历来十分重视保护农民的物质利益和民主权利，近年来又采取了许多政策措施，不断加强保护农民权益的工作。这次修订《农业法》新增了“农民权益保护”一章，在原法有关保护农民权益的基础上，增加了保护农民对承包土地的使用权。同时，明确了保护农民权益的行政和司法救济措施等内容。

四、新《农业法》基本原则

新《农业法》的基本原则，是指贯穿于整个农村法制建设之中的总的指导思想和为农业法所确认或体现的根本法律准则。

（一）确立农业在国民经济发展中的首要地位与对农业和农村经济发展实行保护的原则

农业是整个国民经济发展的基础产业，是社会经济发展的母体产业。但是，农业的基础地位并不意味着其基础本身是天然牢固的。恰恰相反，农业的特点和性质决定了它是一个典型的风险型产业、天生的弱质产业，无论在产品市场的竞争中，还是在经济资源的竞争中，常常处于软弱和不利的地位。因此，农业在国家的宏观调控中是需要加以保护的产业。党的十三届八中全会通过的《中共中央关于进一步加强农业和农村工作的决定》也指出：“经济建设，必须始终把农业真正摆在首位，切不可农业状况一有好转，就忽视和削弱农业的基础

地位。”

（二）促进农村社会主义市场经济发展与保障农业和农村经济持续、稳定、协调发展的原则

农村社会主义市场经济应是一种法制经济或法治经济，在农村社会主义市场经济中，市场主体的资格需要由法律来确立；市场主体的经济行为需要由法律规范来界定；市场运行的规则需要靠法律来构筑；市场竞争的公平开展需要由法律来保障；市场主体的财产权需要由法律来维护；市场主体之间的各种农业和农村经济纠纷和各种违法犯罪行为需要由法律定分止争；社会保障体系也需要靠法律来建构。因此，国家除制定新《农业法》外，还需要尽快制定配套健全的农业法律法规，做到“有法可依，有法必依，执法必严，违法必究”。

（三）调动农业生产经营组织和农业劳动者发展商品经济积极性与尊重他们生产经营自主权和保护他们合法权益的原则

实践反复证明，农业问题，实质上就是农民问题。党的十一届三中全会关于农业问题的决定，把调动亿万农民发展生产的积极性作为制定一切农村经济政策的根本出发点，是完全正确的。而农民的生产积极性来自经营自主权和物质利益两个方面，而农民的物质利益又是同生产经营自主权密切联系在一起的，即不尊重农民的自主权，也就是损害农民的物质利益；同样，不保护和承认农民的合法财产权，也就是削弱农民的自主权，其结果必然会挫伤和打击农民的生产积极性，影响农业生产的发展。

（四）遵守自然规律和经济规律，保护农业自然资源和生态环境的原则

农业生产的根本特点要求人们在进行农业生产时，不仅需要遵守经济规律，而且同时必须遵守自然规律。因此，《中共中央关于加快农业发展若干问题的决定》明确指出：“我们对农业的领导，一定要从实际出发，一定要按照自然规律和经济规律办事。”同时，农业是一种资源型产业，它对农业自然资源和生态环境的依赖程度比工业要

大得多，珍惜和合理利用农业自然资源，大力提高资源利用率，搞好资源保护，切实保护生态环境，对农业和农村经济的持续、稳定、协调发展具有十分重要的意义。

（五）坚持从农业、农村实际出发，因地制宜、因时制宜、分类指导发展农业的原则

我国农村地域辽阔，各地自然条件千差万别，经济条件各不相同。因此，要从实际情况出发，坚持因地制宜、因时制宜和分类指导发展农业的原则来制定农业法律法规，来解决我国的农业和农村经济问题，在加强中央统一立法的同时，应充分发挥地方立法的作用，并实行中央与地方立法的合理分工，上下结合，法制统一，加强农业法律法规的可操作性，切实指导农业和农村经济发展。

（六）转变政府职能与对农业和农村经济实行宏观调控的原则

随着由计划经济体制向市场经济体制的转变，作为国民经济基础的农业也必须由自给、半自给经济向市场经济转变，由传统农业向现代农业转变。努力推进和尽早实现上述农业两个根本性转变，必须转变政府职能，对农业实行宏观调控，逐步实现对农业的科学化与现代化管理。

（七）调动社会各方面的力量支援农业和农村经济发展的原则

农业经济活动是一个生产、交换、分配、消费周而复始的社会再生产过程。同时，又是一个对投入、资源、环境和科技高度依赖的社会经济部门。随着农村改革的深入，农业的商品化、产业化、社会化、现代化程度不断提高，农业与国民经济其他部门和社会各方面的联系越来越密切，农业产前、产中、产后的某些环节特别是化肥、农药等农业生产资料的供应，农产品的储运、加工、销售等成为影响和制约农业和农村经济发展的主要因素。显然，发展农业和农村经济，不仅要依靠农业生产经营组织和亿万农民以及农业部门的努力，而且必须依靠全国人民和社会各行各业对农业和农村经济发展的关心和支持。因此，有利于调动社会各方面的力量支援农业和农村经济发展，应成为我国农业法又一项基本原则。

第二节　农业生产经营体制

一、农村土地家庭承包经营制度

新《农业法》第 5 条规定，我国农业生产经营的基本组织是“以家庭承包经营为基础、统分结合的双层经营体制”。可见，土地的家庭承包经营是农村生产经营体制的基础，国家依法保障农村土地承包经营关系的长期稳定，保护农民的土地使用权。

新《农业法》第 10 条也规定：“国家实行农村土地承包经营制度，依法保障农村土地承包关系的长期稳定，保护农民对承包土地的使用权。”

农村土地承包经营的方式、期限、发包方和承包方的权利义务、土地承包经营权的保护和流转等，适用《中华人民共和国土地管理法》和《中华人民共和国农村土地承包法》。

同时，2007 年 10 月 1 日开始实施的《中华人民共和国物权法》也明确了土地承包经营的物权属性，并给予物权法上的保护。

二、完善双层经营，整合资源，壮大经济实力

新《农业法》第 10 条第三款规定：“农村集体经济组织应当在家庭承包经营的基础上，依法管理集体资产，为其成员提供生产、技术、信息等服务，组织合理开发、利用集体资源，壮大经济实力。”所谓农村集体经济组织，是指以农民集体所有的土地、农业生产资料和其他集体财产为基础，以主要自然村或行政村为单位建立的，从事农业生产经营的经济组织。目前各地的农村集体经济组织的形式主要有农工商总公司、股份合作制等。农村集体经济应当在家庭承包经营的基础上，依法管理集体资产，为其成员提供生产、技术、信息等服务，组织合理开发、利用集体资源，壮大集体经济实力。

三、鼓励发展各类专业合作组织

（一）国家鼓励农业发展专业合作经济组织

农民专业合作经济组织是农民在家庭承包经营的基础上自愿组成的，是对农业生产经营组织形式的创新，具有形式多种多样的特点，主要可以归纳为三种类型：一是协会型。主要围绕一种主导产品为农民提供产前、产中和产后的服务，不以营利为目的，利益关系比较松散。二是专业合作社。这是合作经济的典型形式，不以营利为目的，把从事经营、服务活动获得的盈余，按照交易量返还农民。三是农民股份合作型农业企业，是由若干农户采取资本和劳动联合的方式，从事某种专业生产，实行按劳分配与按股分红相结合的分配方式。

新《农业法》第 11 条第一款规定：“国家鼓励农民在家庭承包经营的基础上自愿组成各类专业合作经济组织。”该条款规定了国家鼓励农民发展各类专业合作经济组织的政策导向，同时强调两个前提：一是在家庭承包经营的基础上，不能损害家庭承包经营的基本制度；二是农民自愿，任何组织和个人不能强迫。

（二）农民专业合作经济组织的宗旨和原则

国家鼓励农民在家庭承包经营的基础上自愿组成各类专业合作经济组织。农民专业合作经济组织一定要坚持为成员服务的宗旨，按照加入自愿、民主管理、盈余返还的原则，依法在其章程规定的范围内开展农业生产经营和服务活动。

新《农业法》第 11 条第二款规定：“专业合作经济组织应当坚持为成员服务的宗旨，按照加入自愿、退出自由、民主管理、盈余返还的原则，依法在其章程规定的范围内开展农业生产经营和服务活动。”

（三）农民合作经济组织的形式可以多样化

农民专业合作经济组织是广大农民在家庭承包经营的基础上自愿组成的，是对农业组织形式的创新，具体形式多种多样的特点，主要可以归纳为三种类型：一是协会型；二是专业合作社；三是股份合作型农业企业。新《农业法》第 11 条第三款规定：“农民专业合作经济组织可以有多种形式，依法成立、依法登记。”

（四）国家保护农民专业合作经济组织的财产和经营自主权

农民专业合作经济组织依法成立、依法登记，“依法在其章程规定的范围内开展农业生产经营和服务活动”（新《农业法》第 11 条第二款），具有经营自主权，国家保护农民专业合作经济组织的合法权益，“任何组织和个人不得侵犯农民专业合作经济组织的财产和经营自主权”（新《农业法》第11条第三款）。

四、农业产业化经营

农业产业化经营，是指以市场为导向，以家庭承包经营为基础，依靠龙头企业、农民专业合作经济组织以及其他各种中介组织的带动与连接，立足于当地资源优势，确立农业主导产业和主导产品，将农业再生产过程中的产前、产中、产后诸环节连接成为完整的产业链条，实行种养加、产供销、贸工农等多种形式的一体化经营，把分散的农户小生产联结成为社会化、专业化的规模生产，形成系统内部有机结合、相互促进和“收益共享、风险共担”的经营机制，在更大范围内实现资源优化配置和农产品多次增值的一种新型农业生产经营形式。

近年来，农业产业化经营迅猛发展，有力地推动了我国农产品生产优质化、农业布局区域化和农产品精深加工的发展进程，是提高我国农业国际竞争的有力措施，是在家庭承包经营基础上实现农业现代化的有效途径。新《农业法》第 13 条对鼓励发展农业产业化经营作了法律规定，主要体现在以下几点：

（一）国家鼓励发展农业产业化经营

新《农业法》第 13 条第一款规定：“国家采取措施发展多种形式的农业产业化经营。”

（二）国家支持农民实行生产、加工、销售一体化经营

新《农业法》第 13 条第一款规定：“国家鼓励和支持农民和农

业生产经营组织发展生产、加工、销售一体化经营。”在坚持家庭承包经营的基础上，鼓励农民成立各类专业合作经济组织，创办农产品加工企业和农产品购销组织，或者通过与龙头企业和其他组织联合，将农产品生产、加工、流通等环节紧密结合起来，实行一体化经营，形成合作经济性质的产业化经营体系。

（三）国家支持有关企业、组织与农民形成利益共同体，推动农业产业化经营

新《农业法》第 13 条第二款规定：“国家引导和支持从事农产品生产、加工、流通服务的企业、科研单位和其他组织，通过与农民或者农民专业合作经济组织订立合同或者建立各类企业等形式，形成收益共享、风险共担的利益共同体，推动农业产业化经营，带动农业发展。”

五、农产品行业协会

农产品行业协会是按照自愿互助原则自下而上建立起来的行业组织，要真正代表和体现行业内部成员的利益，发挥应有的作用。为了应对我国加入世界贸易组织面临的新形势，新《农业法》第14条规定：“农民和农业生产经营组织可以按照法律、行政法规成立各种农产品行业协会，为成员提供生产、营销、信息、技术、培训等服务，发挥协调和自律作用，提出农产品贸易救济措施的申请，维护成员和行业的利益。”该条文着重强调农产品行业协会应当发挥以下三方面作用：

（1）为成员提供生产、产品营销、市场信息、技术、业务培训等多方面的服务，帮助成员开拓国内外市场，按照产品将农民组织起来，提高农民的组织化程度，提高行业内成员的市场谈判能力和地位，保护成员的利益。

（2）发挥协调和自律作用。就是理顺行业内部的竞争与合作关系，及时组织成员制定各种行业标准、产品质量标准、检验条件、劳动标准等技术规则和行动指南，规范行业和成员的生产、经营行为，限制外国产品大量涌入国内市场损害成员利益；促进成员之间的交流，协调成员之间的利益关系，调解成员之间的利益纠纷，发挥自我

管理的作用，维护和保障行业内生产者、经营者的合法权益。同时还可以为政府制定相关产业的发展政策和规划提供意见和建议，参与制定并监督成员认真执行有关的国家标准和行业标准，建立农产品贸易风险防范机制等，代表成员与政府、消费者进行沟通，成为政府联结农业生产经营者的纽带和桥梁。

（3）代表本行业提出农产品贸易救济措施的申请。就是作为我国加入世界贸易组织后农产品反倾销、反补贴案件中代表农民利益的起诉主体，在国外农产品大量进入我国，对国内生产者造成损害时（例如，国外进行农产品倾销、补贴，损害了国内相关农产品生产者的利益），由农产品行业协会代表生产者，向有关机构提出采取救济措施的申请；同时，还可以组织会员对国外的反倾销、反补贴等案件积极应诉，从而保护行业和生产者的利益。

第三节　农业生产

为适应新时期农业发展的要求，新《农业法》第三章“农业生产”全面规定了国家促进农业生产发展的具体举措，主要内容包括：农业发展规划的制定和合理农业生产区域布局的形成；农业生产结构调整；农业和农村基础设施建设；动植物品种选育、生产、更新和良种的推广使用；农田水利设施建设和节水农业；农业机械化；农业气象；农产品质量安全管理；优质农产品认证和标志制度；动植物防疫制度；农业生产资料生产、经营和使用制度等。

一、制定农业发展规划和农业生产区域布局

农业发展规划，是国家（或特定地方）对规划期内农业发展的方向、目标、指导方针、基本任务等所作的全面部署和安排。新《农业法》第 15 条第一款规定：“县级以上人民政府根据国民经济和社会发展的中长期规划、农业和农村经济发展的基本目标和农业资源区划，制定农业发展规划。”

合理的农业生产区域布局，是指根据不同地区的资源优势、地理方位、经济环境、人文历史等因素的差别，因地制宜地确定不同类型

区域农业发展的战略目标和战略途径，构建农业优势区域和优势产业带，形成合理的地域分工。

新《农业法》第 15 条第二款规定："省级以上人民政府农业行政主管部门根据农业发展规划，采取措施发挥区域优势，促进形成合理的农业生产区域布局，指导和协调农业和农村经济结构调整。"

二、组织调整和优化农业生产结构

调整农业生产结构，是党中央、国务院根据我国农业发展进入新阶段的实际情况，适时作出的一项重大决策，是进一步增加农民收入，提高我国农业国际竞争力的根本性措施。

（一）调整和优化农业生产结构的目标

新《农业法》第 16 条第一款规定："国家引导和支持农民和农业生产经营组织结合本地实际按照市场需求，调整和优化农业生产结构，协调发展种植业、林业、畜牧业和渔业，发展优质、高产、高效益的农业，提高农产品国际竞争力。"

由此可见，调整和优化农业生产结构的目标是：协调发展种植业、林业、畜牧业和渔业，发展优质、高产、高效益的农业，提高农产品国际竞争力。

（二）调整和优化农业生产结构的方向

（1）种植业结构调整方向。新《农业法》第 16 条第二款规定："种植业以优化品种、提高质量、增加效益为中心，调整作物结构、品种结构和品质结构。"

（2）林业结构调整方向。新《农业法》第 16 条第三款规定："加强林业生态建设，实施天然林保护，退耕还林和防沙治沙工程，加强防护林体系建设，加速营造速生丰产林、工业原料林和薪炭林。"

（3）畜牧业结构调整方向。新《农业法》第 16 条第四款规定："加强草原保护和建设，加快发展畜牧业，推广圈养和舍饲，改良畜禽品种，积极发展饲料工业和畜禽产品加工业。"

（4）渔业结构调整方向。新《农业法》第 16 条第五款规定："渔业生产应当保护和合理利用渔业资源，调整捕捞结构，积极发展水产养殖业、远洋渔业和水产品加工业。”

（三）政府在农业结构调整中的责任

新《农业法》第 16 条第六款规定：“县级以上人民政府应当制定政策，安排资金，引导和支持农业结构调整。”

三、加强农业和农村基础设施建设，改善农业生产条件

加强农业和农村基础设施建设，不断改善农业生产条件是稳定和提高我国农业综合生产能力的根本举措。因此，新《农业法》第 17 条规定：“各级人民政府应当采取措施，加强农业综合开发和农田水利、农业生态环境保护、乡村道路、农村能源和电网、农产品仓储和流通、渔港、草原围栏、动植物原种良种基地等农业和农村基础设施建设，改善农业生产条件，保护和提高农业综合生产能力。”

四、扶持良种的选育、生产和推广

关于扶持良种的选育、生产和推广，新《农业法》第 18 条规定：“国家扶持动植物品种的选育、生产更新和良种的推广使用，鼓励品种选育和生产、经营相结合，实施种子工程和畜禽良种工程。国务院和省、自治区、直辖市人民政府设立专项资金，用于扶持动植物良种的选育和推广工作。”

五、加强农田水利建设，发展节水型农业

我国水资源总量还算丰富，但各地水资源分布极不平衡，因此，建设节水型农业就显得尤为重要。

新《农业法》第 19 条规定：“各级人民政府和农业生产经营组织应当加强农田水利设施建设，建立健全农田水利设施的管理制度，节约用水，发展节水型农业，严格依法控制非农业建设占用灌溉水源，禁止任何组织和个人非法占用或者毁损农田水利设施。”“国家对缺水地区发展节水型农业给予重点扶持。”

六、推动农业机械化和农业气象事业的发展

农业机械化是指有效利用农业机械和农业工程技术，通过农业机械的研究开发、推广普及、技术培训、安全管理和组织社会化服务等，提高农业生产水平并改善经营管理，使农业生产技术不断发展的过程。农业机械是重要的农业生产工具，是农业机械化的物质条件。农业机械化是农业现代化的重要组成部分和重要标志。农业的出路在于机械化，如果农业机械化不能实现，农业的现代化就难以真正实现。因此，新《农业法》第 20 条规定："国家鼓励和支持农民和农业生产经营组织使用先进、适用的农业机械，加强农业机械安全管理，提高农业机械化水平。""国家对农民和农业生产经营组织购买先进农业机械给予扶持。"新《农业法》第 21 条规定："各级人民政府应当支持为农业服务的气象事业发展提高对气象灾害的监测和预报水平。"

农业生产与气象密切相关，在某种程度上甚至可以说农业是一种"靠天吃饭"的产业。在现代科技条件下，气象灾害作为一种自然力量，在一定程度上又是可以被预测和预防的。通过发展气象事业，监测和预报气象灾害的发生，提前采取相应的防范措施，会在很大程度上降低或避免气象灾害对农业生产造成的损害。

七、保障农产品质量安全，发展优质农产品

（一）保障农产品质量安全

新《农业法》第 22 条规定："国家采取措施提高农产品的质量，建立健全农产品标准体系和质量检验检测监督体系，按照有关技术规范、操作规程和质量卫生安全标准，组织农产品的生产经营，保障农产品质量安全。"

保障农产品质量安全，就要按照有关技术规范、操作规程和质量卫生安全标准，组织农产品的生产经营。

（二）建立健全农产品认证和标志制度

对优质农产品进行认证和加贴相关标志，是世界各国运用市场经

济办法对农产品实施质量管理的重要手段。

我国新《农业法》第 23 条规定："国家支持依法建立健全优质农产品认证和标志制度。""国家鼓励和扶持发展优质农产品生产。县级以上人民政府应当结合本地情况，按照国家有关规定采取措施，发展优质农产品生产。""符合国家规定标准的优质农产品可以依照法律或者行政法规的规定申请使用有关的标志。符合规定产地及生产规范要求的农产品可以依照有关法律或者行政法规的规定申请使用农产品地理标志。"

八、实行动植物防疫、检疫制度

动植物防疫、检疫制度是预防、控制和扑灭动物疫病及植物病虫害，保障农产品质量安全，促进农业生产健康发展的重要制度。新《农业法》第 24 条规定："国家实行动植物防疫、检疫制度，健全动植物防疫、检疫体系，加强对动物疫病和植物病、虫、杂草、鼠害的监测、预防、防治，建立重大动物疫情和植物病虫害的快速扑灭机制，建设动物无规定疫病区，实施植物保护工程。"

九、建立农业生产资料质量和使用制度

（一）农业生产资料生产经营的登记或许可管理

农药、兽药、饲料和饲料添加剂、肥料、种子、农业机械等生产资料是农业生产中不可或缺的重要物资，其质量安全水平不仅直接影响农产品的质量和农民的收入，也直接影响农产品质量安全和农业生产环境安全，进而影响人畜安全。新《农业法》第 25 条第一款规定："农药、兽药、饲料和饲料添加剂、肥料、种子、农业机械等可能危害人畜安全的农业生产资料的生产经营，依照相关法律、行政法规的规定实行登记或者许可制度。"

（二）农业生产资料安全使用制度

新《农业法》第 25 条第二款规定："各级人民政府应当建立健全农业生产资料的安全使用制度，农民和农业生产经营组织不得使用

国家明令淘汰和禁止使用的农药、兽药、饲料添加剂等农业生产资料和其他禁止使用的产品。”

（三）生产经营者的质量责任

新《农业法》第 25 条第三款规定：“农业生产资料的生产者、销售者应当对其生产、销售的产品的质量负责，禁止以次充好、以假充真、以不合格的产品冒充合格的产品；禁止生产和销售国家明令淘汰的农药、兽药、饲料添加剂、农业机械等农业生产资料。”

第四节　农产品流通、加工和粮食安全

一、农产品流通与加工

（一）完善农产品购销体制

新《农业法》第 26 条规定：“农产品的购销实行市场调节。国家对关系国计民生的重要农产品的购销活动实行必要的宏观调控，建立中央和地方分级储备调节制度，完善仓储运输体系，做到保证供应，稳定市场。”具体包括以下主要内容：

（1）农产品购销实行市场调节。农产品购销实行市场调节，就是把农产品的生产、流通、消费通过市场有机地联系起来，使价格反映农产品的市场供求关系，引导生产者按照市场需求调整和优化生产结构，提高农产品质量，提高农产品的国际竞争力，促使国有流通企业改善经营，降低成本，提高效益，改变这些企业长期经营亏损的状况。

（2）重要农产品购销实行必要的宏观调控。市场经济条件下，国家对农产品购销实行宏观调控，在方法上要实现三个转变，即由计划调控为主转变为市场调控为主，由直接调控为主转变为间接调控为主，由行政手段调控为主转变为用经济、法律手段调控为主。国家对农产品购销宏观调控的直接效果既要保护生产者利益，又要保护消费者利益。

（3）建立储备调节制度，完善仓储运输体系。它是加强国家宏观调控、实现农产品购销市场调节的重要手段。农产品储备调节制度是政府从市场收购一部分农产品用于专项储备，通过对储备农产品的吞进与吐出调节农产品供求关系，稳定市场价格。建立中央和省级两级储备。同时建立和健全仓储运输体系，更好地调节农产品供求关系、稳定市场价格。

（二）建设农产品市场体系

新《农业法》第 27 条规定：“国家逐步建立统一、开放、竞争、有序的农产品市场体系，制定农产品批发市场发展规划。对农村集体经济组织和农民专业合作经济组织建立农产品批发市场和农产品集贸市场，国家给予扶持。”“县级以上人民政府工商行政管理部门和其他有关部门按照各自的职责，依法管理农产品批发市场，规范交易秩序，防止地方保护与不正当竞争。”该条文突出了农产品市场体系的建立与管理，其主要内容包括：

（1）建立统一、开放、竞争、有序的农产品市场体系。这是市场经济追求“公平与效率”原则的体现，是促进农业持续发展的要求，是加入世贸组织，实现国内外市场有效对接的前提条件。我国农产品市场体系建设的总体目标应当是：在政府的宏观调控与支持下，建立起比较完善的以配送连锁、电子交易、期货交易等现代市场为先导，以批发市场为中心，以集贸市场、零售经营门店和超市为基础，统一、开放、竞争、有序的农产品市场体系。

（2）制定农产品批发市场发展规划。其目的就是要促进批发市场建设合理布局，健康发展，引导市场完善设施，规范管理，提高现代化水平和运行效益。我国农产品批发市场发展目标是在大中城市建立和完善适应城市消费需要、交易规范的销售批发市场，在农产品生产地建立和完善满足各类商品流通需要、能引导带动生产基础发展的产地批发市场；促进产地市场与销地市场的联系，形成布局合理、覆盖全国的农产品批发市场网络。

（3）扶持农村集体经济组织和农民专业合作经济组织，建立农产品批发市场和农产品集贸市场。它符合农产品流通体制改革创新要求，也是农村市场经济发展的要求：一是有利于农业生产主体直接进入流通领域，实现产供销一体化经营，推动农产品流通机制改革；二是有利于农业生产主体掌握市场信息，及时调整农产品生产；三是有利于农业生产主体参与流通领域收益的分配，增加收入。

（三）鼓励发展多种形式的农产品流通

新《农业法》第 28 条规定："国家鼓励和支持发展多种形式的农产品流通活动。支持农民和农民专业合作经济组织按照国家有关规定从事农产品收购、批发、储藏、运输、零售和中介活动。鼓励供销合作社和其他从事农产品购销的农业生产经营组织提供市场信息，开拓农产品流通渠道，为农产品销售服务。""县级以上人民政府应当采取措施，督促有关部门保障农产品运输流通，降低农产品流通成本。有关行政管理部门应当简化手续，方便鲜活农产品的运输，除法律、行政法规另有规定外，不得扣押鲜活农产品的运输工具。"

（四）支持农产品加工业和食品工业发展

新《农业法》第 29 条规定："国家支持发展农产品加工业和食品工业，增加农产品的附加值。县级以上人民政府应当制定农产品加工业和食品工业发展规划，引导农产品加工企业形成合理的区域布局和规模结构，扶持农民专业合作经济组织和乡镇企业从事农产品加工和综合开发利用。""国家建立健全农产品加工制品质量标准，完善检测手段，加强农产品加工过程中的质量安全管理和监督，保障食品安全。"

（五）鼓励发展农产品进出口贸易

农产品进出口贸易在我国农业和农村经济发展中产生着重要作用和重大影响，加入世界贸易组织后，既给我国农业发展带来新的机遇，同时也带来更大的挑战。新《农业法》第 30 条规定："国家鼓励发展农产品进出口贸易。国家采取加强国际市场研究、提供信息和营销服务等措施，促进农产品出口。为维护农产品产销秩序和公平贸易，建立农产品进口预警制度，当某些进口农产品已经或者可能对国内相关农产品的生产造成重大的不利影响时，国家可以采取必要的措施。"

二、粮食安全

新《农业法》第五章明确规定了保障粮食安全的5项具体措施。

（一）保护粮食生产能力，建立耕地保护制度

新《农业法》第31条规定："国家采取措施保护和提高粮食综合生产能力，稳步提高粮食生产水平，保障粮食安全。""国家建立耕地保护制度，对基本农田依法实行特殊保护。"

确保粮食安全的根本性措施是切实保护耕地。我国《土地管理法》和《基本农田保护条例》等法律也都对农村土地，特别是耕地的保护做了相应的规定。

目前，我国对耕地的保护制度主要体现在：①实行农用地用途管制制度。②实行严格的征地审批制度。③实行基本农田保护制度。

（二）重点扶持粮食主产区

新《农业法》第32条第一款规定："国家在政策、资金、技术等方面对粮食主产区给予重点扶持，建设稳定的商品粮生产基地，改善粮食收储及加工设施，提高粮食主产区的粮食生产、加工水平和经济效益。"

（三）有条件地实行粮食保护价和粮食委托收购

粮食保护价政策是我国的重要农业政策，也是今后我国农业支持和保护政策体系的主要组成部分。粮食保护价政策的目的是在粮食连年丰收、供过于求、粮价下跌的情况下，划定市场粮价的底线，以保护农民种粮积极性。

新《农业法》第33条规定："在粮食的市场价格过低时，国务院可以决定对部分粮食品种实行保护价制度。保护价应当根据有利于保护农民利益、稳定粮食生产的原则确定。""农民按保护价制度出售粮食，国家委托的收购单位不得拒收。""县级以上人民政府应当组织财政、金融等部门以及国家委托的收购单位及时筹足粮食收购资金，任何部门、单位或者个人不得截留或者挪用。"

（四）建立粮食安全预警制度和粮食储备调节制度

新《农业法》第 34 条第一款对建立粮食安全预警制度作了明确的规定：“国家建立粮食安全预警制度，采取措施保障粮食供给。国务院应当制定粮食安全保障目标与粮食储备数量指标，并根据需要组织有关主管部门进行耕地、粮食库存情况的检查。”

同时，新《农业法》第 34 条第二款也对粮食储备调节制度作了具体的规定：“国家对粮食实行中央和地方分级储备调节制度，建设仓储运输体系。承担国家粮食储备任务的企业应当按照国家规定保证储备粮的数量和质量。”

（五）建立粮食风险基金

新《农业法》第 35 条规定：“国家建立粮食风险基金，用于支持粮食储备、稳定粮食市场和保护农民利益。”在我国，粮食风险基金的来源有：

（1）粮食风险基金是政府调控粮食市场的专项资金，由中央财政和省级财政按规定比例共同筹集，各省、自治区、直辖市人民政府按国务院规定统筹使用。粮食风险基金专项用于：一是支持省级储备粮油的利息、费用补贴；二是平抑市场粮食价格的波动，稳定粮食市场；三是落实国有粮食企业按保护价敞开收购农民的余粮政策，致使经营周围粮库库存增加，流转费用提高，而又不能通过顺价出售予以弥补的超正常库存粮食的利息、费用补贴。

（2）粮食风险基金实行财政专户管理。各级财政部门在同级发展银行设立粮食风险基金专户。地方配备资金由省级财政统筹拨到在省级农业发展银行设立的专户，中央财政补助资金直接拨入省级财政设立的专户。地方财政部门会同粮食部门通过粮食风险基金专户，将粮食风险基金补贴资金逐级拨付到粮食企业。

第五节　农业投入与支持保护

一、建立和完善农业支持保护体系

新《农业法》第 37 条规定："国家建立和完善农业支持保护体系，采取财政投入、税收优惠、金融支持等措施，从资金投入、科研与技术推广、教育培训、农业生产资料供应、市场信息、质量标准、检验检疫、社会化服务以及灾害救助等方面扶持农民和农业生产经营组织发展农业生产，提高农民的收入水平。""在不与我国缔结或加入的有关国际条约相抵触的情况下，国家对农民实行收入支持政策，具体办法由国务院制定。"由此可见，在我国，建立和完善农业支持保护体系已经有了立法上的支持与保护。

二、提高农业财政投入的水平

增加农业投入尤其是增加国家财政对农业的投入，是增加农业发展后劲、保障农业和农村经济上水平、上台阶的必要条件。因此，新《农业法》第 38 条规定："国家逐步提高农业投入的总体水平。中央和县级以上地方财政每年对农业总投入的增长幅度应当高于其财政经常性收入的增长幅度。""各级人民政府在财政预算内安排的各项用于农业的资金应当主要用于：加强农业基础设施建设，支持农业结构调整，促进农业产业化经营；保护粮食综合性能力，保障国家粮食安全；健全动植物检疫、防疫体系，加强动物疫病和植物病、虫、杂草、鼠害防治；建立健全农产品质量标准和检验检测监督体系、农产品市场及信息服务体系；支持农业科研教育、农业技术推广和农民培训；加强农业生态环境保护建设；扶持贫困地区发展；保障农民收入水平等。""县级以上各级财政用于种植业、林业、畜牧业、渔业、农田水利的农业基本建设投入应当统筹安排，协调增长。""国家为加快西部开发，增加对西部地区农业发展和生态环境保护的投入。"

三、鼓励多种途径向农业投资

（一）鼓励农民和农业生产经济组织的农业投入

农业作为我国的基础产业，其进步发展离不开大量的资金投入。新《农业法》第 40 条规定：“国家运用税收、价格、信贷等手段，鼓励和引导农民和农业生产经营组织增加农业生产经营性投入和小型农田水利等基本建设投入。”“国家鼓励和支持农民和农业生产经营组织在自愿的基础上依法采取多种形式，筹集农业资金。”

（二）鼓励社会资金和外资的农业投入

国家作为投资主体，虽然能够对农业给予较大的投入，但出于全国各行业的发展需要和我国整体经济实力的限制，国家对于农业的投入是不能满足农业的实际需要的；农民、农业生产经营组织虽然也对农业的发展有一定的投入，但他们的经济实力毕竟有限，不能补足农业发展的实际需要与国家现有投入之间的差距。因此，新《农业法》第 41 条规定：“国家鼓励社会资金投向农业，鼓励企业事业单位、社会团体和个人捐资设立各种农业建设和农业科技、教育基金。”“农业采取措施，促进农业扩大利用外资。”

四、农业资金投入监管

新《农业法》第 39 条规定：“县级以上人民政府每年财政预算内安排的各项用于农业的资金应当及时足额拨付。各级人民政府应当加强对国家各项农业资金分配、使用过程的监督管理，保证资金安全，提高资金的使用效率。”同时规定，“任何单位和个人不得截留、挪用用于农业的财政资金和信贷资金。审计机关应当依法加强对用于农业的财政和信贷等资金的审计监督。”

五、建立农业信息服务体系

随着社会的发展，信息对农业和农村经济的发展同样具有十分关键的意义，尤其是随着农业的进一步市场化，农业和农村经济的发展已经离不开市场，也就离不开市场信息。因此，新《农业法》第 42 条规定："各级人民政府应当鼓励和支持企业事业单位及其他各类经济组织开展农业信息服务。""县级以上人民政府农业行政主管部门及其他有关部门应当建立农业信息搜集、整理和发布制度，及时向农民和农业生产经营组织提供市场信息等服务。"

六、支持农用工业的发展和建立农业社会化服务

要发展农用工业，降低农用生产资料价格是必须解决的首要问题。因此，新《农业法》第 43 条规定："国家鼓励和扶持农用工业的发展。"

农业的市场化发展要求以市场为导向，通过政府支持建立多种经济成本、多渠道、多形式、多层次的农业社会化服务体系。新《农业法》第 44 条规定："国家鼓励供销合作社、农村集体经济组织、农民专业合作经济组织、其他组织和个人发展多种形式的农业生产产前、产中、产后的社会化服务事业。县级以上人民政府及其各有关部门应当采取措施对农业社会化服务事业给予支持。""对跨地区从事农业社会化服务的，农业、工商管理、交通运输、公安等有关部门应当采取措施给予支持。"

七、加强农村金融体系和农业保险建设

新《农业法》第 45 条规定："国家建立健全农村金融体系，加强农村信用制度建设，加强农村金融监管。"

在农业保险建设方面，新《农业法》第 46 条规定："国家建立和完善农业保险制度。""国家逐步建立和完善政策性农业保险制度。鼓励和扶持农民和农业生产经营组织，建立以农业生产经营活动服务的互助合作保险组织，鼓励商业性保险公司开展农业保险业务。""农业保险实行自愿原则。任何组织和个人不得强制农民和农业生产经营组织参加农业保险。"目前，我国的农业保险体系是由政策性保险、互助合作保险和商业保险共同构成的。

八、实行农业灾害救助

灾害救助，是指国家和社会依法向因遭受自然灾害袭击而造成生活贫困的社会成员提供一定的物质帮助，以保证其维持最低生活水平，帮助灾民确立自行生存能力和社会保障的制度。农业灾害救助还包括防灾在内。同时，新《农业法》将农业灾害救助确定为政府的职责。新《农业法》第 47 条规定：“各级人民政府应当采取措施，提高农业防御自然灾害的能力，做好防灾、抗灾和救灾工作，帮助灾民恢复生产，组织生产自救，开展社会互助互济；对没有基本生活保障的灾民给予救济和扶持。”

第六节 农业科技与农业教育

农业和农村经济的发展，必须建立在农业科技进步和农业教育发展的基础之上。目前，我国农业和农村经济的发展已进入新阶段，调整农业结构，提高农业效益，增加农民收入，改善农村生态环境，应对入世的挑战，提高我国农业的国际竞争力，实现农业和农村经济的持续稳定发展，对农业科技、农业教育产生了更大的需求，提出了更紧迫而又艰巨的任务。

一、推动农业科技进步和农村教育事业发展

（一）制定农业科技教育发展规划

新《农业法》第 48 条第一款规定：“国务院和省级人民政府应当制定农业科技、农业教育发展规划，发展农业科技、教育事业。”

要使我国农业由传统农业向现代化农业转变，由粗放经营向集约化经营转变，从追求农产品产量最大化向调整结构、提高效益和增加收入转变，必须对农业科技、农业教育发展做出统一、全面规划；提高农业科技、农业教育要素的利用率；充分调动各部门、地方政府、企业和农民等社会力量对农业科技、农业教育发展方面的积极性和创造性；建立机构布局科学、学科设置合理、队伍精干、管理有序的农

业科技、农业教育体制；把农业和农村经济增长转到依靠科技进步和提高劳动者素质的轨道上来，实现农业的可持续发展。

（二）增加农业科技教育经费和多渠道增加农业科技投入

新《农业法》第 48 条第二款规定：“县级以上人民政府应当按照国家有关规定逐步增加科技经费和农业教育经费。”

新《农业法》第 48 条第三款规定：“国家鼓励、吸引企业等社会力量增加农业科技投入，鼓励农民、农业生产经营组织、企业事业单位等依法举办农业科技、教育事业。”

二、促进农业科技进步

新《农业法》第 49 条规定：“国家保护植物新品种、农产品地理标志等知识产权，鼓励和引导农业科研、教育单位加强农业科学技术的基础研究和应用研究，传播和普及农业科学技术知识，加速科技成果转化与产业化，促进农业科学技术进步。”“国务院有关部门应当组织农业重大关键技术的科技攻关。国家采取措施促进国际农业科技、教育合作与交流，鼓励引进国外先进技术。”促进农业科技进步主要包括以下内容：

（一）国家保护植物新品种、农产品地理标志等知识产权

新《农业法》是将农产品地理标志保护作为优质农产品的一种知识产权加以特殊保护的。新《农业法》第 49 条第一款对国家保护植物新品种、农产品地理标志等作出具体的规定。运用知识产权制度保护植物新品种及农产品地理标志，开发农业区域优势产品和发展特色农业，培育一批具有自主知识产权的农业科技企业，带动农业产业升级，发展优质畜产高效农业，大幅度提高我国农业国际竞争力都具有重要意义。

（二）加强农业科学技术基础研究和应用研究

新《农业法》第 49 条第一款规定：国家“鼓励和引导农业科研、教育单位加强农业科学技术的基础研究和应用研究，传播和普及农业

科学技术知识。”

（三）加速科技成果转化和产业化，促进国际农业科技教育合作与交流

新《农业法》第 49 条规定：“加速科技成果转化与产业化，促进农业科学技术进步。”“国务院有关部门应当组织农业重大关键技术的科技攻关。国家采取措施促进国际农业科技、教育合作与交流，鼓励引进国外先进技术。”

三、建立农业技术推广体系

农业技术推广是指通过试验、示范、培训、指导等，把农业技术普及应用于农业生产过程的活动。新《农业法》第 50 条规定：“国家扶持农业技术推广事业，建立政府扶持和市场引导相结合，有偿与无偿服务相结合，国家农业技术推广机构和社会力量相结合的农业技术推广体系，促使先进的农业技术尽快应用于农业生产。”

（一）农业技术推广的原则

农业技术推广，必须遵循以下原则：

（1）农业技术推广，必须有利于农业发展。

（2）尊重劳动者的意愿。

（3）因地制宜，经过试验、示范。

（4）国家、农村集体经济组织扶持。

（5）科研单位、有关学校、推广机构与群众性科技组织、科技人员相结合。

（6）讲究农业生产的经济效益、社会效益和生态效益。

（二）国家农业技术推广机构

（1）国家农业技术推广机构的职责。农业技术推广机构，是指中央、省、地、县、乡农业技术推广机构。新《农业法》第 51 条第一款规定：“国家设立的农业技术推广机构应当以农业技术试验示范基础为依托，承担公共所需的关键性技术的推广和示范工作，为农民

和农业生产经营组织提供公益性农业技术服务。”农业技术推广机构的职责，主要包括指导农民对农作物病虫害、动物疫病的测报和防治；对农民的培训、咨询、新技术的引进，试验示范、推广、农药、动物药品使用安全的监测与预报，以及提供优良品种培育、农业节水等方面的技术。

（2）稳定和加强农业技术推广队伍。新《农业法》第 51 条第二款规定：“县级以上人民政府应当根据农业生产发展需要，稳定和加强农业技术推广队伍，保障农业技术推广机构的工作经费。”该条第三款规定：“各级人民政府应当采取措施，按照国家规定保障和改善从事农业技术推广工作的专业科技人员的工作条件、工资待遇和生活条件，鼓励他们为农业服务。”

（三）农业技术推广与应用

（1）农业技术无偿和有偿服务。新《农业法》第 52 条第一款规定：“农业科研单位、有关学校、农业技术推广机构以及科技人员，根据农民和农业生产经营组织的需要，可以提供无偿服务，也可以通过技术转让、技术服务、技术承包、技术入股等形式，提供有偿服务，取得合法收益。农业科研单位、有关学校、农业技术推广机构以及科技人员应当提高服务水平，保证服务质量。”

（2）支持举办为农业服务的企业。新《农业法》第 52 条第二款规定：“对农业科研单位、有关学校、农业技术推广机构举办的为农业服务的企业，国家在税收、信贷等方面给予优惠。”

（3）鼓励非国家农业技术机构参与农业技术推广。新《农业法》第 53 条第二款规定：“国家鼓励农民、农民专业合作经济组织、供销合作社、企业事业单位等参与农业技术推广工作。”

四、农业专业技术人员教育和发展农村教育事业

（一）农业专业技术人员的继续教育

《教育法》规定从业人员有依法接受职业培训和继续教育的权利和义务。中共中央关于“十五”计划的建议提出，“完善继续教育制

度，逐步建立终身教育体系。”农业专业技术人员是农业技术推广的主力军，实施农业专业技术人员继续教育计划，通过专业培训、定期进修等教育的形式，造就一支有文化、懂技术的高素质农业专业技术人员队伍。因此，新《农业法》第 53 条规定：“国家建立农业专业技术人员继续教育制度。县级以上人民政府农业行政主管部门会同教育、人事等有关部门制定农业专业技术继续教育计划，并组织实施。”

（二）切实加强农村教育事业

我国《教育法》、《义务教育法》和《职业教育法》等法律都对包括发展农村教育在内的教育制度作了具体的规定。新《农业法》根据发展农业教育的特殊要求作了进一步的规定，包括农村义务教育、农业职业教育和农民技术培训等内容。

1. 发展农村义务教育

新《农业法》第 54 条规定：“国家在农村依法实施义务教育，并保障义务教育经费。国家在农村举办的普通中小学校教职工工资由县级人民政府按照国家规定统一发放，校舍等教学设施的建设和维护经费由县级人民政府按照国家规定统一安排。”

2. 发展农业职业教育

新《农业法》第 55 条规定：“国家发展农业职业教育。国务院有关部门按照国家职业资格证书制度的统一规定，开展农业行业的职业分类、职业技能鉴定工作，管理农业行业的职业资格证书。”

3. 开展农业技术培训

新《农业法》第 56 条规定：“国家采取措施鼓励农民采用先进的农业技术，支持农民举办各种科技组织，开展农业实用技术培训、农民绿色证书培训和其他就业培训，提高农民的文化技术素质。”

第七节　农业资源与农业环境保护

一、合理利用和保护资源，保护和改善生态环境

资源和环境是农业可持续发展的核心和基础。新《农业法》第 57

条第一款规定："发展农业和农村经济必须合理利用和保护土地、水、森林、草原、野生动植物等自然资源，合理开发和利用水能、沼气、太阳能、风能等可再生能源和清洁能源，发展生态农业，保护和改善生态环境。"

新《农业法》第 57 条第二款规定："县级以上人民政府应当制定农业资源区划或者农业资源合理利用和保护的区划，建立产业资源监测制度。"国务院有关部门应当制定农业资源合理利用和保护的区划，县级以上地方人民政府要根据本地的农业生产资源状况和生态环境协调发展情况，因地制宜制定农业资源区划，建立农业资源监测制度。农业资源监测制度是指连续或者间断地测定环境中农业资源的性质、含量、变化情况及其对环境的影响的制度。同时，应做到农业资源监测要和生态、环境与灾害监测结合起来。

二、农业和农业生产经营组织保养耕地义务

（一）农民和农业生产经营组织应当保养耕地，保护和提高地力

珍惜和合理利用每寸土地，切实保护耕地，是我国的一项基本国策。新《农业法》第 58 条规定："农民和农业生产经营组织应当保养耕地，合理使用化肥、农药、农用薄膜，增加使用有机肥料，采用先进技术，保护和提高地力，防止农用地的污染、破坏和地力衰退。"

（二）农业部门应当支持农民和农业生产经营组织加强耕地质量建设

新《农业法》第 58 条第二款规定："县级以上人民政府农业行政主管部门应当采取措施，支持农民和农业生产经营组织加强耕地质量建设，并对耕地质量进行定期监测。"

三、预防、治理水土流失和治理沙化土地

（一）预防和治理水土流失

水土资源是有限的不可再生资源，其形成是极其漫长的。因此，

合理、科学地分配使用水土资源是十分重要的。新《农业法》第 59 条规定："各级人民政府应当采取措施，加强流域综合治理、预防和治理水土流失。从事可能引起水土流失的生产建设活动的单位和个人，必须采取预防措施，并负责治理因生产建设活动造成的水土流失。"

（二）各级人民政府应当预防土地沙化，治理沙化土地

新《农业法》第 59 条第二款规定："各级人民政府应当采取措施，预防土地沙化，治理沙化土地。国务院和沙化土地所在地区的县级以上地方人民政府应当按照法律规定制定防沙治沙规划，并组织实施。"

四、植树造林，加强草原保护

森林资源作为一种重要的可再生的自然资源，包括森林、林木、林地以及林区内的野生动物和植物，具有蓄水保土、调节气候、改善环境和提供林产品等功能。我国是一个森林资源相对匮乏的国家。因此，新《农业法》第 60 条规定："国家实行全民义务植树制度。各级人民政府应当采取措施，组织群众植树造林，保护林地和林木，预防森林火灾，防治森林病虫害，制止滥伐、盗伐林木、提高森林覆盖率。""国家在天然林保护区实行禁伐或者限伐制度，加强造林护林。"

新《农业法》第 61 条规定："有关地方人民政府，应当加强草原的保护、建设和管理，指导、组织农（牧）和农（牧）业生产经营组织建设人工草场、饲草饲料基地和改良天然草原，实行以草定畜，控制载畜量，推行划区轮牧、休牧和禁牧制度，保护草原植被，防止草原退化沙化和盐渍化。"

五、禁止开垦和退耕还林、还草、还湖、还湿地

（一）禁止开垦、退耕还林还草

新《农业法》第 62 条第一款规定："禁止毁林毁草开垦、烧山开垦以及开垦国家禁止的陡坡地，已经开垦的应当逐步退耕还林、还草。"

（二）禁止围湖造田以及围垦国家禁止围垦的湿地

新《农业法》第 62 条第二款规定：“禁止围湖造田以及围垦国家禁止围垦的湿地。已经围垦的，应当逐步退耕还湖、还湿地。”

六、渔业资源保护

新《农业法》第 63 条规定：“各级人民政府应当采取措施，依法执行捕捞限额和禁渔、休渔制度，增殖渔业资源，保护渔业水域生态环境。”“国家引导、支持从事捕捞业的农（渔）民和农（渔）业生产经营组织从事水产养殖业或者其他职业，对根据当地人民政府统一规划转产转业的农（渔）民，应当按照国家规定予以补助。”

七、农业生物物种资源保护和农业转基因生物安全管理

（一）建立农业生物物种资源保护制度

新《农业法》第 64 条第一款规定：“国家建立与农业生产有关的生物物种资源保护制度，保护生物多样性，对稀有、濒危、珍贵生物资源及其原生地实行重点保护。从境外引进生物物种资源应当依法登记或者审批，并采取相应安全控制措施。”

（二）农业转基因生物安全管理

根据 2001 年国务院发布的《农业转基因生物安全管理条例》规定，农业转基因生物是指“利用基因工程技术改变基因组构成，用于农业生产或者农产品加工的动植物、微生物及其产品，主要包括：① 转基因动植物（含种子、种畜禽、水产苗种）和微生物。② 转基因动植物、微生物产品。③ 转基因农产品的直接加工品。④ 含有转基因动植物（微生物或者其产品成分的种子、种畜禽、水产苗种、农药、兽药、肥料和添加剂等产品”。农业转基因技术的飞速发展，为解决粮食短缺、有效药品和可持续发展等问题展示了良好的前景，但是，其在生产、包装、运输、储存、使用、处理等过程中可能对生物多样性、生态环境和人类健康构成的潜在风险与威胁也日益显现出来。因

此，新《农业法》第 64 条第二款规定："农业转基因生物的研究、试验、生产、加工、经营及其他应用，必须依照国家规定严格实行各项安全控制措施。"

八、防治农业生态环境污染

新《农业法》第 65 条规定："各级农业行政主管部门应当引导农民和农业生产经营组织采取生物措施或者使用低毒低残留农药、兽药，防治动植物病、虫、杂草、鼠害。""农产品采收后的秸秆及其他剩余物质应当综合利用，妥善处理，防止造成环境污染和生态破坏。""从事畜禽等动物规模养殖的单位和个人应当对粪便、废水及其他废弃物进行无害化处理或者综合利用，从事水产养殖的单位和个人应当合理投饵、施肥、使用药物，防止造成环境污染和生态破坏。"

九、防止"三废"污染农业生态环境

新《农业法》第 66 条规定："县级以上人民政府应当采取措施，督促有关单位进行治理，防治废水、废气和固体废弃物对农业生态环境的污染。排放废水、废气和固体废弃物对农业生态环境造成污染事故的，由环境保护行政主管部门或者农业行政主管部门依法调查处理；给农民和农业生产经营组织造成损失的，有关责任人都应当依法赔偿。"

第八节　农民权益保护

农民是农业和农村经济的主体，保护农民权益，事关农村的改革、发展、稳定大局。因此，新《农业法》第九章"农民权益保护"对此问题作了专门规定。

一、关于向农民收费、罚款、摊派的法律规定

目前，我国有的地方的农村存在着乱收费、乱罚款和乱摊派的"三乱"问题。乱收费、乱罚款、乱摊派势必会加重农民和农业生产经营组织的负担，损害农民的合法权益，挫伤农民的生产积极性，影响政

府同人民群众的关系。因此，新《农业法》对此问题作了明确的规定。如：新《农业法》第 67 条第一款规定："任何机关或者单位向农民或者农业生产经营组织收取行政、事业性费用必须依据法律、法规的规定。收费的项目、范围和标准应当公布。没有法律、法规依据的收费，农民和农业生产经营组织有权拒绝。"

二、禁止集资和限制达标、升级、验收活动

（1）禁止向农民或者农业生产经营组织集资。在我国农村地区，有的地方向农民和农业生产经营组织集资的现象还时有发生，这些集资大多没有法律、法规和规章的依据，增加了农民和农业生产经营组织的负担，并且在集资的过程中，部分基层干部作风简单粗暴，严重影响到人民群众与政府的关系，有的甚至造成了很恶劣的影响。因此，新《农业法》第 68 条第一款规定："各级人民政府及其有关部门和所属单位不得以任何方式向农民或者农业生产经营组织集资。"

（2）限制在农村进行达标、升级、验收活动。有的地方在没有法律、法规或未经国务院批准的情况下，擅自进行达标、升级、验收活动；或者有法律、法规及国务院相关规定，但有的地方不按照法律、法规或国务院规定执行，变相进行达标、升级、验收活动。一些地方在达标、升级、验收活动时，要求农民或者农业生产经营组织出钱、出工，有的甚至根本就不检查，只是借达标、升级、验收的名义收取费用。有的达标、升级、验收活动的任务指标或工作要求明显高于当地农村经济发展水平，或超出农民或农业生产经营组织的经济承受能力，给他们造成了极大的负担。因此，新《农业法》第 68 条第二款规定："没有法律、法规依据或者未经国务院批准，任何机关或者单位不得在农村进行任何形式的达标、升级、验收活动。"

三、农民和农业生产经营组织依法纳税和税务机关依法征税

新《农业法》第 69 条规定："农民和农业生产经营组织依照法律、行政法规的规定承担纳税义务。税务机关及代扣、代收税款的单位应当依法征税，不得违法摊派税款及以其他违法方法征税。"

四、农民土地权利的保护

国家征用农民集体所有的土地，应当保护农民和农村经济组织的合法权益，依照法律规定给予相应的征地补偿。

新《农业法》第 71 条规定："国家依法征用农民集体所有的土地，应当保护农民和农村集体经济组织的合法权益，依法给予农民和农村集体经济组织征地补偿，任何单位和个人不得截留、挪用征地补偿费用。"

同时，新《农业法》第 72 条规定："各级人民政府、农村集体经济组织或者村民委员会在农业和农村经济结构调整、农业产业化经营和土地承包经营权流转等过程中，不得侵犯农民的土地承包经营权，不得干涉农民自主安排的生产经营项目，不得强迫农民购买指定的生产资料或者按指定渠道销售农产品。"

五、筹资筹劳、村务公开和接受社会服务中的权利

（一）关于筹资筹劳程序的法律规定

新《农业法》第 73 条第一款规定："农村集体经济组织或者村民委员会为发展生产或者兴办公益事业，需要向其成员（村民）筹资筹劳的，应当经成员（村民）会议或者成员（村民）代表会议过半数通过后，方可进行。"

（二）关于筹资筹劳的标准

新《农业法》第 73 条第二款规定："农村集体经济组织或者村民委员会依照前款规定筹资筹劳的，不得超过省级以上人民政府规定的上限控制标准，禁止强行以资代劳。"

（三）关于村务公开

新《农业法》第 73 条第三款规定："农村集体经济组织和村民委员会对涉及农民利益的重要事项，应当向农民公开，并定期公布财务账目，接受农民的监督。"

（四）在接受社会服务中的权利保护

新《农业法》第 74 条规定："任何单位和个人向农民或者农业生产经营组织提供生产、技术、信息、文化、保险等有偿服务，必须坚持自愿原则，不得强迫农民和农业生产经营组织接受服务。"

新《农业法》第 75 条第一款规定："农产品收购单位在收购农产品时，不得压级压价，不得在支付的价款中扣缴任何费用。法律、行政法规规定代扣、代收税款的，依照法律、行政法规的规定办理。"

新《农业法》第 75 条第二款规定："农产品收购单位与农产品销售者因农产品的质量等级发生争议的，可以委托具有法定资质的农产品质量检验机构检验。"

同时，新《农业法》第 76 条规定："农业生产资料使用者因生产资料质量问题遭受损失的，出售该生产资料的经营者应当予以赔偿，赔偿额包括购货价款、有关费用和可得利益损失。"

六、行政请求权和司法请求权

（一）农民或农业生产经营组织享有提出合法要求的权利

新《农业法》第 77 条规定："农民或者农业生产经营组织为维护自身的合法权益有向各级人民政府及其有关部门反映情况和提出合法要求的权利，人民政府及其有关部门对农民或者农业生产经营组织提出的合理要求，应当按照国家规定及时给予答复。"

（二）农民或农业生产经济组织的司法救济和法律援助

新《农业法》第 78 条规定："违反法律规定，侵犯农民权益的，农民或者农业生产经营组织可以依法申请行政复议或者向人民法院提起诉讼，有关人民政府及其有关部门或者人民法院应当依法受理。""人民法院和司法行政主管机关应当依照有关规定为农民提供法律援助。"

（三）农民和农业生产经营组织可以依照有关的法律向人民法院提起诉讼

这里所说的“依照有关的法律”是指依照我国的“三大”诉讼法，即刑事诉讼法、民事诉讼法和行政诉讼法。农民或者农业生产经营组织向人民法院提起诉讼，必须依照刑事诉讼法、民事诉讼法和行政诉讼法的有关规定向人民法院提起诉讼，人民法院在接到农民或者农业生产经营组织的诉讼要求后，也要依照刑事诉讼法、民事诉讼法和行政诉讼法的相关规定，对符合法律规定的诉讼要求，人民法院应当及时受理。

（四）人民法院和司法行政主管机关应当依照有关规定为农民提供法律援助

农民作为一种特定的群体，由于其自身的经济、社会条件的限制，在我国还处于相对的弱势地位，即使法律、法规规定了保护其权益规定，有时也难以保证农民的合法权益不受侵害。因此，为了能够使保护农民合法权益不受侵害的规定真正发挥作用，还需要法律为其设立一系列的援助制度。新《农业法》第 78 条第三款规定，要求人民法院和司法行政主管机关应当依照有关规定为农民提供法律援助。

第九节　农村经济发展

新《农业法》第十章“农村经济发展”规定了农村经济发展方针是坚持城乡协调发展的方针，扶持农村第二、第三产业发展，调整和优化农村经济结构，增加农民收入，促进农村经济全面发展，逐步缩小城乡差别。

一、农村经济发展的基本方针

新《农业法》第 79 条规定：“国家坚持城乡协调发展的方针，扶持农村第二、第三产业发展，调整和优化农村经济结构，增加农民收入，促进农村经济全面发展，逐步缩小城乡差别。”本条明确了我国农村经济发展的基本方针，即：

（1）农村经济发展的根本目标是缩小城乡差别。缩小城乡差别，是农村经济发展的最终目标，也是实现我国全面建设小康社会的奋斗目标的重要内容。

（2）缩小城乡差别必须坚持城乡协调发展的方针。如果只注重城市经济的发展而忽视农村经济的发展，城市与农村经济的发展水平的差距和城乡居民收入的差距就会进一步拉大，最终可能造成国民经济的发展失去平衡，不利于国民经济的长期持续稳定发展。同样，如果只注重城市社会的发展而忽视农村社会的发展，就会使城市与农村居民享受各方面社会权利的条件的差距进一步拉大，从而不利于社会的稳定。党的十六大报告指出，"统筹城乡经济社会发展，建立现代农业，发展农村经济，增加农民收入，是全面建设小康社会的重大任务。"因此，国家只有坚持城乡协调发展的方针，才能不断地缩小城乡差别。

（3）缩小城乡差别的途径。第一，扶持农村第二、第三产业发展，调整和优化农村经济结构；第二，通过第二、第三产业的发展，增加农民非农产业收入；第三，通过以上两种手段，促进农村经济全面发展。

二、发展乡镇企业

国家完善乡镇企业发展的各项措施，引导乡镇企业优化结构，更新技术，提高素质。《乡镇企业法》发展乡镇企业的各项措施，新《农业法》也对此问题作了具体的规定。

新《农业法》第 80 条规定："各级人民政府应当采取措施，发展乡镇企业，支持农业的发展，转移富余的农业劳动力。""国家完善乡镇企业发展的支持措施，引导乡镇企业优化结构，更新技术，提高素质。"

帮助乡镇企业提高素质，国家需要根据新形势和新情况发展的要求，不断完善支持乡镇企业发展的措施。目前，国家除了落实《乡镇企业法》规定的税收、信贷、设立乡镇企业发展基金等方面的扶持措施外，其他法律、法规也规定了一些新的扶持措施，其中主要是对中小企业的扶持措施和对重点龙头企业的扶持措施。

三、推进农村小城镇建设

新《农业法》第 82 条规定："县级以上地方人民政府应当根据当地的经济发展水平、区位优势和资源条件，按照合理布局、科学规划、节约用地的原则，有重点地推进农村小城镇建设。""地方各级人民政府应当注重运用市场机制，完善相应政策，吸引农民和社会资金投资小城镇开发建设，发展第二、第三产业，引导乡镇企业相对集中发展。"

这里发展小城镇要"运用市场机制"，主要体现在：① 发展小城镇不能只靠政府投入，也不靠行政命令的手段强制要求各类社会主体投资于小城镇开发建设，而必须注重运用市场机制吸引社会投资。② 投资于小城镇开发建设的主体可以是农民或者社会资金，这里"社会资金"主要指各类企业、事业单位和社会团体法人投入的资金。③ 社会主体投资小城镇开发建设，主要是投资于基础设施和进行商品房等方面的建设。④ 国家鼓励在小城镇发展第二、第三产业。⑤ 引导乡镇企业在小城镇集中发展。

四、促进农村剩余劳动力有序流动

国家保护进入城镇就业的农村劳动力的合法权益和利益，他们的权益和利益主要包括：作为公民的平等权等基本权利；作为集体经济组织成员的土地承包权等权利；作为劳动者依据《劳动法》规定的权利。

新《农业法》第 82 条规定："国家采取措施引导农村富余劳动力在城乡地区间合理有序流动。地方各级人民政府依法保护进入城镇就业的农村劳动力的合法权益，不得设置不合理限制，已经设置的应当取消。"

五、其他农村社会保障事业

（一）农村社会救济制度和农村医疗保障制度

新《农业法》第 83 条规定："国家逐步完善农村社会救济制度，保障农村五保户、贫困残疾农民、贫困老年农民和其他丧失劳动能力的农民的基本生活。"

新《农业法》第 84 条规定："国家鼓励、支持农民巩固和发展农村合作医疗和其他医疗保障形式，提高农民健康水平。"

（二）扶持贫困地区，加大扶贫开发资金

新《农业法》第 85 条规定："国家扶持贫困地区改善经济发展条件，帮助进行经济开发。省级人民政府根据国家关于扶持贫困地区的总体目标和要求，制定扶贫开发规划，并组织实施。""各级人民政府应坚持开发式扶贫方针，组织贫困地区的农民和农业生产经营组织合理使用扶贫资金，依靠自身力量改变贫困落后面貌、引导贫困地区的农民调整经济结构、开发当地资源。扶贫开发应当坚持与资源保护、生态建设相结合，促进贫困地区经济、社会的协调发展和全面进步。

新《农业法》第 86 条规定："中央和省级财政应当把扶贫开发投入列入年度财政预算，并逐年增加，加大对贫困地区的财政转移支付和建设资金投入。""国家鼓励和扶持金融机构，其他企业事业单位和个人投入资金支持贫困地区开发建设"。"禁止任何单位和个人截留、挪用扶贫资金。审计机关应当加强扶贫资金和审计监督。"

第十节　执法监督

农业执法监督的内容主要包括采取措施完善适应社会主义市场经济要求的农业行政管理体制，加强规划、指导、管理、协调、监督、服务职责，依法行政、公正执法、实行综合执法，提高执法效率和水平，县级以上人民政府农业行政主管部门履行监督检查职责时采取的措施，监督检查人员在履行监督检查职责时应当出示执法证件，被检查单位和个人应当予以配合，以及农业行政主管部门与农业生产、经营单位的关系。

一、农业行政管理体制、农业部门职责和农业执法

新《农业法》第 87 条规定："县级以上人民政府应当采取措施逐步完善适应社会主义市场经济发展要求的农业行政管理体制。""县级以上人民政府农业行政主管部门和有关行政主管部门应当加强规

划、指导、管理、协调、监督、服务职责，依法行政，公正执法。”“县级以上地方人民政府农业行政主管部门应当在职责范围内健全行政执法队伍，实行综合执法，提高执法效率和水平。”该条主要规定以下三个方面：

（1）完善适应社会主义市场经济发展要求的农业行政管理体制。我国现行的农业行政管理体制还没有完全消除计划经济的色彩，部门分割和管理脱节问题依然存在。这种农业行政管理体制，难以适应农业市场化、国际化的需要，阻碍了农业和农村经济结构性调整的步伐。因此，本条规定，县级以上人民政府应当采取措施逐步完善适应社会主义市场经济发展要求的农业行政管理体制。

（2）农业部门职责。新《农业法》第 87 条第二款是关于加强规划、指导、管理、协调、监督、服务、职责，依法行政，公正执法的规定。加强规划、指导、管理、协调、监督、服务，是对县级以上人民政府农业行政主管部门和有关行政主管部门规定的职责。依法行政、公正执法，是对县级以上人民政府农业行政主管部门和有关行政主管部门及其工作人员职业道德和执法能力的要求。依法行政，就是要依据有关农业法律、法规的规定，行使法律赋予的行政监督检查权。公正执法，就是要在履行监督检查职责过程中，大公无私，坚持原则，不为利所诱，不为情所动，更不为强权和暴力所威慑，做到有法必依，执法必严，违法必究，在法律面前，人人平等。

（3）健全行政执法队伍，实行综合执法。健全农业行政执法队伍，实行综合执法，提高执法效率和水平。建立农业综合执法队伍，实行综合执法，是农业执法体制上一项重大改革。综合执法包括以下几个方面：一是由综合执法机构代表农业部门专司执法，执法人员不再从事经营和技术推广，执法与经营脱钩；二是将分散的执法力量整合为一，形成执法合力；三是执法人员集中办公，专司执法工作。

二、执法监督职权和严格执法程序

（一）农业执法监督职权

新《农业法》第 88 条第一款规定：“县级以上人民政府农业行

政主管部门及其执法人员履行执法监督检查职责时，有权采取下列措施：① 要求被检查单位或者个人说明情况，提供有关文件、证照、资料。② 责令被检查单位或者个人停止违反本法的行为，履行法定义务。”

（二）严格遵守执法程序

《农业法》第 88 条第二款规定：“农业行政执法人员在履行监督检查职责时，应当向被检查单位或者个人出示行政执法证件，遵守执法程序。有关单位或者个人应当配合农业行政执法人员依法执行职务，不得拒绝和阻碍。”

三、执法与经营分开

社会主义市场经济要求改变政企不分的管理模式，实行政企分离。这是为了加强政府的宏观调控职能，通过立法、执法来建立社会主义市场经济秩序，鼓励企业在社会主义市场经济中，通过平等竞争，求得生存和发展。为了维护市场经济秩序，强化行政执法职能，保证企业在市场经济竞争中的平等地位，新《农业法》第 89 条规定：“农业行政主管部门与农业生产、经营单位必须在机构、人员、财务上彻底分离。农业行政主管部门及其工作人员不得参与和从事农业生产经营活动。”

第四章　农村土地法律制度

第一节　农业用地法律制度

一、农业用地所有权制度

（一）农业用地及农业用地所有权的概念

《土地管理法》第 4 条规定："国家实行土地用途管制制度。国家编制土地利用总体规划，规定土地用途，将土地分为农用地、建设用地和未利用地。严格限制农用地转为建设用地，控制建设用地总量，对耕地实行特殊保护。"

"前款所称农用地是指直接用于农业生产的土地，包括耕地、林地、草地、农田水利用地、养殖水面等；建设用地是指建造建筑物、构筑物的土地，包括城乡住宅和公共设施用地、工矿用地、交通水利设施用地、旅游用地、军事设施用地等；未利用地是指农用地和建设用地以外的土地。"

根据上述规定，农用地，是指直接或间接用于农业生产的土地。按照其用途，农用地可以分为：耕地、园地、林地、草地、池塘、沟渠、田间道路和其他生产性建筑用地。其中，耕地、园地、林地、草地是农用地中最主要的土地类型。

农用地所有权是指农用地的土地所有者为实现农业生产的目的，对土地所享有的占有、使用、收益和处分的权利。

（二）农用地所有权的分类

我国的农用地存在着两种土地所有制形式，即全民所有制土地和劳动群众集体所有制土地。

1. 农用地国家所有权

农用地国家所有权是农用地国家所有制在法律上的表现，其主体是国家。《土地管理法》第 2 条第二款规定："全民所有，即国家所有土地的所有权由国务院代表国家行使。"第 5 条规定："国务院土地行政主管部门统一负责全国土地的管理和监督工作，县级以上地方人民政府土地行政主管部门的设置及其职责，由省、自治区、直辖市人民政府根据国务院有关规定确立。"

我国农村国有土地主要包括：① 除法律规定由集体所有的森林和山岭、草原、荒地、滩涂之外的全部矿藏、水流、森林、山岭、草原、荒地、滩涂等土地资源。② 名胜古迹、自然保护区等特殊用地（不包括区内属集体所有的土地）。③ 国营农、林、牧、渔等农业企业、事业单位使用的土地。④ 国家拨给国家机关、部队、国防设施、国营公共交通（铁路、公路、码头、机场、学校等非农业企业、事业单位使用的土地。⑤ 国家拨给农村集体和个人使用的国有土地。⑥ 法律规定属于集体所有以外的一切土地。

2. 农用地集体所有权

农用地集体所有权主体是村民小组和村、乡三级农民集体经济组织。《土地管理法》第 8 条第二款规定："农村和城市郊区的土地，除由法律规定属于国家所有的以外，属于农民集体所有；宅基地和自留地、自留山，属于农民集体所有。"

二、农用地使用权制度

农用地使用权是指集体或者个人通过承包、转包等形式依法取得的使用农民集体或者国家所有土地从事广义农业生产的权利。

我国《农村土地承包法》具体规定了农业用地承包经营权流转制度和乡镇企业有偿用地制度。凡占用集体所有土地的乡镇办企业、村办企业、联营企业和个体企业均按规定交纳土地使用费。土地使用费由土地管理部门负责逐年收取。

三、农业用地保护制度

根据《土地管理法》，国务院于 1998 年 12 月 27 日发布了《基本农田保护条例》，确立了基本农田保护制度。基本农田，是指按照一定时期人口和社会经济发展对农产品的需求，依据土地利用总体规划确定的不得占用的耕地。基本农田保护区，是指为对基本农田实行特殊保护而依据土地利用总体规划和依照法定程序确定的特定保护区域。

（一）土地用途管制制度

土地用途管制是指国家为实现土地资源的合理利用，通过编制土地利用总体规划，划定土地用途区域，确定土地使用限制条件，要求土地的所有者、使用者严格按照国家确定的用途利用土地的制度。土地用途管制权既可由国务院行使，也可由国务院发布土地用途管制授权法令，授权地方政府行使。

土地用途管制的主要内容按土地主导用途可以分为农用地、建设用地和未利用地三大类。农用地中包括耕地、林地、园地、水产用地、牧地等。对于农用地的土地用途管制主要如下：

1. 耕地管制

耕地可分为基本农田和一般农田。实现耕地总量的动态平衡的耕地保护措施，主要是划定基本农田保护区。耕地对土地利用的主要限制有：本区的耕地在规划期内不得擅自占用和转用；鼓励划入本区内的非耕地资源向耕地转化，严禁占用基本农田进行非农建设；一般农田在规划期内视为基本农田，国家重点建设项目确需占用耕地的，应经法定程序修改规划后办理耕地转用手续；除生态保护需要外，限制占用本区的耕地发展园、林、牧业，严禁用于发展水产养殖业和建窑、建房、建坟以及堆放固体废弃物等。

2. 耕地以外的农用地管制

不得擅自改变土地用途，农业内部结构调整应符合规划；划入本区的耕地转用应与本区外的非耕地转为耕地建立相应的置换关系，否则不得改变耕地用途；严禁非农建设占用名、特、优、新种植园地和水土保持林、防风固沙林等防护林用地及优良草场；鼓励通过水土综合整治，治理水土流失、荒漠化。

（二）耕地保护制度

1. 基本农田保护制度

依照《基本农田保护条例》第 10 条规定，下列耕地应当划入基本农田保护区：① 经国务院有关主管部门或者县级以上地方人民政府批准确定的粮、棉、油生产基地内的耕地。② 有良好的水利与水土保持设施的耕地，正在实施改造计划以及可以改造的中、低产田。③ 蔬菜生产基地。④ 农业科研、教学试验田。⑤ 国务院规定应当划入基本农田保护区的其他耕地。《基本农田保护条例》规定："基本农田保护区经依法划定后，任何单位和个人不得改变或占用。国家重点建设项目选址确实无法避开基本农田保护区，需要占用基本农田，涉及农用地转用或者征用土地的，必须经国务院批准。"

2. 耕地占补平衡制度

根据《土地管理法》第 31 条规定："非农业建设经批准占用耕地的，按照'占多少，垦多少'的原则，由占用耕地的单位负责开垦与所占用耕地的数量和质量相当的耕地；没有条件开垦或者开垦的耕地不符合要求的，应当按照省、自治区、直辖市的规定缴纳耕地开垦费，专款用于开垦新的耕地。"在实际工作中，称其为耕地占补平衡制度。

3. 保护耕地实现质上的平衡

提高耕地质量的主要措施有：① 减少人工化肥的投入，对耕地施用有机肥，改善地力肥度。② 合理利用间套作、轮作等方法，提高耕地的产出率。③ 防止耕地土壤的污染，要合理施肥，提倡使用低残留农药、可降解的塑料薄膜，提倡生物治虫，不使用不符合环境标准的灌溉水源等。

（三）土地整理和复垦制度

《土地管理法》第 38 条规定："国家鼓励单位和个人按照土地利用总体规划，在保护和改善生态环境、防止水土流失和土地荒漠化的前提下，开发未利用土地。适宜开发为农用地的，应当优先开发成农用地。"第 41 条规定："国家鼓励土地整理。县、乡（镇）人民政府应当组织农村集体经济组织，按照土地利用总体规划，对田、水、路、林、村综合整治，提高耕地质量，增加有效耕地面积，改善农业生产条件和生态环境。地方各级人民政府应当采取措施，改造中、低产田，整治闲散地和废弃地。"第 42 条规定："因挖损、塌陷、压占等造成土地破坏，用地单位和个人应当按照国家有关规定负责复垦；没有条件复垦或者复垦不符合要求的，应当缴纳土地复垦费，专项用于土地复垦。复垦的土地应当优先用于农业。"

第二节　农村土地承包法律制度

2002 年 8 月 29 日通过、2003 年 3 月 1 日起实施的《中华人民共和国农村土地承包法》（以下简称《农村土地承包法》），在保护农民的土地承包经营权，保证农村土地承包关系的长期稳定方面一直发挥着重要的作用。

一、《农村土地承包法》的概念

（一）《农村土地承包法》的立法宗旨

《农村土地承包法》第 1 条规定："为稳定和完善以家庭承包经营为基础、统分结合的双层经营体制，赋予农民长期而有保障的土地使用权，维护农村土地承包当事人的合法权益，促进农业、农村经济发展和农村社会稳定，根据宪法，制定本法。"

（二）《农村土地承包法》的适用范围

《农村土地承包法》规范和调整的是依法属于农民集体所有和国

家所有依法由农民集体使用的土地承包经营关系。这些土地的用途是耕地、林地、草地，以及其他依法用于农业的土地。其中也包括荒山、荒沟、荒丘、荒滩。

（三）农村土地承包的形式

农村土地承包关系可分为家庭承包关系和通过招标、拍卖和公开协商等其他方式承包的承包关系。

（1）家庭承包经营是我国农村经营体制的基础，是指以本集体经济组织内的农户家庭为单位、人人有份的土地承包。实行家庭承包经营的土地是集体所有和国家所有依法由农民集体使用的耕地。在家庭承包的经营体制下，作为承包方的农户家庭与作为发包方的集体经济组织签订土地承包合同，确认农户的土地承包经营权。

（2）其他方式的承包是指不宜采取家庭承包方式的荒山、荒沟、荒丘、荒滩等农村土地，通过招标、拍卖、公开协商等方式承包的情形。与家庭承包不同，这种承包方式的承包方不限于本集体经济组织的成员，当事人的权利和义务、承包期限等，都是由发包方和承包方在自愿的基础上协商确定的。

二、农民承包土地权利的保护

（一）按户承包、按人分地原则

家庭承包的承包地主要是耕地、林地和草地，承包实行公平为主、兼顾效率的原则。在集体经济组织发包土地时，除非本集体经济组织成员自愿放弃承包，任何组织和个人都不能以任何方式，剥夺或者变相剥夺集体经济组织成员承包土地的权利，也不能以任何方式阻挠、干扰、限制集体经济组织成员承包土地权利的实现。农村土地家庭承包的承包方是本集体经济组织的农户，其他集体经济组织的农户、集体经济组织以外的单位和个人都不能作为承包方，只能通过依法流转取得土地经营权。农村土地家庭承包不是以农民个人为单位进行承包的，在计算每个农户应当承包的土地面积时，通常要考虑农户家庭的人口数量和年龄结构、劳动力数量等因素，即“按户承包、按人分地”。

（二）男女平等的原则

《农村土地承包法》规定："农村土地承包，妇女与男子享有平等的权利。承包中应当保护妇女的合法权益，任何组织和个人不得剥夺、侵害妇女应当享有的土地承包经营权。""承包期内，妇女结婚，在新居住地未取得承包地的，发包方不得收回其原承包地；妇女离婚或者丧偶，仍在原居住地生活或者不在原居住地生活但在新居住地未取得承包地的，发包方不得收回其原承包地。"

（三）公开、公平、公正的原则

《农村土地承包法》第 7 条规定："农村土地承包应当坚持公开、公平、公正的原则，正确处理国家、集体、个人三者的利益关系。"

因此，农村土地承包应当坚持公开、公平、公正的原则。公开是指土地承包过程中，必须保护集体经济组织成员的知情权，防止"暗箱操作"。公平是指凡本集体经济组织成员，不分年龄、性别、民族、信仰等条件的差异，在农村土地统一组织承包时，都依法平等地享有并可以行使承包土地的权利，任何组织和个人都不能剥夺和限制这个权利。公正是指必须严格依法定的承包程序组织承包土地，不能随意简化发包程序，在承包过程中，平等地对待每一个本集体经济组织的成员，任何组织和个人都不能有法外特权，也不允许任何人以不正当的手段获取非法利益。

（四）坚持土地的社会主义劳动群众集体所有制不变的原则

农村土地承包后，土地的所有权性质不变，承包地不得买卖。《农村土地承包法》第 12 条对此作了明确规定："农民集体所有的土地依法属于村农民集体所有的，由村集体经济组织或者村民委员会发包；已经分别属于村内两个以上农村集体经济组织的农民集体所有的，由村内各该农村集体经济组织或者村民小组发包。村集体经济组织或者村民委员会发包的，不得改变村内各集体经济组织农民集体所有的土地的所有权。国家所有依法由农民集体使用的农村土地，由使用该土地的农村集体经济组织、村民委员会或者村民小组发包。"

（五）合理开发、利用土地原则

《农村土地承包法》第8条规定："农村土地承包应当遵守法律、法规，保护土地资源的合理开发和可持续利用。未经依法批准不得将承包地用于非农建设。"

"国家鼓励农民和农村集体经济组织增加对土地的投入，培肥地力，提高农业生产能力。"

三、土地承包的程序和承包合同

（一）土地承包的程序

土地承包应当按照以下程序进行：

（1）本集体经济组织成员的村民会议选举产生承包工作小组。

（2）承包工作小组依照法律、法规的规定拟订并公布承包方案。

（3）依法召开本集体经济组织成员的村民会议，讨论通过承包方案。

（4）公开组织实施承包方案。

（5）签订承包合同。

（二）土地承包的合同

1. 土地承包的合同内容及生效

《农村土地承包法》第21条规定："发包方应当与承包方签订书面承包合同。"

承包合同的内容一般包括以下条款：① 发包方、承包方的名称，发包方负责人和承包方代表的姓名、住所。② 承包土地的名称、坐落、面积、质量等级。③ 承包期限和起止日期。④ 承包土地的用途。⑤ 发包方和承包方的权利和义务。⑥ 违约责任。

承包合同自成立之日起生效。承包方自承包合同生效时取得土地承包经营权。县级以上地方人民政府应当向承包方颁发土地承包经营权证或者林权证等证书，并登记造册，确认土地承包经营权。

2．土地承包的合同期限

《农村土地承包法》第 20 条规定："耕地的承包期为三十年。草地的承包期为三十年至五十年。林地的承包期为三十年至七十年；特殊林木的林地承包期，经国务院林业行政主管部门批准可以延长。"

承包合同生效后，发包方不得因承办人或者负责人的变动而变更或者解除，也不得因集体经济组织的分立或者合并而变更或者解除。

四、发包方和承包方的权利和义务

（一）发包方的权利和义务

1．发包方的权利

发包方享有下列权利：发包本集体所有的或者国家所有依法由本集体使用的农村土地；监督承包方依照承包合同约定的用途合理利用和保护土地；制止承包方损害承包地和农业资源的行为；法律、行政法规规定的其他权利。

2．发包方的义务

发包方承担下列义务： 维护承包方的土地承包经营权，不得非法变更、解除承包合同；尊重承包方的生产经营自主权，不得干涉承包方依法进行正常的生产经营活动；依照承包合同约定为承包方提供生产、技术、信息等服务； 执行县、乡（镇）土地利用总体规划，组织本集体经济组织内的农业基础设施建设；法律、行政法规规定的其他义务。《农村土地承包法》第 25 条规定："国家机关及其工作人员不得利用职权干涉农村土地承包或者变更、解除承包合同。"

（二）承包方的权利和义务

1．承包方的权利

家庭承包的承包方是本集体经济组织的农户。

承包方享有下列权利：依法享有承包地使用、收益和土地承包经营权流转的权利，有权自主组织生产经营和处置产品；承包地被依法征用、占用的，有权依法获得相应的补偿；法律、行政法规规定的其他权利。

2．承包方的义务

承包方承担下列义务：维持土地的农业用途，不得用于非农建设；依法保护和合理利用土地，不得给土地造成永久性损害； 法律、行政法规规定的其他义务。

五、保证农村土地承包关系长期稳定的制度

《农村土地承包法》第 4 条规定，国家依法保护农村土地承包关系的长期稳定。

（一）农村土地承包经营权的期限

耕地的承包期限为 30 年，草地的承包期为 30～50 年。林地的承包期为 30～70 年；特殊林木的林地承包期，经国务院林业行政主管部门批准可以延长。

（二）承包期内不得收回承包地的规定

1．承包期内不得收回承包地

承包期内，发包方不得收回承包地。但是，承包期内，承包方全家迁入设区的市，转为非农业户口的，应当将承包的耕地和草地交回发包方。承包方不交回的，发包方可以收回承包的耕地和草地。需要指出的是，由于林地的生产周期长，为保护植树造林的积极性，《农村土地承包法》规定不得收回承包的林地，承包林地的农民全家迁入设区的城市后，可以进行土地承包经营权流转，也可以继续承包经营。

承包期内，承包方交回承包地或者发包方依法收回承包地时，承包方对其在承包地上投入而提高土地生产能力的，有权获得相应的补偿。

2．农民全家迁入小城镇后承包土地的处理

目前我国小城镇的社会保障制度尚不健全，农民在小城镇一旦遇到工作困难，还是要回到农村从事农业生产，作为基本的社会保障。因此，《农村土地承包法》规定，承包期内，承包方全家迁入小城镇落户的，应当按照承包方的意愿，保留其土地承包经营权或者允许其依法进行土地承包经营权流转。

（三）承包期内不得调整承包地的规定

1．承包期内不得调整承包地

为了稳定农村土地承包关系，《农村土地承包法》规定，承包期内，发包方不得调整承包地。在《农村土地承包法》实施以后，出现人地矛盾，主要采取三种途径解决：一是利用承包时依法预留的机动地、承包期内依法开垦增加的土地、承包方交回的土地等，发包给新增人口。二是依法进行土地承包经营权流转，通过转包、出租、转让等方式，在稳定家庭承包经营的基础上，将土地承包经营权流转到需要的人手中。三是通过发展乡镇企业和第二、第三产业，转移农村剩余劳动力，从根本上减轻人口对土地的压力。

2．允许进行个别调整的情形及程序

承包期内，因自然灾害严重毁损承包地等特殊情形对个别农户之间承包的耕地和草地需要适当调整的，必须经本集体经济组织成员的村民会议 2/3 以上成员或者 2/3 以上村民代表的同意，并报乡（镇）人民政府和县级人民政府农业等行政主管部门批准。承包合同中约定不得调整的，按照其约定。

3．可用于调整的土地

下列土地应当用于调整承包土地或者承包给新增人口。

（1）集体经济组织依法预留的机动地。本来是一些地方在实施第一轮土地承包过程中，为解决人地矛盾、减少承包地调整次数，或者为解决集体经济组织开支问题，保留一些土地不实行家庭承包，而由集体经济组织统一组织经营或者实行招标承包经营的土地。第二轮承包过程中，中办发[1997]16 号文件要求，对预留机动地必须严格控制。《农村土地承包法》规定，本法实施前已经预留机动地的，机动地面积不得超过本集体经济组织耕地总面积的 5%。不足 5%的，不得再增加机动地。本法实施前未留机动地的，本法实施后不得再留机动地。

（2）通过依法开垦等方式增加的土地。开垦土地必须经过科学论证和评估，在土地利用总体规划划定的可开垦区域内，经依法批准后才能进行开垦。未经批准不得擅自开垦。

（3）承包方。承包方依法、自愿交回的土地。

（四）承包方可以自愿放弃承包土地

承包期内，承包方可以自愿将承包地交回发包方。承包方自愿交回承包地的，要满足两项要求：一是提前半年以书面形式通知发包方。二是承包方在承包期内交回承包地的，在承包期内不得再要求承包土地。但是，承包方自愿交回承包地的，并不影响将来在新一轮承包时，他们所享有的承包土地的权利。

（五）家庭承包的继承

《农村土地承包法》第 31 条区分三种不同的情况，对继承问题作出了规定。

（1）家庭承包的土地承包经营权不发生继承问题。通过家庭承包形式取得的土地承包经营权，家庭的某个或者部分成员死亡的，土地承包经营权不发生继承问题。家庭成员全部死亡的，土地承包经营权灭失，由发包方收回承包地。

（2）承包人应得的收益可以在承包期内依法继承。承包人死亡的，其依法应当获得的承包收益，按照《继承法》的规定继承。这里的承包人应当理解为承包户的家庭成员。

（3）林地承包经营权的继承。林地承包的承包人死亡，其继承人可以在承包期内继续承包。这里主要是指，家庭承包的林地，在家庭成员全部死亡的，最后一个死亡的家庭成员的继承人（可以是本集体经济组织成员，也可以是集体经济组织以外的继承人），在承包期内均可以继续承包，直到承包期满。

六、土地承包经营权的流转

土地承包经营权的流转是指取得农村土地承包经营权的承包方将其所享有的承包经营权的部分或者全部依法自愿、有偿流转于第三人的行为。

（一）土地承包经营权流转的原则

土地承包经营权流转应遵循以下原则：① 平等协商、自愿、有偿原则。② 不得改变土地所有权和农业用途。③ 流转的期限不得超过承包期的剩余期限。④ 受让方须有农业经营能力。⑤ 在同等条件下，本集体经济组织成员享有优先权。

（二）土地承包经营权的流转方式

通过家庭承包取得的土地承包经营权可以依法采取转包、出租、互换、转让或者其他方式流转。

（1）土地承包经营权的转包、出租。按照《农村土地承包法》第39条的规定，转包、出租就是承包方在一定期限内将部分或者全部土地承包经营权转包或者出租给第三方，承包方与发包方的承包关系不变。

（2）土地承包经营权的互换。是指承包方之间为方便耕种或者各自需要，对属于同一集体经济组织的土地承包经营权进行互换。

（3）土地承包经营权的转让。土地承包经营权的转让是指，承包方将全部或者部分土地承包经营权转让给其他从事农业生产经营的农户，由该农户同发包方确立新的承包关系，原承包方与发包方在该土地的承包关系即行终止。为了防止土地承包经营权转让带来一些不必要的经济和社会问题，《农村土地承包法》对土地承包经营权转让施加了多项限制条件，主要有：① 承包方有稳定的非农职业或稳定的收入来源。② 必须经发包方同意。③ 受让方应当是从事农业生产经营的农户。

土地承包经营权依法转让后，当事人要求登记的，可以向县级人民政府申请登记，将土地承包经营权登记到受让方名下。未经登记的，不能对抗善意第三人。

（4）土地承包经营权的入股。入股是指承包方之间为了发展农业经济，自愿联合起来，将土地承包经营权入股，从事农业合作生产。这种方式的土地承包经营权入股，主要从事合作性农业生产，以入股的股份作为分红的依据，但各承包户的承包关系不变。

（三）土地承包经营权的流转程序

1. 土地承包经营权流转的主体

土地承包经营权流转的主体是承包方。承包方有权依法自主决定土地承包经营权是否流转和流转的方式。

2. 土地承包经营权流转合同

土地承包经营权采取转包、出租、互换、转让或者其他方式流转，当事人双方应当签订书面合同。但是，承包方将土地交由他人代耕不超过一年的，可以不签订书面合同。

土地承包经营权流转合同一般包括以下条款：双方当事人的姓名、住所；流转土地的名称、坐落、面积、质量等级；流转的期限起止日期；流转土地的用途；双方当事人的权利和义务；流转价款及支付方式；违约责任。

3. 土地承包经营权流转的登记

土地承包经营权采取互换、转让方式流转，当事人要求登记的，应当向县级以上地方人民政府申请登记。未经登记，不得对抗善意第三人。

七、其他方式的承包

不宜采取家庭承包方式的荒山、荒沟、荒丘、荒滩等农村土地，通过招标、拍卖、公开协商等方式承包的，属于其他方式的承包。

（一）其他方式承包的特点

（1）承包方可以是集体经济组织成员，也可以是集体经济组织以外的成员在同等条件下，本集体经济组织成员享有优先承包权。如果发包方将农村土地发包给本集体经济组织以外的单位或者个人承包，应当事先经本集体经济组织成员的村民会议三分之二以上成员或者三分之二以上村民代表的同意，并报乡（镇）人民政府批准。由本集体经济组织以外的单位或者个人承包的，应当对承包方的资信情况和经营能力进行审查后，再签订承包合同。

（2）承包方法的公开性。承包方法是实行招标、拍卖或者公开协商，发包方按照“效率优先、兼顾公平”的原则确定承包人。

（3）承包土地的特殊性。承包的土地主要是“四荒地”。

（二）其他方式承包的合同

荒山、荒沟、荒丘、荒滩等可以直接通过招标、拍卖、公开协商等方式实行承包经营，也可以将土地承包经营权折股分给本集体经济组织成员后，再实行承包经营或者股份合作经营。承包荒山、荒沟、荒丘、荒滩的，应当遵守有关法律、行政法规的规定，防止水土流失，保护生态环境。

以其他方式承包农村土地的，应当签订承包合同。当事人的权利和义务、承包期限等，由双方协商确定。以招标、拍卖方式承包的，承包费通过公开竞标、竞价确定；以公开协商等方式承包的，承包费由双方议定。

（三）其他方式承包的土地承包经营权流转

通过招标、拍卖、公开协商等方式承包农村土地，经依法登记取得土地承包经营权证或者林权证等证书的，其土地承包经营权可以依法采取转让、出租、入股、抵押或者其他方式流转。在流转方式上，与家庭承包取得的土地承包经营权存在三个主要区别：没有转包的流转方式；增加规定了抵押的流转方式；入股的方式可以更多。

第三节　农村宅基地政策与法规

一、宅基地使用权

（一）宅基地使用权的概念

宅基地，顾名思义，就是盖住宅用的地。宅基地使用权是经依法审批由农村集体经济组织分配给其成员用于建造住宅的没有使用期限限制的集体土地使用权。

宅基地使用权具有以下特点：

（1）依法取得农村村民获得宅基地的使用权，必须履行完备的申请手续，经有关部门批准后才能取得。

（2）拥有宅基地使用权的公民，使用权没有期限，由公民长期使用。可在宅基地上建造房屋、厕所等建筑物，并享有所有权；在房前屋后种植花草、树木，发展庭院经济，并对其收益享有所有权。

（3）随房屋产权转移宅基地的使用权，依房屋的合法存在而存在，并随房屋所有权的转移而转移。房屋因继承、赠与、买卖等方式转让时，其使用范围内的宅基地使用权也随之转移。在买卖房屋时，宅基地使用权须经过申请批准后才能随房屋转移。

（4）受法律保护依法取得的宅基地使用权受国家法律保护，任何单位或者个人不得侵犯。否则，宅基地使用权人可以请求侵权人停止侵害、排除妨碍、返还占有、赔偿损失。

（二）农村宅基地的法律规范

目前我国尚没有规范农村宅基地的专门法规，有关宅基地的法律规定，在《土地管理法》、《民法通则》、《物权法》中均有涉及，各省的《农村宅基地管理办法》在实践中，发挥了巨大的作用。为进一步加强农村宅基地管理，正确引导农村村民住宅建设，合理、节约使用土地，切实保护耕地，国土资源部 2004 年颁发了《关于加强农村宅基地管理的意见》。

二、宅基地的申请

农村农民一般是在原有的宅基地上拆旧建新或者是申请新的宅基地，独立建造自家的房屋。

（一）“一户一宅”原则

“一户一宅”是一户农民只能拥有一处宅基地的简称。我国《土地管理法》第 62 条规定：“农村村民一户只能拥有一处宅基地。”国土资源部《关于加强农村宅基地管理的意见》第 5 项规定：“严格宅基地申请条件。坚决贯彻‘一户一宅’的法律规定。农村村民一户只能拥有一处宅基地，面积不得超过省（区、市）规定的标准。各地应结合本地实际，制定统一的农村宅基地面积标准和宅基地申请条件。不符合申请条件的不得批准宅基地。”由此可见，“一户一宅”是我国宅基地制度的一项基本原则。

（二）申请宅基地的条件

可以申请农村宅基地的人通常情况下只能为农村村民，而且专指本村集体经济组织的成员。

非本村集体经济组织成员或者是城镇居民一般不允许申请宅基地。当然也存在特殊情况。在有些地方，如果经过村民大会同意以及经过相关政府的严格批准后，某些特殊的、非本村村民的其他人也可以申请获得宅基地。

（三）申请宅基地的程序

村民申请宅基地要依照下列程序办理申请用地手续：① 申请宅基地的村民先向所在地村农业集体经济组织或村民委员会提出建房申请。② 村民大会或者村民委员会对申请进行讨论，在表决通过后，上报乡（镇）人民政府审核或者按规定办理批准手续。③ 政府办理批准手续：占用原有宅基地、村内空闲地等非耕地的一般报乡（镇）人民政府审核批准；占用耕地的，由乡镇人民政府审核，经县人民政府土地管理部门审查同意，报县人民政府批准。④ 由乡镇土地管理所按村镇规划定点画线，准许施工。⑤ 房屋竣工后，经有关部门检查验收符合用地要求的，发给集体土地使用证。

在申请宅基地的问题上，有两点需要明确：一是农村村民将原有住房出卖、出租或赠与他人后，不可以再申请宅基地。二是城镇居民不能购买农村宅基地。

三、宅基地及宅基地使用权的流转

《宪法》第 10 条和《土地管理法》第 2 条都规定，任何组织或者个人不得侵占、买卖或者以其他形式非法转让土地。但是土地的使用权是可以依照法律的规定转让的。农村的土地都归集体所有，分配给村民的宅基地，村民只有使用权，而没有所有权，不准买卖和擅自转让，但随房屋一起转让的除外。宅基地使用权的流转指宅基地使用权人将其享有的宅基地使用权转让给他人使用，受让人支付价款的法律行为。

宅基地流转方式有以下几种：

（一）交换宅基地使用权

交换宅基地使用权，在法律上即享有宅基地使用权的当事人之间以交换意思表示为特征，将相互享有使用权的宅基地进行交换，双方之间互找差价或者不找差价的合同行为。交换宅基地使用权，根据法律规定，应当在交换后办理宅基地使用权的变更登记手续。

（二）转让宅基地使用权

转让宅基地使用权，是指宅基地使用权人将所享有的宅基地使用权转让给他人，由他人支付价款的法律行为。转让宅基地使用权，在原宅基地使用权人与新的受让人之间形成了类似于买卖合同的法律关系，即受让人必须依照合同之约定支付价款，转让人必须依照法律的规定将宅基地使用权交付给受让人。根据《土地管理法》的规定，土地使用权可以依照法律规定转让，具体转让的程序由国务院规定。

（三）租赁宅基地使用权

租赁宅基地使用权是指宅基地使用权人将所享有的宅基地使用权以租赁方式提供给他人使用，由承租人支付租金的法律行为。在我国，准许宅基地使用权租赁，也准许宅基地使用权人将建设在宅基地上的房屋以租赁方式提供给他人并收取租金。这里需要注意的是，租赁宅基地使用权，同样必须依照法律规定办理相关的租赁手续。而且租赁宅基地使用权的，未经批准不得改变原宅基地的用途。

（四）入股方式转让宅基地使用权

以入股的方式转让宅基地使用权，是指宅基地使用权人将享有的宅基地使用权作价入股并获得股息的行为。

入股必然导致宅基地使用权的变更，因此，被入股的企业在宅基地使用权人入股后，应当依照法律规定及时办理宅基地使用权的变更登记手续。

（五）赠与

赠与是指宅基地使用权人将享有的宅基地使用权以赠与方式转让给他人，他人无偿取得宅基地使用权的法律行为。宅基地使用权人可以以赠与的方式处分其享有的宅基地使用权。在实践中，以赠与的方式转让宅基地使用权的情况多发生在农村公民的亲属之间。

四、宅基地的继承和收回

（一）宅基地的继承

由于公民对宅基地只有使用权没有所有权，所以不可以作为遗产继承。但建造在宅基地上的房屋产权属于公民自有，可以继承。按照我国法律规定的“地随房走”原则，可以根据房屋所有权的变更而继续使用宅基地，村集体经济组织是不会强行要求村民拆除房屋将宅基地腾退出来的，但不能据此认为是宅基地的继承。

（二）宅基地的收回

农民依法取得的宅基地使用权受法律保护，集体经济组织不得随意或者擅自收回农民的宅基地。但在下列情况下，集体经济组织是可以收回农民宅基地的：① 为乡（镇）村公共设施和公益事业建设，需要使用农民宅基地。② 不按照批准的用途使用宅基地。③ 因住宅迁移等原因而停止使用宅基地。

五、宅基地纠纷的解决

宅基地的纠纷主要有两大类：一类是宅基地使用权确权纠纷，一类是宅基地使用权的侵权纠纷。

（一）宅基地使用权确权纠纷的解决

《土地管理法》第 16 条规定：“土地所有权和使用权争议，由当事人协商解决；协商不成的，由人民政府处理。单位之间的争议，由县级以上人民政府处理；个人之间、个人与单位之间的争议，由乡级人民政府或者县级以上人民政府处理。当事人对有关人民政府的处理决定不服的，可以自接到处理决定通知之日起三十日内，向人民法院起诉。”

（二）宅基地使用权侵权纠纷的解决

宅基地使用权侵权纠纷，也就是在权属明确的情况下，一方侵犯了另一方宅基地合法的使用权引发的纠纷，这类纠纷可以直接向人民法院提起诉讼，也可以通过和解、调解的方式解决。

第五章　农业环境保护法律制度

第一节　环境保护法律制度

一、环境和农业环境的概念

所谓“环境”，是相对于某一中心事物而言的。以人类为中心的外部世界，即人类生存、繁衍和发展所必需的和相关的外部条件的总和，就是人类环境。环境保护法所指的环境，是指影响人类生存和发展的各种天然的和经过人工改造的自然因素的总体，包括大气、水、海洋、土地、矿藏、森林、草原、野生生物、自然遗迹、人文遗迹、自然保护区、风景名胜区、城市和乡村等。

农业环境是指以农作物、畜禽和鱼类等农业生物为中心的周围事物的总和，包括大气、水体、土地、光、热以及农业生产者劳动和生活的场所（农区、林区、牧区等）。农业环境是自然环境的一个重要组成部分，既包括一部分原始的自然环境，又包括一部分经过改造的人工环境。农业环境由农业自然环境和农业社会环境组成，农业资源是构成农业环境的要素之一，农业资源和农业环境是有机联系的统一整体。目前，我国农业环境十分严峻，许多地方水、气、土壤环境污染严重，农村环境质量有所下降，农业环境问题已成为制约农业和农村经济发展的重要因素。

目前，我国农业环境问题主要有：① 土壤污染，是人类生产活动产生的污染物进入土壤积累到一定程度，引起土壤质量恶化的现象。土壤污染主要来自于工业和城市的废水、固体废弃物、农药等。② 土地沙漠化，是由于采伐林木、植被或者不合理利用水资源而形成的土地沙漠化。③ 盐碱化，是土壤结构遭到破坏的一种现象，主要是因为浇水不当或者不及时排出积水而引起的土壤盐分过多，造成土地盐碱化。④ 贫瘠化，是由于不合理的开发利用而引起的肥质下降，造成土地不肥沃。⑤ 沼泽化，是人们长期向土地排放水，使水长期积蓄于土地而引起的土地泥泞无法利用。⑥ 地面沉降，是长期抽用地下水而引起的地面下降现象。⑦ 水土流失、水源枯竭、种源灭绝（指原来生活在地球上的物种消失）等。

二、环境保护法

环境保护法是调整人们在开发利用、保护改善环境的活动中所产生的环境社会关系的法律规范的总称。

目前，我国的环境保护法主要包括以下内容：

（1）宪法中有关环境保护的规范。如：《宪法》第 9 条第二款规定：“国家保障自然资源的合理利用，保护珍贵的动物和植物。禁止任何组织或者个人用任何手段侵占或者破坏自然资源。”《宪法》第 26 条第二款规定：“国家保护和改善生活环境和生态环境，防治污染和其他公害。”

（2）环境基本法律。即 1979 年 9 月 13 日公布的《中华人民共和国环境保护法（试行）》，后修改于 1989 年 12 月 26 日第七届全国人民代表大会常务委员会第 11 次会议通过的《中华人民共和国环境保护法》（以下简称《环境保护法》）。

（3）环境保护单行法律。分为两大类：一类为生态环境保护立法，主要包括森林法、草原法、渔业法、矿产资源法、土地管理法、水法、野生动物保护法和水土保护法等八部法律；另一类为污染防治法，主要包括水污染防治法、大气污染防治法和以防治海洋污染为主的海洋环境保护法、环境噪声污染防治法、固体废物污染环境防治法等法律。

（4）环境保护法规。主要包括两部分内容：一部分为执行环境保护基本法和单行法而制定的实施细则或条例，如《大气污染防治法实施细则》、《水污染防治法实施细则》、《森林法实施细则》、《土地管理法实施细则》、《征收排污费暂行办法》和《环境噪声污染防治条例》等；另一部分是对环境性条件，如结合技术改造防治工业污染的几项规定，对外经济开放地区环境管理暂行规定，关于加强乡镇、街道企业环境管理的规定等。

（5）环境保护部门规章。如原国家环保局发布的《排放污染物申报登记管理规定》、《放射环境管理办法》，原国家环保局、海关总署联合发布的《关于严格控制境外有害废物转移到我国的通知》。

（6）地方性环境法规和规章。地方性环境法规和规章可分为两类：一类是综合性的地方法规，如《江苏省环境保护条例》、《海南省环境保护条例》；二类是专门性的地方性法规，如《江苏太湖水污染防治条例》、《南京市环境噪声管理条例》等。

（7）环境标准。我国已经制定、颁布的环境标准主要有：《工业企业设计卫生标准》、《生活用水卫生标准》、《环境空气质量标准》等。根据我国法律规定，违反环境标准应依法承担相应的法律后果。因此，环境标准属于强制性标准。我国的环境标准主要分为环境质量标准、污染物排放标准、环境基础标准、样品标准和方法标准等。

（8）国际环境保护条约。中国先后缔结和参加了《保护臭氧层维也纳公约》、《控制危险废物越境转移及其处置的巴塞尔公约》等29部国际环境保护公约。

本节介绍的是作为环境保护基本法的《中华人民共和国环境保护法》。该法由总则、环境监督管理、保护和改善环境、防治环境污染和其他公害、法律责任、附则等六章47条组成。

三、环境保护基本法律制度

环境法律制度是指根据我国的环境基本政策和环境保护法基本原则，通过立法形成的有关环境监督管理的规则、程序和保障措施；是调整某项或某类环境工作或环境活动所产生的社会关系的法律规范的总称。主要包括以下内容：

（一）环境保护规划制度

环境保护规划制度，是指地方各级政府、各级政府环境保护行政主管部门和其他各有关部门在规划期内要实现的环境保护目标和所要采取的防治措施的具体体现。

《环境保护法》第 7 条规定："国务院环境保护行政主管部门，对全国环境保护工作实施统一监督管理。"

"县级以上地方人民政府环境保护行政主管部门，对本辖区的环境保护工作实施统一监督管理。"

同时，第 22 条和第 23 条也规定："制定城市规划，应当确定保护和改善环境的目标和任务。""城乡建设应当结合当地自然环境的特点，保护植被、水域和自然景观，加强城市园林、绿地和风景名胜区的建设。"

（二）环境影响评价制度

环境影响评价制度，是指对可能影响环境的工程建设，开发活动和各种规划，事先进行调查、预测和评价，提出环境影响及防治方案的报告，经主管当局批准才能进行建设的一项法律制度。

《环境保护法》第 13 条规定："建设污染环境的项目，必须遵守国家有关建设项目环境保护管理的规定，并对环境的影响作出评价，规定防治措施，经项目主管部门预审并依照规定的程序报环境行政主管部门批准。环境影响报告书经批准后，计划部门可批准建设项目设计任务书。"

环境影响评价制度的内容主要有：

1．环境影响评价的范围

根据我国有关法律的规定，中华人民共和国领域内的工业、交通（港口、公路、桥梁、航空）、水利、农业、商业、卫生、文教、科研、旅游、市政等对环境有影响的生产性建设和非生产性建设项目（基建和技改）以及区域开发建设项目，都必须编制环境影响报告书或填写报告表。

2．环境影响评价的形式

环境影响评价的形式有两种：一是环境影响报告书；二是环境影响报告表。

《环境保护法》规定，建设项目的环境影响报告书，必须对建设项目产生的污染和对环境的影响作出评价，规定防治措施，经项目主管部门预审并依照规定的程序报环境保护行政主管部门批准。环境影响报告书经批准后，计划部门方可批准建设项目设计任务书。

（三）“三同时”制度

“三同时”制度是 1973 年我国出台最早的一项环境管理制度，是一项具有中国特色且行之有效的基本制度，是指建设项目中的防治污染和其他公害的设施，必须与主体工程同时设计、同时施工、同时投产使用。

《环境保护法》第 26 条规定：“建设项目中防治污染的设施，必须与主体工程同时设计、同时施工、同时投产使用。防治污染的设施必须经原审批环境影响报告书的环境保护行政主管部门验收合格后，该建设项目方可投入生产或使用”和“防治污染的设施不得擅自拆除或者闲置，确有必要拆除或者闲置的，必须征得所在地的环境保护行政主管部门同意。”

（四）排污申报登记制度

排污申报登记制度是环境行政管理的一项特别制度。它是指向环境中排放污染物的单位，应当向所在地的环境保护部门申报拥有污染的排放设施、处理设施和正常作业条件下排放污染物的种类、数量和浓度，并提供防治污染的有关资料。排污申报登记制度既是一项单位的环境管理行政制度，又是实行排污许可制度的基础。国家规定排放大气污染物、水污染物、固体废物均须向环境保护行政主管部门申报登记。

1982 年国务院发布的《征收排污费暂行办法》最早对排污申报登记做了规定。嗣后颁布的《水污染防治法》、《大气污染防治法》等都把排污申报登记规定为一项法律制度。《环境保护法》第 27 条规定："排放污染物的企业事业单位，必须依照国务院环境保护行政主管部门的规定申报登记。登记的范围包括向水行政主管部门的规定申报登记。排污申报登记的范围包括小体、大气、土地等排放废水、废气、废渣、噪声、农药、有毒有害化学物品等污染。"

（五）排污许可制度

排污许可制度是以改善环境质量为目标，以法制为基础，规定排污单位许可排放污染物的种类以污染物总量、数量以及许可污染物排放的去向等。它是针对重点区域、重点污染源单位的主要污染物排放实行的定量化管理，以适应实施排污总量控制的需要，提高区域环境质量，将污染治理与环境质量目标责任制的实现紧密地结合起来。

我国于 1988 年开始进行排污许可证的试点工作。国家环境保护局 1988 年发布了《水污染物排放许可证管理暂行办法》。根据 1990 年《国务院关于进一步加强环境保护工作的决定》的要求，我国于 1991 年开始在上海等城市进行排放大气污染物许可制度的试点工作。排污许可制度的主要内容有：排污申报登记、污染物排放总量指标分配、审核发放许可证等。

（六）排污收费制度

排污收费制度是指根据环境保护法的规定，对超标准排放污染物和向水排放污染物的单位征收一定数额的费用，并用于污染防治的制度。排污收费制度是运用经济手段促进污染治理和技术改造的有效法律制度，体现了"污染者付费"的原则。

我国在 1978 年提出实行排污收费制度，1979 年颁布的《环境保护法》（试行）正式规定了这项制度。此后，1982 年国务院颁布的《征收排污费暂行办法》和1988年国务院颁布的《污染源治理专项资金有偿使用暂行办法》等法律、法规也都对该项制度作了规定。

《环境保护法》第28条规定："排放污染物超过国家或者地方规定的污染物排放标准的企业事业单位，依照国家规定缴纳超标准排污费，并负责治理。水污染防治法另有规定的，依照水污染防治法的规定执行。"

（七）限期治理制度

限期治理是指对严重污染环境的污染源和污染严重的区域环境依法限定在一定期限内，完成治理任务，达到治理目标。

《环境保护法》第29条规定："对造成环境严重污染的企业事业单位限期治理。""中央或者省、自治区、直辖市人民政府直接管辖的企业事业单位的限期治理，由省、自治区、直辖市人民政府决定。市、县或者市、县以下人民政府管辖的企业事业单位的限期治理，由市、县人民政府决定。被限期治理的企业事业单位必须如期完成治理任务。"

根据我国环境管理工作的实践，列为限期治理对象的主要有：污染危害严重，群众反映强烈的污染源和污染区域；位于居民稠密区、水源保护区、风景名胜区、城市上风向等环境敏感区域，排放污染物严重超标准的企业事业单位；排放有毒有害物质，对环境造成严重污染从而严重危害人体健康的企业事业单位。

（八）环境标准制度

环境标准是指国家为了保护人体健康、社会物质财富和维护生态平衡，对环境质量和监测方法等，按照国家法定程序制定的各种技术规范的总称。

1. 环境标准的级别

根据我国《环境保护标准管理办法》的规定，环境标准分为三级：一是国家环境标准；二是国家环境保护总局标准（环境保护行业标准）；三是地方标准。

2. 环境标准的分类

环境标准可以分为以下几类:

（1）环境质量标准。是指为保护人体健康和生活环境，维护生态良性循环和保障社会物质财富，对环境中有害物质和因素所作的限制性规定。如《环境空气质量标准》、《地面水环境质量标准》等。

（2）污染排放标准。是指为保障环境质量，根据国家环境质量标准和国家经济、技术条件，对人为污染源释放或排入环境中的有害物质和产生危害的因素所作的限制性规定。如《污水综合排放标准》、《大气污染物综合排放标准》、《工业企业厂界噪声标准》等。

（3）环保基础标准。是指在环境保护工作范围内，对有指导意义的符号、指南、导则等所作的规定。基础标准只有国家标准，没有地方标准。

（4）环保方法标准。是指在环境保护工作范围内，以抽样、分析、试验等方法为对象而制定的标准。

3. 环境标准的意义

环境标准具有重要的法律意义，环境质量标准是确认环境是否已被污染的根据；污染物排放标准是确认排污行为是否合法的根据；环保基础标准和环保方法标准是环境纠纷中确认各方所出示的证据是否是合法证据的根据。

（九）环境监测制度

1. 环境监测的概念

环境监测是指间断或连续地测定环境中污染物的含量和浓度，观察、分析其变化和对环境影响过程的工作。

《环境保护法》第 11 条规定：“国务院环境保护行政主管部门建立监测制度，制定监测规范，会同有关部门组织监测网络，加强对环境监测的管理。”《全国环境监测管理条例》明确规定：“环境监测的任务，是对环境中各项要素进行经常性监测，掌握和评价环境质量状况及发展趋势；对各有关单位排放污染物的情况进行监视性监测；为政府部门执行各项环境法规、标准，全面开展环境管理工作提供准确、可靠的监测数据和资料；开展环境测试技术研究，促进环境监测技术的发展。”

2．环境监测的对象和内容

环境监测的对象，包括污染源和环境质量状况两个方面。污染源包括工业污染源、农业污染源、交通运输污染源、城市废弃物等；环境质量状况包括大气、水体、土壤、生物等。

按监测的目的，环境监测的内容包括：监视性监测（或称常规监测或例行监测）、事故性监测、研究性监测。根据环境监测任务，我国已基本建成了环境监测网络，共分三个系统：环境保护系统（中国环境监测总站，省、市、县级站）、工业部门监测系统（国务院有关部委、省级有关厅局、厂矿监测站）、非工业部门监测系统（水利、海洋、农业、林业、渔业、卫生、地矿、气象等）。

（十）其他环境法律制度

1．防止境外污染转嫁制度

《环境保护法》第 30 条规定：“禁止引进不符合我国环境保护规定要求的技术和设备。”这一规定是防止污染转嫁的措施。污染转嫁是通过移转生产设备、工具或产品的方式将可能造成的环境污染或破坏转移到其他区域的活动。

2．自动应急措施与强制应急措施

《环境保护法》第 31 条规定：“因发生事故或其他突然事件，造成或可能造成污染事故的单位，必须立即采取措施处理，及时通报可能受到污染危害的单位和居民，并向当地环境保护行政主管部门和有关部门报告，接受调查处理。”同时，第 32 条规定：“县级以上地方人民政府环境保护行政主管部门，在环境受到严重污染、威胁居民生命财产安全时，必须立即向当地人民政府报告，由人民政府采取有效措施，解除或者减轻危害。”这两条应急措施有利于避免或者减少环境污染事故带来的损失；有利于及时采取有效的措施，防止事故扩大；有利于早日发现事故造成的污染并及时进行治理，也有利于环境事故引起的环境污染纠纷的处理。

3．有毒有害物品的管理制度

《环境保护法》第 33 条规定：“生产、储存、运输、销售、使用有毒化学物品和含有放射性物质的物品，必须遵守国家有关规定防止污染环境。”该条实际上规定了有毒化学物品的环境管制与放射性物品的环境管制两个内容。归纳起来，我们称之为有毒有害物质的环境管理制度。

4．禁止国内污染非法转移制度

《环境保护法》第 34 条规定：“任何单位不得将产生严重污染的生产设备转移给没有防治污染能力的单位使用。”该条中的转让主体，即“任何单位”，既包括国有、集体企业事业单位，也包括“三资”企业、个体户、私人企业等主体，这里的单位包括了有关“个人”；转让客体，即“生产设备”，必须是“产生严重污染”，而不是产生一般污染；转移的客观行为，既包括有偿转移，也包括无偿转移；受让的主体，即受让的使用单位必须是确定没有防治污染能力者。

第二节　农业环境保护法律制度

一、保护农业生态环境的法律规定

新《农业法》第 54 条规定：“发展农业必须合理利用资源，保护和改善生态环境。”

《环境保护法》第 16 条规定：“地方各级人民政府，应当对本辖区的环境质量负责，采取措施改善环境质量。”第 19 条规定：“开发利用自然资源，必须采取措施保护生态环境。”

《环境保护法》第 20 条规定：“各级人民政府应当加强对农业环境的保护，防治土壤污染、土地沙化、盐渍化、贫瘠化、沼泽化、地面沉降和防治植被破坏、水土流失、水源枯竭、种源灭绝以及其他生态失调现象的发生和发展，推广植物病虫害的综合防治，合理使用化肥、农药及植物生长激素。”

二、保护土地的法律规定

新《农业法》第 55 条规定：县级以上各级地方人民政府应当划定基本农业保护区，对基本农田保护区内的耕地实行特殊保护。县级以上各级人民政府应当采取措施，加强对荒山、荒地、荒滩的开发与治理。农业生产经营组织和农业劳动者应当保养土地，合理施用化肥、农药，增加施用有机肥料，提高地力，防止土地的污染、破坏和地力衰退。

三、水土保持的规定

《水土保持法》第 3 条规定："一切单位和个人都有保护水土资源、防治水土流失的义务，并有权对破坏水土资源、造成水土流失的单位和个人进行检举。""国家对水土保持工作实行预防为主，全面规划，综合防治，因地制宜，加强管理，注重效益的方针。""各级地方人民政府应当根据当地情况，组织农业集体经济组织和国营农、林、牧场，种植薪炭林和饲草、绿肥植物，有计划地进行封山育林育草、轮封轮牧，防风固沙，保护植被。禁止毁林开荒、烧山开荒和在陡坡地、干旱地区铲草皮、挖树蔸。"

新《农业法》第 56 条规定："国家对水土保持工作实行预防为主，全面规划，综合防治，因地制宜，加强管理，注重效益的方针。"各级人民政府应当采取措施，加强对小流域治理，控制风沙危害，预防和治理水土流失、土地沙化。禁止毁林开荒、烧山开荒、围湖造田以及开垦国家禁止开垦的陡坡地。

四、保护其他农业资源的规定

《森林法》、《水法》、《草原法》、《渔业法》、《野生动物保护法》等法律对森林资源、水资源、草原资源、渔业资源、珍稀野生动植物资源等都作了保护的规定。《农业法》又进一步规定：国家保护和合理利用水、森林、草原、野生动植物等自然资源，防止其被污染或者被破坏。

第三节　水　法

一、水法的概念

水法是指国家调整水的开发、利用、管理、保护、除害过程中发生的各种社会经济关系的法律规范的总称。

水是重要的自然资源。随着人类社会的发展、科学的进步，水的供需矛盾越来越突出，水污染日益严重，洪涝灾害更加频繁。为此，许多国家通过立法加强对水资源的利用和保护。中华人民共和国成立后，我国先后颁布了《水污染防治法》、《水土保持法》、《防洪法》、《水产资源繁殖保护条例》、《航道管理条例》、《河道管理条例》、《城市节约用水管理规定》、《大型水利、水电工程建设征地补偿和移民安置条例》、《水库大坝安全管理条例》、《防汛条例》、《水土保持法实施条例》、《取水许可实施办法》、《长江河道采砂管理条例》等多部法律、行政法规，基本形成了一套比较完整的水资源开发、利用、保护和管理法律体系。本节所介绍的水法，仅指狭义上的水法，即《中华人民共和国水法》（以下简称《水法》），是水资源管理的基本法律，是在1988年10月1日颁布实施的《水法》基础上，经多方征求意见，深入调查研究讨论修订后并于2002年10月1日颁布施行，共有八章82条。

二、水资源的范围和权属

《水法》第2条第二款规定："本法所称水资源，包括地表水和地下水。"

《水法》第3条规定："水资源属于国家所有。水资源的所有权由国务院代表国家行使。农村集体经济组织的水塘和由农村集体经济组织修建管理的水库中的水，归农村集体经济组织使用。"

由此可见，在我国水资源的范围包括地表水和地下水，均属于国家所有。

三、水资源规划

水资源规划是开发、利用、节约、保护水资源和防治水害的重要依据。《水法》第14条规定："国家制定全国水资源战略规划。""开发、利用、节约、保护水资源和防治水害，应当按照流域、区域统一制定规划。规划分为流域规划和区域规划。流域规划包括流域综合规划和流域专业规划；区域规划包括区域综合规划和区域专业规划。”

四、水资源开发利用

《水法》第 20 条规定：“开发、利用水资源，应当坚持兴利与除害相结合，兼顾上下游、左右岸和有关地区之间的利益，充分发挥水资源的综合效益，并服从防洪的总体安排。”第 21 条规定：“开发、利用水资源，应当首先满足城乡居民生活用水，并兼顾农业、工业、生态环境用水以及航运等需要。”

此外，第 22 条规定：“跨流域调水，应当进行全面规划和科学论证，统筹兼顾调出和调入流域的用水需要，防止对生态环境造成破坏。”第 23 条规定：“地方各级人民政府应当结合本地区水资源的实际情况，按照地表水与地下水统一调度开发、开源与截流相结合、截流优先和污水处理再利用的原则，合理组织开发、综合利用水资源。”

以上规定说明，水资源开发利用应遵循下列原则：

坚持兴利与除害相结合原则；兼顾上下游、左右岸和有关地区之间的利益，充分发挥水资源的综合效益原则；服从防洪的总体安排原则；满足城乡居民生活用水，并兼顾农业、工业、生态环境用水以及航运等需要原则；统筹兼顾调出和调入流域的用水需要原则；地表水与地下水统一调度开发、开源与截流相结合、截流优先和污水处理再利用的原则。

五、水资源、水域和水工程保护

针对目前水污染未能得到有效控制，河流污染、湖泊富营养化、地下水超采严重、生态环境恶化、水质管理和水量管理衔接不够等问题，现行《水法》规定了饮用水水源保护区制度和地下水禁止开采区等制度。

《水法》第 30 条规定：“县级以上人民政府水行政主管部门、流域管理机构以及其他有关部门在制定水资源开发、利用规划和调度水资源时，应当注意维持江河的合理流量和湖泊、水库以及地下水的合理水位，维护水体的自然净化能力。”

第 31 条规定："从事水资源开发、利用、节约、保护和防治水害等水事活动，应当遵守经批准的规划；因违反规划造成江河和湖泊水域使用功能降低、地下水超采、地面沉降、水体污染的，应当承担治理责任。""开采矿藏或者建设地下工程，因疏干排水导致地下水水位下降、水源枯竭或者地面塌陷，采矿单位或者建设单位应当采取补救措施；对他人生活和生产造成损失的，依法给予补偿。"

第 38 条规定："在河道管理范围内建设桥梁、码头和其他拦河、跨河、临河建筑物、构筑物，铺设跨河管道、电缆，应当符合国家规定的防洪标准和其他有关的技术要求，工程建设方案应当依照防洪法的有关规定报经有关水行政主管部门审查同意。"

六、水资源的配置和使用

为了加强对水资源开发、利用的宏观管理，合理配置水资源，规范水资源分配行为，减少用水矛盾，使经济社会的发展与水资源状况相适应，现行《水法》确立了种种长期供求规划制度，建立了跨行政区域的水量分配方案和旱情紧急情况下的水量调度预案制度，明确了具有强制力的水量统一配置、调度制度。

《水法》第 44 条规定："国务院发展计划主管部门和国务院水行政主管部门负责全国水资源的宏观调配。"

第 47 条规定："国家对用水实行总量控制和定额管理相结合的制度。"

第 50 条规定："各级人民政府应当推行节水灌溉方式和节水技术，对农业蓄水、输水工程采取必要的防渗漏措施，提高农业用水效率。"

七、水事纠纷处理与执法监督检查

（一）处理水事纠纷时，应当遵循以下基本原则：

（1）遵循小局服从大局、小利服从大利的原则。

（2）在处理上下游左右岸与防洪、治涝、灌溉、排水、供水、水运、水电、水产、环境保护等各项事业之间的水事关系时，必须遵循统筹兼顾、协调发展的原则。

（3）有利生产、方便生活、互谅互让、公平合理、利害与共的原则。

（4）协商原则，在协商不成时，依法提请上级机关处理。

（二）执法监督检查

关于执法监督检查，《水法》第六章作了明确规定。其中，第59条规定："县级以上人民政府水行政主管部门和流域管理机构应当对违反本法的行为加强监督检查并依法进行查处。"第61条规定："有关单位或者个人对水行政监督检查人员的监督检查工作应当给予配合，不得拒绝或者阻碍水行政监督检查人员依法执行任务。"

第四节　水土保持法

一、水土保持和水土保持法

水土保持是指对自然因素和人为活动造成水土流失所采取的预防和治理措施。这里的自然因素主要包括洪涝灾害、地震、风沙等非人类主观意志所能控制的外在力量。人为因素主要指毁林开荒等。水土流失正是自然因素和人为活动共同作用的结果。水土保持法就是要对可能造成水土流失的自然因素和人为活动进行控制，对已经造成的水土流失的后果进行治理。

水土保持法律制度就是关于预防和治理因自然因素和人为因素造成的水土流失，保护水土资源的法律制度。

我国的水土保持立法主要有：1991年6月29日第七届全国人民代表大会常务委员会第21次会议通过了《中华人民共和国水土保持法》（以下简称《水土保持法》，该法于1991年6月29日起施行；1993年8月1日国务院发布了《中华人民共和国水土保持法实施条例》；1997年8月29日第八届全国人民代表大会常务委员会第27次会议通过了《中华人民共和国防洪法》；还颁布了《土地复垦规定》、《水利建设基金筹集和使用管理暂行办法》等。

二、水土保持工作的方针

《水土保持法》第 4 条规定：“国家对水土保持工作实行预防为主，全面规划，综合防治，因地制宜，加强管理，注重效益的方针。”

三、水土保持管理体制与原则

水土保持的管理原则体现在：预防为主，防治相结合原则；全面规划，坚持综合治理的原则；注重适当的经济效益，坚持开发性治理原则；坚持可持续发展原则；全社会共同参与原则。

四、水土流失的预防措施

根据《水土保持法》的规定，水土流失的预防措施主要是：

（1）各级人民政府应当根据水土保持规划，组织有关行政主管部门和单位有计划地对水土流失进行治理。

（2） 在水力侵蚀地区，应当以天然沟壑及其两侧山坡地形成的小流域为单元，实行全面规划，综合治理，建立水土流失综合防治体系。在风力侵蚀地区，应当采取开发水源、引水拉沙、植树种草、设置人工沙障和网格林带等措施，建立防风固沙防护体系，控制风沙危害。

（3）国家鼓励水土流失地区的农业集体经济组织和农民对水土流失进行治理，并在资金、能源、粮食、税收等方面实行扶持政策，具体办法由国务院规定。

（4）各级地方人民政府应当组织农业集体经济组织和农民，有计划地对禁止开垦坡度以下、五度以上的耕地进行治理，根据不同情况，采取整治排水系统、修建梯田、蓄水保土耕作等水土保持措施。

（5）水土流失地区的集体所有的土地承包给个人使用的，应当将治理水土流失的责任列入承包合同。

（6）荒山、荒沟、荒丘、荒滩可以由农业集体经济组织、农民个人或者联户承包水土流失的治理。对荒山、荒沟、荒丘、荒滩水土流失的治理实行承包的，应当按照谁承包治理谁受益的原则，签订水土保持承包治理合同。

（7）企业事业单位在建设和生产过程中必须采取水土保持措施，对造成的水土流失负责治理。本单位无力治理的，由水行政主管部门治理，治理费用由造成水土流失的企业事业单位负担。建设过程中发生水土流失防治的费用，从基本建设投资中列支；生产过程中发生的水土流失防治费用，从生产费用中列支。

（8）在水土流失地区建设的水土保持设施和种植的林草，由县级以上人民政府组织有关部门检查验收。对水土保持设施、试验场地、种植的林草和其他治理成果，应加强管理和保护。

五、水土流失的治理措施

《水土保持法》第三章对水土流失治理措施作了专章规定，主要措施有：

（1）县级以上人民政府应当根据水土保持规划，组织有关行政主管部门和单位有计划地对水土流失进行治理。

（2）建立水土流失防治体系：①在水力侵蚀地区，应当以天然沟壑及其两侧山坡地形成的小流域为单元，实行全面规划，综合治理，建立水土流失综合防治体系。②在风力侵蚀地区，应当采取开发水源，引水拉沙、植树种草、设置人工沙障和网格林带等措施，建立防风固沙防护休系，控制风沙危害。③各级地方人民政府应当组织农业集体经济组织和农民，有计划地对禁止开垦坡度以下、五度以上的耕地进行治理，根据不同情况，采取整治排水系统、修建梯田、蓄水保土耕作等水土保持措施。

（3）国家鼓励水土流失地区的农业集体经济组织和农民对水土流失进行治理，并在资金、能源、粮食、税收等方面实行扶持政策。

（4）水土流失地区的集体所有的土地承包给个人使用的，应当将治理水土流失的责任列入承包合同。

（5）荒山、荒沟、荒丘、荒滩可以由农业集体经济组织、农民个人或者联户承包水土流失的治理。对荒山、荒沟、荒丘、荒滩水土流失的治理实行承包的，应当按照谁承包治理谁受益的原则，签订水土保持承包治理合同。承包治理所种植的林木及其果实，归承包者所有，因承包治理而新增加的土地，由承包者使用。国家保护承包治理合同当事人的合法权益。在承包治理合同有效期内，承包人死亡的，继承人可以依照承包治理合同的约定继续承包。

（6）企业事业单位在建设和生产过程中必须采取水土保持措施，对造成的水土流失负责治理。本单位无力治理的，由水行政主管部门治理，治理费用由造成水土流失的企业事业单位负担。

（7）加强对水土流失地区建设的水土保持设施和种植的林草及其他治理成果的检查、验收、管理和保护。

第五节　基本农田保护法律制度

一、基本农田保护制度的概念

基本农田是指按照一定时期人口和社会经济发展对农产品的需求，依据土地利用总体规划确定的不得占用的耕地。基本农田保护区是指为对基本农田实行特殊保护而依据土地利用总体规划和依照法定程序确定的特定保护区域。基本农田保护制度是根据土地利用总体规划的要求及当地人口和耕地资源状况，将质量好、产量高、生产潜力大且集中连片的耕地划为基本农田，明确保护责任人，实行特殊保护的制度。《基本农田保护条例》第2条第一款规定："国家实行基本农田保护制度。"

耕地资源在国民经济中占有重要地位，我国始终把保护耕地作为一项基本国策。除新《农业法》和《土地管理法》对基本农田保护作出法律规定外，1994年8月18日国务院发布了《基本农田保护条例》，1998年12月24日对《基本农田保护条例》又做了必要的修订。新的《基本农田保护条例》于1999年1月1日起施行，由总则、划定、保护、监督管理、法律责任、附则等六章共36条组成。

二、基本农田保护方针和管理体制

（一）基本农田保护方针

《基本农田保护条例》规定："基本农田保护实行全面规划、合理利用、用养结合、严格保护的方针。”

（二）基本农田保护的管理体制

《基本农田保护条例》对基本农田保护的管理体制作了规定：

县级以上地方各级人民政府应当将基本农田保护工作纳入国民经济和社会发展计划，作为政府领导任期目标责任制的一项内容，并由上一级人民政府监督实施。基本农田保护实行统一领导和分级负责的管理体制。具体包括：

（1）国务院土地行政主管部门和农业行政主管部门按照国务院规定的职责分工，依照《基本农田保护条例》负责全国的基本农田保护管理工作。

（2）县级以上地方各级人民政府土地行政主管部门和农业行政主管部门按照本级人民政府规定的职责分工，依照《基本农田保护条例》负责本行政区域内的基本农田保护管理工作。

（3）乡（镇）人民政府负责本行政区域内的基本农田保护管理工作。

三、基本农田保护区的划定

（一）基本农田保护区的划定原则和划定主体

各级人民政府在编制土地利用总体规划时，应当将基本农田保护作为规划的一项内容，明确基本农田保护的布局安排、数量指标和质量要求。县级和乡（镇）土地利用总体规划应当确定基本农田保护区。省、自治区、直辖市划定的基本农田应当占本行政区域内耕地总面积的 80%以上，具体数量指标根据全国土地利用总体规划逐级分解下达。基本农田保护区以乡（镇）为单位划区定界，由县级人民政府土地行政主管部门会同同级农业行政主管部门组织实施。划定的基本农田保护区，由县级人民政府设立保护标志，予以公告，由县级人民政府土地行政主管部门建立档案，并抄送同级农业行政主管部门。基本农田划区定界后，由省、自治区、直辖市人民政府组织土地行政主管部门和农业行政主管部门验收确认，或者由省、自治区人民政府授权设区的市、自治州人民政府组织土地行政主管部门和农业行政主管部门验收确认。

（二）划入基本农田保护区耕地的范围

《基本农田保护条例》第 10 条规定，下列耕地应当划入基本农田保护区，严格管理：①经国务院有关主管部门或者县级以上地方人民政府批准确定的粮、棉、油生产基地内的耕地。②有良好的水利与水土保护设施的耕地，正在实施改造计划以及可以改造的中、低产田。③蔬菜生产基地。④农业科研、教学实验田。根据土地利用总体规划，铁路、公路等交通沿线，城市和村庄、集镇建设用地周边的耕地，应当优先划入基本农田保护区；需要退耕还林、还牧、还湖的耕地，不应当划入基本农田保护区。

同时，《基本农田保护条例》规定：任何单位和个人不得破坏或者擅自改变基本农田保护区的保护标志；划定基本农田保护区时，不得改变土地承包经营者的承包经营权。

四、基本农田保护

《基本农田保护条例》第三章对基本农田保护的具体措施作出了专门规定，内容包括：

（1）地方各级人民政府应当采取措施，确保土地利用总体规划确定的本行政区域内基本农田的数量不减少。

（2）基本农田保护区经依法划定后，任何单位和个人不得改变或者占用。国家能源、交通、水利、军事设施等重要建设项目选址确实无法避开基本农田保护区，需要占用基本农田，涉及农用地转用或者征用土地的，必须经国务院批准。

（3）经国务院批准占用基本农田的，当地人民政府应当按照国务院的批准文件修改土地利用总体规划，并补充划入数量和质量相当的基本农田。占用单位应当按照占多少、垦多少的原则，负责开垦与所占基本农田的数量与质量相当的耕地；没有条件开垦或者开垦的耕地不符合要求的，应当按照省、自治区、直辖市的规定缴纳耕地开垦费，专款专用于开垦新的耕地。占用基本农田的单位应当按照县级以上地方人民政府的要求，将所占用基本农田耕作层的土壤用于新开垦耕地、劣质地或者其他耕地的土壤改良。

（4）禁止任何单位和个人在基本农田保护区内建窑、建房、建坟、挖砂、采石、采矿、取土、堆放固体废弃物或者进行其他破坏农田的活动。禁止任何单位和个人占用基本农田发展林果业和挖塘养鱼。

（5）禁止任何单位和个人闲置、荒芜基本农田。经国务院批准的重点建设项目占用基本农田的，满一年不使用而又可以耕种并收获的，应当由原耕种该幅基本农田的集体或者个人恢复耕种，也可以由用地单位组织耕种；一年以上未动工建设的，应当按照省、自治区、直辖市的规定缴纳闲置费；连续两年未使用的，经国务院批准，由县级以上人民政府无偿收回用地单位的土地使用权；该幅土地原为农民集体所有的，应当交由原农村集体经济组织恢复耕种，重新划入基本农田保护区。承包经营基本农田的单位或者个人连续两年弃耕抛荒的，原发包单位应当终止承包合同，收回发包的基本农田。

（6）国家提倡和鼓励农业生产者对其经营的基本农田施用有机肥料，合理施用化肥和农药。利用基本农田从事农业生产的单位和个人应当保持和培育地力。

（7）县级人民政府应当根据当地实际情况制定基本农田地力分等定级办法，由农业行政主管部门会同土地行政主管部门组织实施，对基本农田地力分等定级，并建立档案。

（8）农村集体经济组织或者村民委员会应当定期评定基本农田等级。

（9）县级以上地方各级人民政府农业行政主管部门应当逐步建立基本农田地力与施肥效益长期定位监测网点，定期向本级人民政府提出基本农田地力变化状况报告以及相应的地力保护措施，并为农业生产者提供施肥指导服务。

（10）县级以上人民政府农业行政主管部门应当会同同级环境保护行政主管部门对基本农田环境污染进行监测和评价，并定期向本级人民政府提出环境质量与发展趋势报告。

（11）经国务院批准占用基本农田兴建国家重点建设项目的，必须遵守国家有关建设项目环境保护管理的规定。在建设项目环境影响报告书中，应当有基本农田环境保护方案。

（12）向基本农田保护区提供肥料和作为肥料的城市垃圾、污泥的，应当符合国家有关标准。

（13）因发生事故或者其他突然性事件，造成或者可能造成基本农田环境污染事故的，当事人必须立即采取措施处理，并向当地环境保护行政主管部门和农业行政主管部门报告，接受调查处理。

五、基本农田保护的监督管理

（一）建立和健全基本农田保护责任制度

在建立基本农田保护区的地方，县级以上地方人民政府应当与下一级人民政府签订基本农田保护责任书；乡（镇）人民政府应当根据与县级人民政府签订的基本农田保护责任书的要求，与农村集体经济组织或者村民委员会签订基本农田保护责任书。《基本农田保护条例》第 27 条规定：“基本农田保护责任书应当包括下列内容：①基本农田的范围、面积、地块。②基本农田的地力等级。③保护措施。④当事人的权利与义务。⑤奖励与处罚。”

（二）建立和实施基本农田保护监督检查制度

县级以上地方人民政府应当建立基本农田保护监督检查制度，定期组织土地行政主管部门、农业行政主管部门以及其他有关部门对基本农田保护情况进行检查，将检查情况书面报告上一级人民政府。被检查的单位和个人应当如实提供有关情况和资料，不得拒绝。同时，县级以上地方人民政府土地行政主管部门、农业行政主管部门对本行政区域内发生的破坏基本农田的行为，有权责令纠正。

第六章　农业行政执法

第一节　农业行政执法概述

一、农业行政执法的概念和特征

（一）农业行政执法的概念

农业行政执法是指农业行政机关及其农业行政执法人员为了实现国家行政管理农业和农村社会事务目的，依照法定职权和法定程序，执行农村法律、法规和规章，直接对特定的行政相对人和特定的农村行政事务采取措施并影响权利义务的行为。

农业行政执法行为包括三大要素：①主体要素。农业行政执法行为是农业行政机关的行为，非农业行政机关的其他国家机关、社会团体、企业事业单位等不能作为农业行政执法主体。当然在某些特殊条件下，如法律、法规授权的农业管理机构或县级以上人民政府农业行政主管部门根据法律、法规、规章的规定依法委托的农业管理机构行使农业行政执法权，则可能产生特殊依法委托的农业管理机构行使农业行政执法权，即可能产生特殊农业行政执法主体。②权力要素。农业行政执法行为应是运用农业行政执法权的行为，运用其他国家权力而实施的行为不可能构成农业行政执法行为，包括农业行政机关所作的不是农业行政执法权的行为，也不是农业行政执法。③法律要素。农业行政执法行为应当是具有法律意义、产生法律效果的行为。否则，也不作为农业行政执法行为。所谓法律意义、法律效果，是指能够产生、变更或者消灭法律上的权利义务的行为。

（二）农业行政执法的特征

农业行政执法具有行政执法的一般特征，包括：① 农业行政执法目的在于落实农村法律规范。农业行政执法的目的是为了实现立法意图，具体实施农村法律、法规或者规章的规定，使农村法律规范的要求在现实生活中得以实现，促进农村社会活动按照法定规则运行。② 农业行政执法内容直接影响权利义务。农业行政执法是直接赋予行政相对人一定权利或者课以一定义务（包括实体性的权利义务和程序性的权利义务）的行为，且仅为一次性适用和产生一次性效力。③ 农业行政执法对象为特定的人和事。农业行政执法是涉及特定的行政相对人的权益或者具体的农村行政管理事务的具体行政行为，而不具有普遍适用性和向后的约束力。④ 农业行政执法主体具有单一对应性。农业行政机关及其农业行政执法人员通过农业行政执法行为与行政相对人之间形成的关系属于单一对应的法律关系，即管理与被管理的隶属性法律关系。⑤ 农业行政执法具有强制性。农业行政执法权是宪法和法律赋予的行政职权。这一职权的行使，是以国家强制力为后盾的。

农业行政执法除了具有一般行政执法特征外，还具有自身鲜明的特征。包括：① 农业行政执法涉及内容或领域具有广泛性。它不仅包括种植业的执法内容，而且还包括林业、畜牧业、渔业、农垦、农机、乡镇企业、饲料工业等的农业行政执法内容。② 农业行政执法具有复杂性。农业生产门类繁多，同时农业生产受自然影响大，而且地域性很强，这就大大增加了农业行政执法的难度。③ 农业行政执法具有技术性。目前农业行政执法，多数是由农业行政机关委托事业单位进行的，其原因是农业行政执法专业性、技术性强。如种子审定、动植物检疫、兽药审批、农药登记等，都需要运用专业知识，借助于科学技术。为此，农业行政执法的这一特点，对执法人员提出了更高的要求，要求执法人员不仅要有农村法律知识，还要通晓专业知识。④ 农业行政执法具有艰巨性。农业行政执法主要面对的是广大农民（包括渔、牧民），目前农民普遍存在文化程度低、法律意识淡薄、违法案件量大、面广。而执法机构人员少、设施差，因此，执法工作极为艰巨。⑤ 农业行政执法具有特殊性。农业生产是生物的繁殖生产，违法行为人的行为后果具有扩散性。如极少量带有检疫性病害的动植物一经传入，就会造成大面积动植物发生病害，大量绝产及动植物大量死亡。

二、农业行政执法的依据

农业行政执法的依据，属于农村法律规范之一，是指由国家和有关机关制定和认可的，以国家强制力保证实施的，农业行政机关及其农业行政执法人员据以作出农业行政执法行为的法律规范。

农业行政执法依据的主要特征是：① 没有统一完整的农业行政执法法典或行政执法法典。② 内容的广泛性。农业行政执法涉及七大产业 20 多项内容，几乎与国家农业行政管理的各个领域相关。③ 规范的易变性。其主要原因是农村社会经济处于经常变动之中，农业行政执法也要适应这种变动。作为调整农业行政执法关系的农村法律规范也需要经常进行立、改、废的工作。④ 实体与程序结合。农业行政执法依据中的实体性规范与程序性规范往往结合在一起，共存于一个农村法律规范文件之中。

农业行政执法依据的形式，具体表现形式主要是宪法、农村法律、农村行政法规、农村地方性法规、农村部门规章和地方性规章、涉及农业和农村社会关系的司法解释以及涉农普通法律法规。

三、农业行政执法的基本原则

农业行政执法的基本原则，是指贯穿于农业行政执法过程并指导农业行政执法行为的基本准则。农业行政执法的基本原则主要有：

（一）行政合法原则

行政合法原则，要求行政执法权力的存在和运用，必须依据法律、符合法律，而不是与法律相抵触。行政合法原则的具体要求是：执法权力应当依法取得，即由法设定与依法授予；行政主体合法；行政范围合法；行政内容合法；行政程序合法；行政形式合法；违反的行政执法行为无效；行政主体必须对违法的行为承担相应的法律责任；行政主体的一切行政行为（法律另有规定的除外）必须接受人大监督、行政监督和司法监督。

（二）行政合理原则

行政合理原则，要求行政机关在行政执法中行使自由裁量权要客观、适度和符合常理。行政合理原则的内容应包括：

（1）行使行政自由裁量权的动因应符合法律授予该权力的目的。

（2）行政自由裁量权的行使应建立在正当考虑的基础上。

（3）行政主体行使自由裁量权应符合行政惯例。

（4）行使自由裁量权的过程和方式应当具有的公正性。

（5）行使自由裁量权的结果应当符合客观规律和社会的公平正义观念。

第二节 农业行政执法主体和农业行政执法相对人

一、农业行政执法机关

农业行政执法机关是指以自己的名义实施农业行政执法权力，并对行为后果独立承担法律责任的国家行政机关。

狭义的农业行政执法机关是指国家依法设立专门管理农业的行政机关或与农业相关的执法机关或部门，包括农业部、水利部、国土资源部、林业局及地方各级人民政府依法设立的农业厅、农业局、水利厅、水利局等。广义的农业行政执法机关还包括最高国家行政机关和地方各级人民政府，即国务院和省（自治区、直辖市）、市（地）（州）、县、乡（镇）人民政府。最狭义的农业行政执法机关即农业行政主管部门，是指在政府职能部门中，具体行使种植业、畜牧业、渔业、农垦、乡镇企业、饲料工业和农业机械化等职能的行政管理机关。

二、法律、法规授权的农业管理机构

农业行政执法授权是指特定的国家机关把某些农业和农村经济管理中的行政权力授予非行政机关的组织行使，该组织取得了行政管理的主体资格，即可以以自己的名义独立地行使这些权力，同时以自己的名义独立地承担因行使这些权力引起的法律后果。农业行政执法授权的条件是：① 农业行政执法授权主体只能是具有立法权的国家机关。② 把农业行政执法权授给其他组织实施，必须具备授权依据，即必须是法律、法规或者规章明确规定的。③ 从被授予的权力的内容上看，应是共有权力而不是专有权力。④ 被授权的对象必须是依法成立的具有管理公共事务职能的组织。

三、依法委托的农业管理机构

农业行政执法委托是指农业行政主管部门依照规定将自己职能范围内的行政执法权委托给符合法定条件的农业管理机构行使，受委托实施农业行政执法行为的农业管理机构在委托职权范围内，以委托机关的名义，实施农业行政执法权。

有关行政执法领域的委托方与受托方的双方权利和义务，目前尚无统一的法律规定，但从《行政处罚法》的规定看，涉及行政委托的规则主要有：① 委托必须有法定依据，即行政机关必须在法律、法规或者规章规定可以委托的条件下，才能委托。没有法定依据的委托，叫做“自行委托”，是不合法的，也是无效的。② 委托必须在法定权限内，即行政机关只能在自己的职权范围内进行委托，超越权限的委托当然无效。③ 受托组织必须符合法定条件，即必须是依法成立的管理公共事务的事业组织；具有熟悉有关法律、法规、规章和业务的工作人员；对违法行为需要进行技术检查或者技术鉴定的，应当有条件组织进行相应的技术检查或者技术鉴定。④ 受托组织必须以委托机关的名义实施行政执法行为，该行为的后果，由委托机关承担法律责任。⑤ 受托组织必须在委托的范围内实施行政执法行为。超越委托范围而作的行为，由此产生的法律后果，委托机关不承担，应由受托组织自行负责。⑥ 受托组织不得再委托其他任何组织或者个人实施行政执法行为。⑦ 从委托的形式要件上看，委托应当以书面的形式进行，委托书应当载明委托机关和被委托组织的名称、住址、法定代表人的姓名、委托的权限及其适用范围、委托期限以及违反委托权限的法律责任等。

四、农业行政执法人员

农业行政执法人员是在农业行政主体或委托执法组织中从事一定行政公务，由省级以上农业行政机关确定具有执法资格的人员。

（一）农业行政执法人员的条件

农业部《农业行政执法证件管理办法》规定，申领农业行政执法证的行政执法人员应具备以下条件：① 掌握必要的法律知识和专业知识。② 具有一定的工作经验。③ 经过农业行政部门组织的行政执法培训并考试合格。④ 公正廉洁，责任心强。

（二）农业行政执法人员分类

（1）按执法人员所在单位分类可分为：① 农业行政机关执法人员（即农业公务员），即在农业行政机关内部机构、派出机构、专门机构内担任行政职务的国家公务员。② 法律法规授权机构执法人员。③ 受农业行政机关委托的执法人员、依法定程序取得从事农业行政公务资格的人员。

（2）按农业执法类别分类可分为综合执法人员、种子执法人员、畜禽执法人员、农药执法人员、兽药执法人员、草原监理执法人员、动物防疫执法人员、植物检疫执法人员、蚕种管理执法人员、农机监理执法人员、土肥监理执法人员、农经监督管理执法人员等。

（三）农业行政执法人员的权利义务

（1）农业行政执法人员的权利包括：① 职位保障权。执法人员非因法定事由和非经法定程序不得被免职、降职、辞退或受到行政处分。② 执行职务权。执法人员有权依法执行职务，获得履行职责所应有的条件和权利。③ 工资、福利权。④ 参加培训权。⑤ 批评、建议权。执法人员有权对国家行政机关及其领导人员的工作提出批评和建议。⑥ 申诉、控告权。执法人员合法权益被侵犯或受到不公正待遇时，有权向有关机关提出申诉或控告。⑦ 辞职权。⑧ 宪法和法律规定的执法人员的其他权利。

（2）农业行政执法人员的义务包括：① 守法的义务。② 依法办事的义务。③ 联系群众的义务。④ 维护国家利益的义务。⑤ 忠于职守的义务。⑥ 保守秘密的义务。⑦ 廉洁奉公的义务。⑧ 宪法和法律规定的执法人员的其他义务。

五、农业行政管理相对人

所谓农业行政管理相对人（简称农业行政相对人），是指在行政法律关系中与行政主体互有法定权利义务关系的相对一方当事人，即自然人、法人或其他组织。如行政处罚中的被罚人、许可证的申请人等。

农业行政相对人作为与农业行政主体相对应的一方主体，具有下述基本特征：

（1）农业行政相对人是行政主体的管理对象。包括自然人，也包括各种组织。他们作为行政相对人与行政主体的法律地位是不平等的。

（2）农业行政相对人在行政管理关系中具有相对性。“相对”是指与农业行政主体形成法律关系时的相互对应，它是相对于在行政活动中具有并行使国家行政权力的农业行政主体而言的。任何自然人、法人和其他组织只有在行政管理法律关系中，才具有行政相对人的地位。

（3）农业行政相对人权利的实现和义务的履行。农业行政相对人的权利义务不同于可以通过自己的行为来实现的民事主体的权利和义务，它需要由农业行政主体作出行政行为来实现。如《中华人民共和国行政处罚法》（以下简称《行政处罚法》）第 29 条规定：“违法行为在两年内未被发现的，不再给予行政处罚。”假如违法行为两年内未被发现，行政相对人就可免除行政处罚责任；如果两年内被发现了，行政相对人则将受到行政处罚。

（4）农业行政相对人的行为对农业行政机关产生一定的影响。

在农业行政法律关系中，一般情况下是农业行政机关的行为影响农业行政相对人的权利义务，但是在某些情形下农业行政相对人的行为也同样影响农业行政机关。如在农业行政相对人要求行政机关履行法定职责时，从农业行政相对人向行政机关提出申请之日起开始计算行政机关履行职责的期限，如果超过法定期限还没有给予答复，将产生一定的法律后果。

第三节　农业行政执法手段

农业行政执法手段主要包括农业行政许可、农业行政处罚和农业行政强制执行三个方面。

一、农业行政许可

（一）农业行政许可的概念与种类

许可制度是世界各国普遍使用的对社会和经济进行管理的一种重要的法律制度。我国也非常重视这一制度的建设和完善。农业行政许可是农业行政机关根据相对人的申请，赋予其某种权利能力或资格，准许相对人从事某种活动的行政行为。农业行政许可的形式多样，种类繁多。但归纳起来主要有以下几种：

1．行为许可和资格许可

行为许可是指农业行政机关根据相对人的申请，允许其从事某种活动，可以实施某种行为。

资格许可指农业行政机关，根据相对人的申请，通过考试核发证明文书，允许证件持有人从事某一种职业或者进行某种活动。

2．一般许可、条件许可和委托许可

一般许可是农业行政机关根据相对人申请，独立审查核发许可证的一种行为。条件许可是行政机关发放某一种许可证必须经过另外一个以上的行政机关的同意或批准。如《基本农田保护条例》规定，县级以上人民政府对国家建设占用基本农田的审批，必须经过同级农业行政部门签署意见。委托许可是农业行政机关在特定情况下把行政许可权委托给其他机关或组织行使的一种许可形式。被委托机关或组织以委托机关的名义行使行政许可权，并且要接受委托机关监督，委托机关要对被委托机关或组织的许可行为承担法律后果。目前，农业部农药检定所办理农药登记，各级种子管理站发放的种子生产、经营许可证，都属于这种许可。

3．单独许可和附文件许可

单独许可是行政机关发放的许可证或其他书面文件，就足以证明允许持证人从事某项活动或取得某种资格，无需其他文件加以说明，许可证本身已就持证人的活动范围、方式、时间做了足够的规定，如渔业法规定的捕捞许可证。这种独立的许可不依附于其他证照而独立存在和生效。

附文件许可则需要附加其他文件加以说明，其本身不足以说明持证人获得许可的全部内容。如相对人要经营农作物种子，必须先向农业行政主管部门申请种子经营许可证，方可向工商行政管理部门申请营业执照。

4．权利性许可和附义务性许可

权利性许可是许可证持有人，可以自由放弃许可证所赋予的权利且不因此而承担法律后果。如在我国管辖水域从事捕捞的单位和个人，均应按照规定办理渔业捕捞许可证。申请人一旦取得许可证，就有权在许可的范围内从事捕捞活动，任何人不得非法干预。

附义务许可是指持有人在获得许可证的同时要承担在一定期限内从事该项活动的义务。如果在此期限没有从事该项活动，要承担一定的法律后果。例如按照渔业法规定，领取养殖许可证后没有正当理由使水面、滩涂荒芜一年以上的，发证机关可以责令限期开发利用，逾期未开发利用的，可以吊销养殖许可证。

（二）农业行政许可的范围

行政许可作为行政管理的一项重要手段和措施，被广泛地运用于农业生产、经营、进出口等领域。农业行政许可的主要形式有三种：

（1）许可证。许可证是农业行政许可的重要形式之一。我国目前由法律法规规定的农业领域的许可证有：种子生产许可证、种子经营许可证、渔业捕捞许可证、渔业养殖许可证、兽药生产许可证、兽药经营许可证等。由规章规定的许可证有：肥料土壤调理剂和植物生长调节剂产品许可证、农药药效田间试验许可证、兽医卫生合格证、进口兽药许可证等。

（2）批准。批准是农业行政许可的第二种形式，其使用范围也比较广泛。种植业实行批准的项目有：使用特殊用途、限用和禁用的农药等。畜牧业实行批准的项目有：兽医单位配制兽药制剂、草原烧荒、新药生产、进口兽药、兽药广告、购用兽用麻醉药品等。渔业批准项目包括外海、远洋捕捞，捕捞有重要经济价值的水生动物苗种，使用电力或鱼鹰捕鱼等。

（3）登记。登记分内部登记和外部登记。内部登记是行政机关或其他组织内部管理的一种方式，对外不具有法律意义，如农村合作经济组织建立的有价证券登记和物资登记、农业部门建立的农民技术人员登记卡、渔业行政处罚的立案登记、乡镇畜牧兽医站的资产分类登记等。外部登记是农业行政机关管理农业和农村经济的一种外部管理活动，以及相对人的权利和义务。如引进种质资源登记、进口农药登记等。

（三）农业行政许可程序

1. 申请

许可的取得，是以相对人的申请为前提的。必须以书面形式提交，内容包括：申请人姓名（法人申请许可证，法人名称），申请何种许可，具备从事某种活动的条件和能力的说明或证明。在许多情况下，申请书须附法律、法规、规章或许可机关要求提交的证明材料。

2. 审查程序

许可机关收到相对人的申请后，要及时对许可申请进行审查。审查有程序性审查和实质性审查。程序性审查包括申请事项是否符合法定程序和法定形式、申请手续是否完备等内容；实质性审查主要审查申请事项是否符合有关法律、法规和规章规定的许可条件。

3. 核发程序

许可机关经过对许可申请的审查，确认符合法定条件的，应当发给许可证或准予批准；许可机关准予许可的有关证明文件应载明许可的内容、许可的期限、许可证照编号，并加盖许可机关的印章。

4．变更程序

许可取得的相对人在其活动范围超出许可，应向原许可机关申请变更许可。许可机关在监督检查过程中发现相对人从事的活动超出原许可范围，也可主动变更许可，重新核发许可证照。

5．注销、吊销程序

注销是指许可证照持有人违反法律、法规规定的条件或者许可证照有效期届满，或许可的活动完成，许可证自然失去效力，原发证机关予以注销。因此，不得继续再从事原许可的活动。

6．延展程序

许可证的有效期届满后，如果持证人继续从事该项活动，应在届满前或届满后的一定时间内向原许可机关提出延展、更换许可证照。许可机关经审查认为符合继续持证条件的，可在法定期限内更换许可证明或同意延展许可证照有效期。

7．中止和无效

（1）中止。持证人如有特殊情况，也可以申请许可中止。中止期届满后，许可证恢复原有效力，被许可人可以重新从事许可活动。当然，如果中止期满，被许可人的违法行为依然存在或较为严重，可以吊销或注销许可证照。

（2）失效。指许可证有效期满或许可活动业已完成，许可证不再具有法律效力。

（3）无效。由于申请人不当或违法获得许可证后而被宣布自始至终不发生法律效力。导致无效有以下情况：一是无权机关颁发的许可证照或有权机关滥用职权颁发的许可证照。例如兽医机关发放卫生许可证。二是申请人以欺诈手段取得的许可证照，如申请人明知自己不符合许可条件，为骗取许可，虚拟事实，隐瞒真相，编造或伪造有关证明文件从而取得的许可证照。三是申请人不具备许可条件。

8．许可争议的处理

如果许可机关不予许可，许可申请人失去从事该项活动的权利。为此，必须为许可申请人设定适当的救济途径，而允许许可申请人要求许可机关重新复议或向人民法院提起行政诉讼。

二、农业行政处罚

（一）农业行政处罚的概念

农业行政处罚是农业行政处罚机关依法制裁违反农业行政管理秩序而尚未构成犯罪的行政相对人的一种具体行政行为。农业行政处罚是农业行政主体在依法行政中得到广泛运用的一种行政执法手段。

（二）农业行政处罚的基本原则

农业行政处罚的基本原则是指由农村法律规范规定的实施农业行政处罚时遵守的最高行为准则，具体包括：① 处罚法定原则。其内涵包括：行政处罚的依据必须是法定的；行政处罚的主体及职权必须是法定的；行政处罚的程序必须是法定的。② 公正、公开原则。公正原则的内涵是：实施行政处罚必须以事实为根据，坚持实事求是；公开原则的内涵是：行政处罚的依据必须公开；行政处罚的过程必须公开。③ 教育与处罚相结合原则。行政处罚的根本目的在于维护公共利益和社会秩序，而要实现这一目的，最根本的一点就是要使相对人知法懂法并自觉守法。实际上惩罚本身也是教育，但应是教育在先，处罚在后。④ 相对人救济权利保障原则。即保护当事人合法权益原则。在行政处罚领域保护当事人的合法权益，主要有两种途径：其一是切实保障当事人在行政处罚实施过程中享有的必要防卫权；其二是为当事人提供有效的法律救济。

（三）农业行政处罚的种类根据《行政处罚法》规定，结合我国农村法律规范，农业行政处罚的种类包括：

（1）警告。警告是指对违法者予以告诫和谴责，声明其行为已经构成违法，要求其以后不再重犯。这是对违法者声誉的一种处罚。警告是以影响行为人的声誉为内容的处罚，它不涉及行为人的财产权利、行为能力和人身自由，因而与其他种类的行政处罚相区别。警告一般适用于情节比较轻微的违法行为，惩罚的程度比较轻。

（2）罚款。罚款是指强制违法者在一定期限内向国家缴纳一定数量货币而使其遭受一定经济利益损失的处罚形式。罚款要求违法者缴纳的钱物应是其合法收入，而对违法所得的非法收入由应适用没收这种处罚。罚款是适用最广泛的处罚形式，主要适用于以采取非法经济利益为目的的行政违法行为，或者适用于通过剥夺违法者财产来补偿因违法行为造成的经济损失。

（3）没收违法所得和非法财物。没收违法所得是指行政机关依法将行为人以违法手段取得的金钱及其他财物（如销售伪劣产品获取的钱物）收归国有；没收非法财物是指行政机关依法对行为人所占有的违禁品（如腐烂变质的销售食品、在车船飞机上查出的易燃易爆物品等）或者用以实施违法活动的工具（如捕杀珍禽动物的猎枪等）收归国有。当然，没收的违法所得或非法财物并不是违法者的合法财产，没收的行为实质上具有追缴的性质，而非违法者因实施违法行为而付出的代价。

（4）责令停产停业。责令停产停业是指行政机关强制要求违法者停止生产或者经营的处罚。责令停产停业的处罚主要适用于两方面的违法：第一，生产、经营活动或其产品、商品存在安全问题；第二，生产经营活动或其产品、商品已经或可能危害人的健康或污染环境。责令停产停业是一种比较严厉的处罚，对生产经营者会造成较大的经济利益损失，因此在适用时既要准确又要适当，要根据违法行为的情节，责令违法者全部或者部分停产停业。

（5）暂扣或者吊销许可证、暂扣或者吊销执照。这是行政机关依法限制或者剥夺违法者原有的特许权利或者资格的处罚。暂扣与吊销也有区别，暂扣是指中止违法的持证者从事某种活动的权利或资格，待其改正违法行为或经过一段期限后，再发还许可证或者执照，恢复其某种权利或者资格。吊销则是禁止违法者继续从事某种活动，剥夺其某种权利或者撤销对其某种资格的确认。

（6）行政拘留。行政拘留是指公安机关限制违反治安管理秩序的行为人短期人身自由的处罚。行政拘留与刑事拘留不同，前者是公安机关对行政违法行为人所作的行政制裁，后者则是公安机关对该逮捕的现行犯或重大犯罪嫌疑犯实施的临时剥夺其人身自由的刑事强制措施。行政拘留也不同于司法拘留，后者是人民法院对妨碍诉讼程序的行为人所实施的临时剥夺其人身自由的司法强制措施。行政拘留与行政扣留也有区别，后者是行政机关为保障行政管理活动的顺利进行而依法采取的临时限制行为人的人身自由或保管行为人的物品的行政强制措施。行政拘留是行政处罚中最严厉的处罚方式，主要是对严重违反治安管理秩序的行为适用，且只适用于自然人。

（7）法律、行政法规规定的其他行政处罚。

三、农业行政强制执行

（一）农业行政强制执行的概念

农业行政强制执行是指农业行政主体为了实现行政管理目的而依法采取强制措施的迫使逾期不履行行政法上义务的行政相对人履行义务或者达到履行状态的行政执法行为。行政强制执行的本质特点在于保证行政法上的义务得以切实履行。行政相对人拒不履行行政法上的义务是实施行政强制执行的前提条件。

（二）行政强制执行与行政处罚的区别

行政强制执行与行政处罚的共同点在于，都是因当事人不履行法定义务所引起的。当事人不履行法定义务有两种情况，一种是此法定义务非履行不可，由此引起行政强制执行，如纳税，当事人不履行纳税义务的，必须强迫当事人履行。另一种情况是此义务已不可以再履行，故只能给予行政处罚，使其吸取教训，以后必须履行义务。如违反交通规则，闯红灯，此时只能课以罚款，使其以后遵守交通规则，不可能强制执行。从性质上说，行政处罚是对不履行义务的当事人课以新义务，而行政强制执行则是要对不履行义务的当事人强迫其履行原来的义务。这是行政强制执行与行政处罚的一般分界线。当然，行政强制执行中的代执行和执行罚也有课以新义务的内容，但这种课以新义务的目的，仍是为了履行原行政义务，并不是以课以新的义务为结束，这是法律在设定处罚还是强制时必须注意的。

（三）行政强制执行的条件

① 被执行者（行政相对人）负有行政法上的义务。② 存在逾期未履行的事实。③ 被执行者故意不履行。④ 执行主体必须符合资格条件。实施行政强制执行的主体必须是法律、法规或者规章明确授予行政强制执行权的行政机关。

《行政诉讼法》第 66 条规定："公民、法人或其他组织对于具体行政行为在法定期限内不提起诉讼又不履行的，行政机关可以申请人民法院强制执行，或者依法强制执行。"

（四）行政强制执行的种类

（1）间接强制。间接强制是指行政机关通过间接手段迫使行政相对人履行义务或者达到履行的状态。间接强制又细分为执行罚和代履行两类：① 执行罚。义务人不履行法定义务，而该义务又不能由他人代为履行，有执行权的机关可通过使不履行义务的法定义务人承担新的持续不断的给付义务，促使其履行义务，称为执行罚。例如，对到期不纳税者，每天处以税款的千分之二的滞纳金的执行罚，以促其缴纳税款。② 代执行，又称代履行。义务人不履行法定义务，而该义务又可由他人代为时，有执行权的机关可请人代替法定义务人履行义务，再由法定义务人负担费用，称为代执行。例如，拆除违章建筑，人民法院可请人代为拆除，再由不履行拆除义务的法定义务人负担费用。

（2）直接强制。直接强制是指行政机关在行政相对人逾期不履行义务时，且又无法采用间接强制的情况下，直接对其人身或者财产采取强制措施，迫使其履行义务。直接强制的种类包括：① 人身强制。当行政相对人拒不接受人身性处罚或者不履行其他人身性义务时，行政机关可以依法对其人身采取强制执行。根据现有法律、法规的规定，对人身的直接强制主要有：强制拘留、强制传唤、强制服兵役、强制遣回原籍、驱逐出境等。② 行为强制。当行政相对人逾期不履行行为性义务，包括作为的行为和不作为的行为，行政机关依法对其采取行为性直接强制。根据现行法律、法规和规章的规定，对行为的直接强制主要有：强制许可、强制拆除、强制搬迁、强制排污、强制销毁、强制清除等。③ 财产强制。行政相对人逾期拒不履行财产性义务时，行政机关可依法采取财产性直接强制。根据现行法律、法规和规章的规定，对财产的直接强制主要有：强制扣缴、强制划拨、加收滞纳金等。

（五）行政强制执行的原则

行政强制执行除了应当遵循行政法上的合法性原则与合理性原则外，还应强调其独特的自身具有的区别，主要是：① 预先告诫原则。② 优先从轻原则。③ 目的实现原则。④ 有限执行原则。

（六）行政强制执行的程序

行政强制执行的程序是行政机关实施行政强制执行的方式和步骤的总称。其步骤为：① 作出行政强制执行的决定。行政强制执行的决定一般应以书面形式作出，其内容原则上应当包括：行政强制执行的事实依据和法律依据、行政强制执行的时间和地点、不服行政强制执行而申请行政复议或者提起行政诉讼的途径和期限、行政机关首长的签名或者盖章以及作出行政强制决定的日期。② 告诫。告诫是指行政机关再次督促行政相对人自觉履行义务，并告知其拒不履行义务将会产生的不利后果。③ 实施强制执行。实施强制执行包括：表明身份，出示执法证件；出示执行根据，如执行决定书、执行委托书、代执行书等，说明有关情况；义务人不在场时，应邀请公民的亲属或该单位的工作人员及有关人员到场作执行见证人，见证人有证明执行情况和在有关记录文件上签字的义务；强制执行结束，执行人员应作出执行记录；有执行费用的，征收费用。

第四节　农业行政执法程序

一、农业行政执法程序的概述

农业行政执法程序是指农业行政管理机关具体实施执法行为的方

式和步骤，以及实现这些方式、步骤的时间和顺序所构成的行为过程。

（一）农业行政执法程序的特征

（1）多样性特征。在社会主义市场经济的条件下，由于经济行为的多样性，就必然产生行政事务的多样性，不同的行政事务要求以不同的行政执法程序规范其行为，因此行政执法程序表现为多样性。

（2）法定性特征。农业行政执法程序的法定性是农业行政执法主体和行政管理相对人在进行执法活动中，必须严格遵守农业法律、法规和规章规定的程序，其行为的步骤和方式要受法定程序的制约，违反法定程序将会导致执法行为无效。对执法的行政主体来说，不仅实施行政行为时要求符合实体法的规定，而且也要符合行政程序法的规定。即使其行政行为符合实体法规定，不符合行政程序法规定，同样要导致执法行为无效的法律后果。

（3）分散性特征。我国行政法的一个显著特点是没有一个统一的行政法法典，与其相适应的也没有一个统一的行政程序法典。行政法由许多单行的行政法律规范性文件组成，而行政程序法律规范也就散见于单行行政法律文件之中。因此，我国农业行政执法程序分散于许多农业法律规范性文件之中，具有分散性的特征。

（二）农业行政执法程序的基本原则

根据我国的具体情况和行政程序法发展的趋势，我国农业行政执法应遵循以下基本原则：

（1）公正原则。公正原则是指农业行政管理机关在执法过程中，在程序上要公正、平等地对待行政管理相对人各方，排除各种可能不平等或不公正的因素。

（2）公开原则。公开原则是指实施与行政管理相对人的权利义务直接相关的行政行为要公开。行政执法程序以公开为主有利于促进行政效率，保护行政管理相对人的合法权益，提高执法质量。

（3）参与原则。参与行政管理包括行政执法行为的实施过程，是行政相对人参政议政的权利体现。参与原则，要求行政机关在行政执法的过程中给行政相对人有发表意见的机会，并充分重视其意见。

（4）效率原则。效率原则是指执法程序应保证行政执法行为能准确、及时或简便有效地得以实施的原则。为了保证行政执法的高效率，行政执法程序应依法定时限办事，否则程序违法。在不违反法律规定的原则下，执法程序应当采取简易行政程序，效率原则主要通过时效、紧急处置和简易程序等实现。

二、农业行政执法程序的基本制度

（1）表明身份制度。表明身份是指行政执法人员在行政执法时应当向行政相对人出示证件，以证明自己享有从事某种行政执法行为的合法资格和职权。

（2）告知制度。告知是指要求行政机关在进行执法过程中，将应该让行政相对人知道、了解的事项通过合理的途径和有效方式主动告知行政相对人。《行政处罚法》对告知作出明确规定，即行政机关在作出行政处罚之前，应当告知当事人作出行政处罚决定的事实、理由及依据，并告知当事人依法享有的权利。该法还规定了是否履行告知的法律后果，如果行政机关及其行政执法人员应当告知而没有告知的，行政处罚决定不能成立。

（3）受理制度。受理是指行政机关向行政相对人明确表示接受其提出的采取某种行政执法行为的请求。

（4）听证制度。听证是指农业行政管理机关对行政管理相对人作出行政处理决定之前，应当听取当事人的陈述、申辩和质证，这种听取当事人意见的程序称为听证制度。

（5）辩论制度。辩论制度是指行政管理相对人因行政争议在农业行政管理机关执法人员主持下与双方当事人或其他利害关系人就有关事实和法律问题进行质证和辩论的一种法律制度。

（6）回避制度。回避制度是指与行政行为有利害关系的农业行政执法人不得参与该行政行为的制度。

（7）职能分离制度。职能分离制度也称审裁分离制度，是指农业行政管理机关把审查事实和作出裁决的两个行为阶段分开，由不同的行政执法人共同完成一个具体行政处理决定的制度。

（8）情报公开制度。情报公开是现代程序的一项重要制度。它是指农业行政管理机关依法行政时除涉及国家秘密、个人隐私和其他秘密材料外，应将涉及处理行政管理相对人的法律、法规、规章、政策、行政决定等有关材料公开的制度。

（9）时效制度。时效制度是指执法行政行为的全过程或各个阶段受到法定时限制约的程序制度。所谓时效是指能够引起行政法律关系或民事法律关系产生、变更或消灭的时间期限。行政执法程序上的时效制度是指行政机关或相对人在法定期限内不履行职责或义务就可能引起行政责任或行政行为无效的后果。时效制度是提高行政执法效率，保护当事人合法权益的重要制度之一。

（10）说明理由。说明理由制度是指农业行政管理机关在行政执法活动中涉及行政管理相对权利义务的行政行为时，有义务说明行政决定或裁决所依据的事实、法律、法规、规章根据和政策依据以及理由。对于行政决定或裁决的理由的阐述可作为行政决定或裁决的一部分，写入规范性的文件一起公告于众。

（11）会议制度。会议是指除经法律特别许可，行政执法决定应当由若干行政执法人员共同研究作出，以防止偏见。《行政处罚法》在这方面有明确规定，要求对情节复杂或者重大违法行为给予较重的行政处罚，行政机关负责人应当召集集体讨论决定。

（12）格式制度。即要求行政机关所作的行政执法文书标准化、规范化，形成统一的文书格式。

第五节　农业行政处罚程序

一、农业行政处罚机关的概念和种类

农业行政处罚机关，是指有权依据行政处罚法和有关法律、法规的规定，对公民、法人或者其他组织的违法行为依法具体实施行政处罚的有关部门或机构。农业行政处罚机关主要包括以下三类：

（1）县级以上人民政府的农业行政主管部门。这里所指的农业行政主管部门，是种植业、畜牧业、渔业、农垦、乡镇企业、饲料工业和农业机械化等行政主管机关。

（2）法律、法规授权的农业管理机构。

（3）县级以上人民政府农业行政主管部门依法委托的农业管理机构。

二、受托农业行政处罚机关的条件和职责

县级以上人民政府农业行政主管部门根据法律、法规或规章的规定，必要时可委托依法设置的符合《行政处罚法》第 19 条规定的农业管理机构实施行政处罚。这类受委托组织必须符合以下的条件：① 依法成立的管理公共事务的事业组织。② 具有熟悉有关法律、法规、规章和业务的工作人员。③ 对违法行为需要进行技术检查或者技术鉴定的，应当有条件组织进行相应的技术检查或者技术鉴定。农业行政主管部门依法委托符合法定条件的农业管理机构实施行政处罚的，必须签订委托书，并由委托的农业行政主管部门向上一级农业行政主管部门备案。

农业行政主管部门对受委托的农业管理机构实施行政处罚行为应进行监督，并对该行为的后果承担法律责任。受委托农业管理机构在委托范围内，以委托农业行政主管部门的名义实施行政处罚；不得再委托其他单位或个人实施行政处罚。

三、农业行政处罚的管辖

（一）级别管辖

（1）县级农业行政处罚机关管辖本行政区域内的行政违法案件。

（2）设区的市、自治州的农业行政处罚机关管辖本行政区域内重大、复杂的行政违法案件。

（3）省级农业行政处罚机关管辖本行政区域内重大、复杂的行政违法案件。

（4）农业部及其所属的经法律、法规授权的农业管理机构管辖全国重大、复杂的行政违法案件。

上一级农业行政处罚机关在必要时可以管辖下一级农业行政处罚机关管辖的行政处罚案件。下一级农业行政处罚机关认为行政处罚案

件重大、复杂，需要由上一级农业行政处罚机关管辖，可以报请上一级农业行政处罚机关决定。

（二）地域管辖

（1）农业行政处罚由违法行为发生地的县级以上农业行政处罚机关管辖。

（2）进出境动植物检疫行政处罚，按口岸动植物检疫机关业务辖区进行管辖。

（3）渔业行政处罚机关管辖本辖区范围内发生的和上级部门指定管辖的渔业违法案件。

（三）适用“谁查获谁处理”的特别管辖

渔业行政处罚有下列情况之一的，适用“谁查获谁处理”的原则：①违法行为发生在共管区、重叠区的。②违法行为发生在管辖权不明确或者有争议的区域的。③违法行为发生地与查获地不一致的。

（四）管辖权争议的解决

指定管辖农业行政处罚机关对管辖权发生争议的，应当协商解决或报请共同上一级农业行政主管部门指定管辖。

（五）受理案件的移送解决

移送管辖农业行政处罚机关发现受理的行政处罚案件不属于自己管辖的，应当移送有管辖权的行政处罚机关管辖，并制作《案件移送函》。

另外，对当事人的同一违法行为，根据不同法律、法规、规章规定，两个以上农业行政处罚机关都有管辖权的，应当由先立案的农业行政处罚机关管辖；违法行为构成犯罪的，农业行政处罚机关必须将案件移送司法机关，依法追究刑事责任，不得以行政处罚代替刑罚。

四、农业行政处罚程序

农业行政处罚程序分为简易程序和一般程序。实施农业行政处罚，除适用简易程序的外，通常应当适用一般程序。

（一）简易程序

违法事实确凿并有法定依据，对公民处以 50 元以下、对法人或者其他组织处以 1 000 元以下罚款或者警告的行政处罚的，可以当场作出农业行政处罚决定。

执法人员作出当场行政处罚决定，必须填写统一编号的《行政处罚（当场）决定书》，当场交付当事人，并应当告知当事人，如不服行政处罚决定，可以依法申请行政复议或者提起行政诉讼。

执法人员应当在作出当场处罚决定之日起、渔业执法人员应当自抵岸之日起两日内将《行政处罚（当场）决定书》副本报所属农业行政处罚机关备案。

（二）一般程序

（1）农业行政处罚案件的立案。除依法可以当场决定行政处罚的外，执法人员发现公民、法人或者其他组织有违法行为依法应当给予行政处罚的，应当填写《行政处罚立案审批表》，报本行政处罚机关负责人批准。

符合下列条件的，应在 7 日内予以立案：① 有违法行为发生。② 违法行为依法应受行政处罚。③ 属于本处罚机关管辖。④ 属于一般程序适用范围。

（2）调查与收集证据。农业行政处罚机关必须对立案情况进行全面、客观、公正地调查，收集证据；必要时，依照法律、法规的规定，可以进行检查。执法人员调查收集证据时不得少于两人。证据包括书证、物证、视听资料、证人证言、当事人陈述、鉴定结论、勘验笔录和现场笔录。

（3）告知当事人拟作出行政处罚的内容和听证。农业行政处罚机关负责人对《案件处理意见书》审核后，认为应当给予行政处罚的，农业行政处罚机关应当制作《违法行为处理通知书》，送达当事人，告知拟给予的行政处罚内容及其事实、理由和依据，并告知当事人可以在收到通知书之日起 3 日内进行陈述和申辩，符合听证条件的，可以要求农业行政处罚机关按照农业部《农业行政处罚程序规定》第三章第三节“听证程序”的规定组织听证。

（4）农业行政处罚的决定。农业行政处罚案件自立案之日起，应当在一个月内办理完毕；经农业行政处罚机关负责人批准可以延长，但不得超过 3 个月；特殊情况下 3 个月内不能办理完毕的，报经上一级农业行政处罚机关批准，可以延长至一年。案件调查完毕后，农业行政处罚机关负责人应当及时审查有关案件调查材料、当事人陈述和申辩材料、听证会笔录和听证会报告书，对违法事实清楚、证据确凿的案件，根据情节轻重，作出处罚决定。农业行政处罚机关制作《行政处罚决定书》。案件复杂或者有重大违法行为需要给予较重行政处罚的，应当由农业行政机关负责人集体讨论决定。

五、农业行政处罚决定的送达

《行政处罚决定书》应当在宣告后当场交付被处罚人；被处罚人不在场的，应当在 7 日内送达被处罚人，并由被处罚人在《行政处罚文书送达回证》上签名或者盖章；被处罚人不在的，可以交给其成年家属或者所在单位的负责人代收，并在送达回证上签名或者盖章。被处罚人或者代收人拒绝接收、签名、盖章的，送达人可以邀请其邻居或者单位有关人员到场，说明情况，把《行政处罚决定书》留在其住所或者单位，并在送达回证上记明拒绝的事由、送达的日期，由送达人、见证人签名或者盖章，即视为送达。直接送达农业行政处罚文书有困难的，可委托其他农业行政处罚机关代为送达，也可以邮寄、公告送达。邮寄送达的，挂号回执上注明的收件日期为送达日期；公告送达的，自发出公告之日起经过60日，即视为送达。

六、农业行政处罚决定的执行

（一）当场收缴罚款

（1）依照简易程序当场作出农业行政处罚决定，有下列情形之一的，执法人员可以当场收缴罚款：① 依法给予 20 元以下罚款的。② 不当场收缴事后难以执行的。

（2）在边远、水上、交通不便地区，受罚当事人向指定的银行缴纳罚款确有困难，经当事人书面提出，农业行政处罚机关及其执法人员可以当场收缴罚款。

（二）向指定的银行缴纳罚款除上述两种情况外，农业行政处罚机关不得自行收缴罚款

决定罚款的农业行政处罚机关或执法人员应当书面告知当事人向指定的银行缴纳罚款。

（三）暂扣证照或者吊销证照的执行

对需要继续行驶的农业机械、渔船实施暂扣证照或者吊销证照的行政处罚，农业行政处罚机关在实施行政处罚的同时，应当发给当事人相应的证明，允许农业机械、渔船驶往预定或指定的地点。

（四）不服申请行政复议或者提起行政诉讼的行政处罚决定

执行农业行政处罚决定依法作出后，当事人对行政处罚决定不服申请行政复议或者提起行政诉讼的，除法律另有规定外，行政处罚决定不停止执行。

（五）当事人拒不履行农业行政处罚决定措施

对生效的农业行政处罚决定，当事人拒不履行的，作出农业行政处罚决定的农业行政处罚机关依法可以采取下列措施：① 到期不缴纳罚款的，每月按罚款数额的 3%加处罚款。② 根据法律规定，将封存、扣押的财物拍卖抵缴罚款。③ 申请人民法院强制执行，并制作《强制执行申请书》。

（六）当事人申请延期或分期缴纳罚款

当事人确有经济困难，需要延期或者分期缴纳罚款的，当事人应当书面申请，经作出行政处罚决定的机关批准，可以暂缓或者分期缴纳。

（七）依法没收非法财物的处置

除依法应当予以销毁的物品外，依法没收的非法财物必须按照国家规定公开拍卖或者按照国家有关规定处理。

（八）案件收档

农业行政处罚案件的终结归档农业行政处罚案件终结后，案件调查人员应填写《行政处罚结案报告》，并将全部案件材料立卷归档。

第七章　农业生产安全法律制度

第一节　种子法

一、种子的概念和种类

种子是指农作物和林木的种植材料或者繁殖材料，包括子粒、果实和根、茎、苗、芽、叶等。

二、种子管理体制

根据《种子法》第 3 条规定，我国对种子工作实行统一管理的体制。国务院农业、林业行政主管部门分别主管全国农作物种子和林木种子工作；县级以上地方人民政府农业、林业行政主管部门分别主管本行政区域内农作物种子和林木种子工作。

三、种子生产

（一）种子生产和种子生产管理的概念

种子生产是对选育出并经审定合格需大面积推广的优良品种和现

有推广的品种，进行大量繁殖的过程。加强种子生产过程的质量管理，是提高种子质量的关键环节。新中国成立后，我国种子生产经历了“家家种田、户户留种”，到生产队建立种子田，实行自繁、自选、自留、自用和国家调剂辅助，再到县、公社、生产队相结合的三级良种繁育推广体系，发展到后来的“四化一供”，即种子生产专业化、加工机械化、质量标准化、布局区域化和有计划组织供种的过程。

种子生产管理是指种子管理部门对生产农作物种子和林木良种的种子的各个环节实施管理的活动。种子生产管理主要包括种子生产许可证管理、种质种源管理和种子生产基地管理等。

（二）种子生产许可证管理

主要农作物和主要林木的商品种子生产实行许可制度。主要农作物杂交种子及其亲本种子、常规种原种种子、主要林木良种的种子生产许可证，由生产所在地县级人民政府农业、林业行政主管部门审核，省、自治区、直辖市人民政府农业、林业行政主管部门核发；其他种子的生产许可证，由生产所在地县级以上人民政府农业、林业行政主管部门核发。申请领取种子生产许可证的单位和个人，应当具备下列条件：① 具有繁殖种子的隔离和培育条件。② 具有无检疫性病虫害的种子生产地点或者县级以上人民政府林业行政主管部门确定的采种林。③ 具有与种子生产相适应的资产和生产、检验设施。④ 具有相应的专业种子生产和检验技术人员。⑤ 法律、法规规定的其他条件。申请领取具有植物新品种权的种子生产许可证的，应当征得品种权人的书面同意。

种子生产许可证应当注明生产种子的品种、地点和有效期限等项目。如《农作物种子生产许可证》的有效期为该作物的一个生育周期，种子收获后自行失效。禁止伪造、变造、买卖、租借种子生产许可证。

（三）种子生产具体法律规定

种子生产法律规定管理的内容包括：① 禁止任何单位和个人无证或者未按照许可证的规定生产种子。② 商品种子生产应当执行种子生产技术规程和种子检验、检疫规程。③ 在林木种子生产基地内采集种子的，由种子生产基地的经营者组织进行，采集种子应当按照国家有关标准进行。禁止抢采掠青、损坏园树，禁止在劣质林内、劣质园树上采集种子。④ 商品种子生产者应当建立种子生产档案，载明生产地点、生产地块环境、前茬作物、亲本种子来源和质量、技术负责人、田间检验记录、产地气象记录、种子流向等现象。

四、种子经营

（一）种子经营原则

国家鼓励和支持科研单位、学校、科技人员研究开发和依法经营、推广农作物新品种和林木良种。

（二）种子经营许可证管理

种子经营实行许可证制度。种子经营许可证实行分级审批发放制度。种子经营者必须先取得种子经营许可证后，方可凭种子经营许可证向工商行政管理机关申请办理或者变更营业执照。但农民个人自繁、自用的常规种子有剩余的，可以在集贸市场上出售、串换，不需要办理种子经营许可证。

申请领取种子经营许可证的单位和个人，应当具备下列条件：① 具有与经营种子种类和数量相适应的资金及独立承担民事责任的能力。② 具有能够正确识别所经营的种子、检验种子质量、掌握种子贮藏、保管技术的人员。③ 具有与经营种子的种类、数量相适应的营业场所及加工、包装、贮藏保管设施和检验种子质量的仪器设备。④ 法律、法规规定的其他条件。种子经营者专门经营不再分装的包装种子的，或者受具有种子经营许可证的种子经营者以书面委托代销其种子的，可以不办理种子经营许可证。

种子经营许可证的有效区域由发证机关在其管辖范围内确定。种子经营者按照经营许可证规定的有效区域设立分支机构的，可以不再办理种子经营许可证，但应当在办理或者变更营业执照后 15 日内，向当地农业、林业行政主管部门和原发证机关备案。

种子经营许可证应当注明种子经营范围、经营方式及有效期限、有效区域等项目。禁止伪造、变造、买卖、租借种子经营许可证。

（三）种子经营的具体法律规定

种子经营法律规定的内容包括：① 禁止任何单位和个人无证或者未按照许可证的规定经营种子。② 种子经营者应当遵守有关法律、法规的规定，向种子使用者提供种子的简要性状、主要栽培措施、使用条件的说明与有关咨询服务，并对种子质量负责。③ 国务院或者省、自治区、直辖市人民政府的林业行政主管部门建立的林木种子生产基地生产的种子，由上述林业行政主管部门指定的单位有计划地统一组织收购和调剂使用。未经上述林业行政主管部门批准，不得收购珍贵树木种子和同级人民政府规定限制收购的林木种子。④ 销售的种子应当加工、分级、包装。但是，不能加工、包装的除外。大包装或者进口种子可以分装；实行分装的，应当注明分装单位，并对种子质量负责。⑤ 销售的种子应当附有标签。标签标注的内容应当与销售的种子相符。⑥ 种子经营者应当建立种子经营档案。⑦ 种子广告的内容应当符合本法和有关广告的法律、法规的规定，主要性状描述应当与审定公告一致。⑧ 调运或者邮寄出县的种子应当附有检疫证书。

五、种子使用

《种子法》有关种子使用的规定如下：① 种子使用者有权按照自己的意愿购买种子，任何单位和个人不得非法干预。② 国家投资或者国家投资为主的造林项目和国有林业单位造林，应当根据林业行政主管部门制定的计划使用林木良种。国家对推广使用林木良种营造防护林、特种用途林给予扶持。③ 种子使用者因种子质量问题遭受损失的，出售种子的经营者应当予以赔偿，赔偿额包括购种价款、有关费用和可得利益损失。经营者赔偿后，属于种子生产者或者其他经营者责任的，经营者有权向生产者或者其他经营者追偿。④ 因使用种子发生民事纠纷的，当事人可以通过协商或者调解解决。当事人不愿通过协商、调解解决或者协商、调解不成的，可以根据当事人之间的协议向仲裁机构申请仲裁。当事人也可以直接向人民法院起诉。

六、种子质量

（一）种子质量的概念和监督

种子质量是指种子的生产和加工、包装、贮藏的质量。

农业、林业行政主管部门负责并对种子质量的监督并可以委托。种子质量检验机构对种子质量进行检验。承担种子质量检验的机构应当具备相应的检测条件和能力，并经省级以上人民政府有关主管部门考核合格。种子质量检验机构应当配备种子检验员。种子检验是指种子检验人员依照法定的程序、方法和标准，对种子的质量进行检验、分析和鉴定，以判断其优劣并给予具有法律效力的证明的活动。

（二）假、劣种子的范围

《种子法》第 46 条规定，禁止生产，经营假、劣种子。下列种子为禁止生产经营的假种子：① 以非种子冒充种子或者以此种品种种子冒充他种品种种子的。② 种子种类、品种、产地与标签标注的内容不符的。

下列种子为禁止生产经营的劣种子：① 质量低于国家规定的种用标准的。② 质量低于标签标注指标的。③ 因变质不能作种子使用的。④ 杂草种子的比率超过规定的。⑤ 带有国家规定检疫对象的有害生物的。

（三）种子检疫

从事品种选育和种子生产、经营以及管理的单位和个人应当遵守有关植物检疫法律、行政法规的规定，防止植物危险性病、虫、杂草及其他有害生物的传播和蔓延。禁止任何单位和个人在种子生产基地从事病虫害接种试验。

种子检疫包括边境检疫、出境检疫、过境检疫、携带、邮寄植物种子检疫等。

七、种子行政管理

农业、林业行政主管部门是指种子行政执法机关。种子执法人员依法执行公务时应当出示行政执法证件。农业、林业行政主管部门为实施《种子法》可以进行现场检查。

农业、林业行政主管部门及其工作人员不得参与和从事种子生产、经营活动；种子生产经营机构不得参与和从事种子行政管理工作。种子的行政主管部门与生产经营机构在人员和财务上必须分开。

八、违反《种子法》的法律责任

（一）生产，经营假、劣种子的法律责任

违反《种子法》规定，生产，经营假、劣种子的，由县级以上人民政府农业、林业行政主管部门或者工商行政管理机关责令停止生产、经营，没收种子和违法所得，吊销种子生产许可证、种子经营许可证或者营业执照，并处以罚款；有违法所得的，处以违法所得 5 倍以上 10 倍以下罚款；没有违法所得的，处以 2 000 元以上 5 万元以下罚款；构成犯罪的，依法追究刑事责任。

（二）违反《种子法》有关种子生产或经营许可证规定的法律责任

违反《种子法》规定，有下列行为之一的，由县级以上人民政府农业、林业行政主管部门责令改正，没收种子和违法所得，并处以违法所得 1 倍以上 3 倍以下罚款；没有违法所得的，处以 1 000 元以上 3 万元以下罚款；可以吊销违法行为人的种子生产许可证或者种子经营许可证；构成犯罪的，依法追究刑事责任：① 未取得种子生产许可证或者伪造、变造、买卖、租借种子生产许可证，或者未按照种子生产许可证的规定生产种子的。② 未取得种子经营许可证或者伪造、变造、买卖、租借种子经营许可证，或者未按照种子经营许可证的规定经营种子的。

（三）违反《种子法》其他行为的法律责任

违反《种子法》规定，有下列行为之一的，由县级以上人民政府农业、林业行政主管部门责令改正，没收种子和违法所得，并处以违法所得1倍以上3倍以下罚款；没有违法所得的，处以1 000元以上2万元以下罚款；构成犯罪的，依法追究刑事责任：① 为境外制种的种子在国内销售的。② 从境外引进农作物种子进行引种试验的，收获物在国内作商品种子销售的。③ 未经批准私自采集或者采伐国家重点保护的天然种质资源的。违反《种子法》规定，有下列行为之一的，由县级以上人民政府农业、林业行政主管部门或者工商行政管理机关责令改正，处以1 000元以上1万元以下罚款：① 经营的种子应当包装而没有包装的。② 经营的种子没有标签或者标签内容不符合本法规定的。③ 伪造、涂改标签或者试验、检验数据的。④ 未按规定制作、保存种子生产、经营档案的。⑤ 种子经营者在异地设立分支机构未按规定备案的。

违反《种子法》规定，向境外提供或者从境外引进种质资源的，由国务院或者省、自治区、直辖市人民政府的农业、林业行政主管部门没收种质资源和违法所得，并处以1万元以下罚款。未取得农业、林业行政主管部门的批准文件携带、运输种质资源出境的，海关应当将种质资源扣留，并移送省、自治区、直辖市人民政府农业、林业行政主管部门处理。违反《种子法》规定，经营、推广应当审定而未经审定通过的种子的，由县级以上人民政府农业、林业行政主管部门责令停止种子的经营、推广，没收种子和违法所得，并处以1万元以上5万元以下罚款。

违反《种子法》规定，抢采掠青、损坏母树或者在劣质林内和劣质母树上采种的，由县级以上人民政府林业行政主管部门责令停止采种行为，没收所采种子，并处以采林木种子价值1倍以上3倍以下的罚款；构成犯罪的，依法追究刑事责任。

违反《种子法》规定，非法收购珍贵树木种子和同级人民政府规定限制收购的林木种子的，由县级以上人民政府林业行政主管部门没收所收购的种子，并处以收购林木的种子价款两倍以下的罚款。

违反《种子法》规定，在种子生产基地进行病虫接种试验的，由县级以上人民政府农业、林业行政主管部门责令停止试验，处以 5 万元以下罚款。

第二节　农药管理法律制度

一、农药生产的法律规定

（一）开办农药生产企业的条件

农药生产应当符合国家农药工业的产业政策。开办农药生产企业（包括联营、设立分厂和非农药生产企业设立农药生产车间），应具备下列条件，并经企业所在地的省、自治区、直辖市化学工业行政管理部门审核同意后，报国务院化学工业行政管理部门批准；但是，法律、行政法规对企业设立的条件和审核或者批准机关另有规定的，从其规定：① 有与其生产的农药相适应的技术人员和技术工人。② 有与其生产的农药相适应的厂房、生产设施和卫生环境。③ 有符合国家劳动安全、卫生标准的设施和相应的劳动安全、卫生管理制度。④ 有产品质量标准和产品质量保证体系。⑤ 所生产的农药是依法取得农药登记的农药。⑥ 有符合国家环境保护要求的污染物防治设施和措施，并且污染物排放不超过国家和地方规定的排放标准。农药生产企业经批准后，方可依法向工商行政管理机关申请领取营业执照。

（二）农药生产许可制度

国家实行农药生产许可制度。生产有国家标准或者行业标准的农药，应当向国务院化学工业行政管理部门申请农药生产许可证。生产尚未制定国家标准、行业标准但已有企业标准的农药的，应当经省、自治区、直辖市化学工业行政管理部门审核同意后，报国务院化学工业行政管理部门批准，发给农药生产批准文件。

（三）农药生产质量管理

农药生产企业应当按照农药产品质量标准、技术规程进行生产，生产记录必须完整、准确。农药产品包装必须贴有标签或者附具说明书。农药产品出厂前，应当经过质量检验并附具产品质量检验合格证；不符合产品质量标准的，不得出厂。

二、农药经营的法律规定

（一）农药经营单位的种类

下列单位可以经营农药：① 供销合作社的农业生产资料经营单位。② 植物保护站。③ 土壤肥料站。④ 农业、林业技术推广机构。⑤ 森林病虫害防治机构。⑥ 农药生产企业。⑦ 国务院规定的其他经营单位。所经营的农药属于化学危险品的，应当按照国家有关规定办理经营许可证。

（二）农药经营单位的条件

农药经营单位应当具备下列条件：① 有与其经营的农药相适应的技术人员。② 有与其经营的农药相适应的营业场所、设施、仓储设施、安全防护措施和环境污染防治设施、措施。③ 有与其经营的农药相适应的规章制度。④ 有与其经营的农药相适应的质量管理制度和管理手段。除了上述的条件外，还必须符合其他有关法律、行政法规规定的条件，并依法向工商行政管理机关申请领取营业执照后，方可经营农药。

（三）农药经营单位在经营农药中的职责

农药经营单位在经营农药中必须履行以下职责：① 农药经营单位购进农药，应当将农药产品与产品标签或者说明书、产品质量合格证核对无误，并进行质量检验。禁止收购、销售无农药登记证或者农药临时登记证、无农药生产许可证或者农药生产批准文件、无产品质量标准和产品质量合格证和检验不合格的农药。② 农药经营单位应当按照国家有关规定做好农药储备工作。贮存农药应当建立和执行仓储保管制度，确保农药产品的质量和安全。③ 农药经营单位销售农药，必须保证质量，农药产品与标签或者说明书、产品质量合格证应当核对无误。农药经营单位应当向使用农药的单位和个人正确说明农药的用途、使用方法、用量、中毒急救措施和注意事项。④ 超过产品质量保证期限的农药产品，经省级人民政府农业行政主管部门所属的农药检定机构检验，符合标准的，可以在规定期限内销售；但是，必须注明“过期农药”字样，并附具使用方法和用量。

三、农药使用的法律规定

（一）农药分类

根据目前农业生产上常用农药（原药）的毒性综合评价（急性口服、经皮毒性、慢性毒性等），农药分为高毒、中等毒、低毒三类。

（1）高毒农药（不包括杀鼠剂）。有甲拌磷（3911）、对硫磷（1605）、甲基对硫磷（甲基1605）、甲胺磷、治螟磷（苏化203）、甲基硫环磷、乙基硫环磷（棉安磷）、特丁硫磷、蝇毒磷、甲基异柳磷、磷胺、杀扑磷（速扑杀、速蚧克）、地虫硫磷（大风雷）、久效磷（钮瓦克、铃杀）、螨胺磷（苯胺硫磷、虫胺磷）、水胺硫磷、氧乐果、涕灭威（铁灭克）、克百威（峡喃丹）、灭多威（乃灵、灭虫快）、杀虫脒（已取消登记）、五氯酚、磷化铝、磷化锌、磷化钙、溴甲烷（溴灭泰）、氯化苦、灭线磷（益舒宝、丙线磷）、苯线磷（力满库、克线磷）、克线丹、剂螨素（害极灭、齐墩螨素）等。

（2）中等毒农药。有杀螟松、乐果、稻丰散、乙硫磷、亚胺硫磷、皮蝇磷、六六六、高丙体六六六、毒杀芬、氯丹、滴滴涕、西维因、害扑威、叶蝉散、速灭威、混灭威、抗蚜威、信硫磷、敌敌畏、拟除虫菊酯类、克瘟散、稻瘟净、敌克松、402、福美砷、稻脚青、退菌特、代森铵、代森环、2,4-滴、燕麦敌、毒草胺等。

（3）低毒农药。有敌百虫、马拉松、乙酰甲胺磷、辛硫磷、三氯杀螨醇、多菌灵、托布津、克菌丹、代森锌、福美双、萎锈灵、异稻瘟净、乙膦铝、百菌清、除草醚、敌草隆、氟乐灵、苯达松、茅草枯、草甘膦等。

高毒农药只要接触极少量就会引起中毒或死亡。中、低毒农药虽较高毒农药的毒性为低，但接触多，抢救不及时也会造成死亡。因此，使用农药必须注意经济和安全。

（二）农药使用范围的限制

凡已订出农药安全使用标准的品种，均按照“标准”的要求执行。尚未制定“标准”的品种，执行下列规定：

（1）剧毒、高毒农药：不得用于防治卫生害虫与人、畜皮肤病；不得用于蔬菜、瓜果、茶叶和中草药材；除杀鼠外，也不准用于毒鼠。氟乙酰胺禁止在农作物上使用，不准做杀鼠剂。“3911”乳油只准用于拌种，严禁喷雾使用。呋喃颗粒剂只准用于拌种、用工具沟施或戴手套撒毒土，不准浸水后喷雾。

（2）高残留农药：六六六、滴滴涕、氯丹，不准在果树、蔬菜、中药材、烟草、咖啡、胡椒、香茅等作物上使用。氯丹只准用于拌种，防治地下害虫。

（3）三氯杀螨醇不得用于茶叶，林丹只允许用于防治小麦吸浆虫和各种蝗虫。

（4）其他农药应按农业部颁发的农药登记证和批准标签上推荐的作物（范围）、剂量和方法使用，不得在未经批准登记的作物（或范围）上使用。

（5）严禁用农药毒鱼、虾、鸟、兽等。

（6）由于安全问题，我国已禁止在农业上或杀鼠上使用的农药有：敌枯双、二溴氯丙烷、普特丹、培福朗、六六六、滴滴涕、二溴乙烷、杀虫脒、氯乙酰胺、艾氏剂、狄氏剂、汞制剂、无机砷制剂。

（三）农药使用应注意的问题

农药使用应注意：① 使用农药应当遵守农药防毒规程，正确配药、施药，做好废弃物处理和安全防护工作，防止农药污染环境和农药中毒事件。② 使用农药应当遵守国家有关农药安全、合理使用的规定，按照规定的用药量、用药次数、用药方法和安全隔期施药，防止污染农副产品。③ 使用农药应当注意保护环境、有益生物和珍稀物种。

四、假农药和劣质农药的界定和处罚

《农药管理条例》第 30 条规定，禁止生产、经营和使用假农药。下列农药为假农药：① 以非农药冒充农药或者以此种农药冒充他种农药的。② 所含有效成分的种类、名称与产品标签或者说明书上与注明的农药有效成分的种类、名称不符的。

《农药管理条例》第 31 条规定，禁止生产、经营和使用劣质农药。下列农药为劣质农药：① 不符合农药产品质量标准的。② 失去使用效能的。③ 混有导致药害等有害成分的。

《农药管理条例》第 42 条规定，生产、经营假农药、劣质农药的，由农业行政主管部门或者法律、行政法规规定的其他有关部门没收假农药、劣质农药和违法所得，并处违法所得 1 倍以上 10 倍以下的罚款；没有违法所得的，并处 10 万元以下的罚款；情节严重的，由农业行政主管部门吊销农药登记证或者农药临时登记证，由化学工业行政管理部门吊销农药生产许可证或者农药生产批准文件；构成犯罪的，依法追究刑事责任。

五、违反《农药管理条例》的下列行为，由农业行政主管部门给予处罚

有下列行为之一的，由农业行政主管部门按照以下规定给予处罚：① 未取得农药登记证或者农药临时登记证，擅自生产、经营农药的，或者生产、经营已撤销登记农药的，责令停止生产、经营，没收违法所得，并处违法所得 1 倍以上 10 倍以下的罚款；没有违法所得的，并处 10 万元以下的罚款。② 农药登记证或者农药临时登记证有效期限届满未办理续展登记，擅自继续生产该农药的，责令限期补办续展手续，没收违法所得，可以并处违法所得 5 倍以下的罚款；没有违法所得的，可以并处 5 万元以下的罚款；逾期不补办的，由原发证机关责令停止生产、经营，吊销农药登记证或者农药临时登记证。③ 生产、经营产品包装上未附标签、标签残缺不清或者擅自修改标签内容的农药产品的，给予警告，没收违法所得，可以并处违法所得

3倍以下的罚款；没有违法所得的，可以并处3万元以下的罚款。④不按照国家有关农药安全使用的规定使用农药的，根据所造成的危害后果，给予警告，可以并处3万元以下的罚款。

六、违反《农药管理条例》的下列行为，由化学工业行政管理部门给予处罚

有下列行为之一的，由省级以上人民政府化学工业行政管理部门按照以下规定给予处罚：①未经批准，擅自开办农药生产企业的，或者未取得生产许可证或者农药生产批准文件，擅自生产农药的，责令停止生产，没收违法所得，并处违法所得1倍以上10倍以下的罚款；没有违法所得的，并处10万元以下的罚款。②未按照农药生产许可证或者农药生产批准文件的规定，擅自生产农药的，责令停止生产，没收违法所得，并处违法所得1倍以上5倍以下的罚款；没有违法所得的，并处5万元以下的罚款；情节严重的，由原发证机关吊销农药生产许可证或者农药生产批准文件。

七、违反《农药管理条例》的下列情形，应承担法律责任

根据《农药管理条例》第41条规定，假冒、伪造或者转让农药登记证或者农药临时登记证、农药登记证号或农药临时登记证号、农药生产许可证或者农药生产批准文件、农药生产许可证号或者农药生产批准文件号的，由农业行政主管部门收缴或者吊销农药登记证或者农药临时登记证，化学工业行政管理部门收缴或者吊销农药生产许可证或者农药生产批准文件，由农业行政主管部门或者化学工业行政管理部门没收违法所得，可以并处违法所得10倍以下的罚款；没有违法所得的，可以并处10万元以下的罚款；构成犯罪的，依法追究刑事责任。

根据《农药管理条例》第43条规定，违反工商行政管理法律、法规，生产、经营农药的，或者违反农药广告管理规定的，由工商行政管理机关依法依照有关法律、法规的规定给予处罚。

根据《农药管理条例》第44条规定，违反《农药管理条例》规定，造成农药中毒、环境污染、药害等事故或者其他经济损失的，应

当依法赔偿。

根据《农药管理条例》第 45 条规定，违反《农药管理条例》规定，在生产、储存、运输、使用农药过程中发生重大事故，造成严重后果，构成犯罪的，对直接负责的主管人员和其他直接责任人员，依法追究刑事责任；尚不构成犯罪的，依法给予行政处分。

农药管理工作人员滥用职权、玩忽职守、徇私舞弊、索贿受贿，构成犯罪的，依法追究刑事责任；尚不构成犯罪的，依法给予行政处分。

第三节　兽药管理法律制度

一、兽药的概念和种类

兽药是指用于预防、治疗、诊断畜禽等动物疾病，有目的地调节其生理功能并规定作用、用途、用法、用量的物质（含饲料药物添加剂）。这里“畜禽等动物”是指家畜、家禽、鱼类、蜜蜂、蚕及其他人工饲养的动物。

本节重点介绍《兽药管理条例》。该行政法规共九章 51 条，包括总则、兽药生产企业的管理、兽药经营企业的管理、兽医医疗单位的药剂管理、新兽药审批和进出口兽药管理、兽药监督、兽药的商标和广告管理、罚则、附则等。

二、兽药管理体制

根据《兽药管理条例》的规定，国务院农牧行政管理机关主管全国的兽药管理工作，县以上农牧行政管理机关主管所辖地区的兽药管理工作。其中地区、市、县级畜牧（农牧）行政主管机关主要职责是：① 贯彻执行有关兽药管理的法规及上级兽药行政管理机关有关兽药管理的规定。② 行使本辖区兽药生产、经营、使用的监督管理权。③ 调查、处理兽药生产、经营、使用中的质量事故和纠纷，决定行政处罚。④ 向上级农牧行政机关反映兽药生产、经营、使用中存在的问题。

三、兽药生产企业的管理

（一）兽药生产企业的开办条件

兽药生产企业系指专门生产兽药的企业和兼产兽药的企业，包括上述企业的分厂及生产兽药的各种形式的联营企业和中外合资经营企业、中外合作经营企业、外资企业。

根据《兽药管理条例》规定，开办兽药生产企业，应当具备以下五个条件：① 具有与所生产的兽药相适应的助理工程师、助理兽医师以上技术职务的技术人员及技术工人。② 具有与所生产的兽药相适应的厂房、设施和卫生环境。③ 具有符合国家劳动安全、卫生标准的设施及条件。④ 具有质量检验机构和专职检验人员及必要的仪器设备。⑤ 非专门生产兽药的企业兼产兽药者，必须有单独的兽药生产区。除上述五个条件外，还应符合《核发〈兽药生产许可证〉、〈兽药经营许可证〉、〈兽药制剂许可证〉管理办法》第二章“兽药生产企业应具备的基本条件”规定的兽药生产企业人员的基本条件、厂区、厂房的基本条件和基本的药品生产设备条件。

（二）兽药生产企业的审批和登记程序

开办兽药生产企业，必须由企业所在地县以上农牧行政管理机关审核同意，经省、自治区、直辖市农牧行政管理机关审核批准；或开办生产兽用生物制品的企业，必须由所在省、自治区、直辖市农牧行政管理机关审查同意，报农业部审核批准，发给《兽药生产许可证》。兽药生产企业持《兽药生产许可证》向当地工商行政管理机关申请登记，经批准后领取《营业执照》。《兽药生产许可证》的有效期为 5 年，期满前 6 个月内重新申请，审查合格后发证。

（三）兽药生产的质量管理

根据《兽药管理条例》和《〈兽药管理条例〉实施细则》的规定，兽药生产质量管理有如下主要内容：① 兽药生产企业必须具备能对所生产的兽药进行质量检验的机构和人员，并有相应仪器和设备。兽药质量检验机构不得附设于企业生产技术机构之内。② 兽药生产企业生产每个兽药品种，必须按照农牧行政管理机关核定的兽药质量标准和工艺规程进行生产。凡改变生产工艺规程、处方、剂型、用途、用法、用量、规格的，必须按原报批准程序向农牧行政管理机关提出申请，经批准后，方可进行生产。③ 兽药生产企业必须有完整的生产记录和检验记录，并至少保存 3 年。④ 兽药包装必须贴有标签，注明“兽用”字样，并附有说明书。标签或者说明书上必须注明商标、兽药名称、规格、企业名称、产品批号和批准文号，写明兽药的主要成分、含量、作用、用途、用法、用量、有效期和注意事项。⑤ 兽药分装必须有完整、准确的分装记录，在包装上注明兽药名称、规格、企业名称、产品批号、批准文号、分装单位和分装批号，并附有说明书。规定有效期的兽药，分装后必须注明有效期。⑥ 兽药出厂前必须经过本企业药检机构的检验，符合质量标准的应当在包装上附有检验合格标志，在包装箱内附有检验合格证。不符合质量标准的，不得出厂。

四、兽药经营企业的管理

（一）兽药经营企业的开办条件

兽药经营企业是指专营兽药的企业和兼营兽药的企业，包括批发、零售公司或商店及经营进出口业务的企业。兽药经营企业必须具备以下条件：① 具有与所经营的兽药相适应的兽药技术人员。② 具有与所经营的兽药相适应的营业场所、设备、仓库设施。

（二）《兽药经营许可证》的审批程序

兽药经营企业按以下规定申请办理《兽药经营许可证》：① 省级以上各部门所属的兽药经营企业，由其主管部门审查同意，经所在省、自治区、直辖市农业（畜牧）厅（局）审核批准发给《兽药经营许可证》。② 市（地）、县（区）各部门所属的兽药经营企业，由其主管部门审查同意，经所在地同级农业（畜牧）局审核批准发给《兽药经营许可证》。③ 县以下（包括个体）兽药经营者，经县农业（畜牧）局审核批准发给《兽药经营许可证》。④ 经营兽药进出口业务的企业，由国务院或所在省、自治区、直辖市对外经济贸易行政管理机关审查批准，经所在省、自治区、直辖市农业（畜牧）厅（局）审核批准发给《兽药经营许可证》。兽药经营企业或个体兽药经营者持《兽药经营许可证》向当地工商行政管理局申请登记，经核准后领取营业执照。

《兽药经营许可证》有效期为 3 年，自批准之日起算，在期满前 6 个月内重新申请办理审批手续。

（三）兽药经营企业的经营管理

经营兽药的企业必须对所经营的兽药的质量负责：① 收购兽药必须进行质量验收。验收的内容主要有：兽药名称、规格、生产企业、生产批号、有效期、检验合格证、批准文号、包装标签及说明书及其他质量内容。质量不合格的，不得收购。② 贮存兽药必须建立和执行仓储保管制度，确保兽药的质量和安全。③ 销售兽药必须保证质量，核对无误，并能正确说明兽药的使用、用途、用法、用量和注意事项。

五、兽医医疗单位的药剂管理

兽医医疗单位是兽药的使用者，也是兽药制剂的配制者。

根据《兽药管理条例》规定，兽医医疗单位必须配备与其医疗任务相适应的兽药、兽医技术人员，建立兽药管理制度，加强药剂管理。

兽药医疗单位配制兽药制剂，必须具有保证制剂质量的设施、检验仪器，并经所在省、自治区、直辖市农牧行政管理机关审查批准，发给《兽药制剂许可证》。《兽药制剂许可证》有效期为 3 年，期满前 6 个月内重新申请，审查合格后发证。

兽医医疗单位配制的兽药制剂，必须达到合格标准，方可供本单位临床及其所负责的医疗区域使用，但不得在市场销售。兽医医疗单位购进的兽药，必须执行验收制度，不合格的不得使用。为方便农牧民购买兽药，兽医医疗单位可以兼营兽药零售业务。

六、禁止生产、经营假兽药的范围和生产、销售假兽药的处罚

《兽药管理条例》第 28 条规定，禁止生产、经营假兽药。有下列情形之一的为假兽药：① 以非兽药冒充兽药的。② 兽药所含成分的种类、名称与国家标准、专业标准或者地方标准不符合的。

禁止生产、经营有下列情形之一的兽药：① 未取得批准文号的。② 国务院农牧行政管理机关明文规定禁止使用的。违反上述规定的，按假兽药处理。

《兽药管理条例实施细则修正案》规定，对生产、销售假兽药的，没收假兽药和非法收入，处以违法收入所得 2～3 倍的罚款，但最高不得超过 3 万元。并可以责令该企业停产、停业整顿或者吊销《兽药生产许可证》、《兽药经营许可证》、《兽药制剂许可证》。

七、禁止生产、经营劣兽药的范围和生产、销售劣兽药的处罚

《兽药管理条例》 第 29 条规定，禁止生产、经营劣兽药。有下列情形之一的兽药为劣兽药：① 兽药成分含量与国家标准、专业标准或者地方标准规定不符合的。② 超过有效期的。③ 因变质不能药用的。④ 因被污染不能药用的。⑤ 其他与兽药标准规定不符合，但不属于假兽药的。

《兽药管理条例实施细则修正案》规定，对生产、销售劣兽药的，没收劣兽药和非法收入，并可处以违法所得 1～2 倍的罚款，但最高不得超过 2.5 万元。情节和后果严重的，可以责令该企业停产、停业整顿或者吊销《兽药生产许可证》、《兽药经营许可证》、《兽药制剂许可证》。

八、违反《兽药管理条例》的其他行为应承担的法律责任

根据《兽药管理条例》、《〈兽药管理条例〉实施细则》和《兽药管理条例实施细则修正案》的规定，对违反《兽药管理条例》的其他行为，采取以下制裁：

对未取得《兽药生产许可证》、《兽药经营许可证》、《兽药制剂许可证》生产、经营兽药及配制制剂的，除责令其停产、停业、停止配制制剂外，没收全部兽药和非法收入，并可处以违法所得 2～3 倍的罚款，但最高不得超过 3 万元。

当事人不服行政处罚决定的，可以在接到处罚决定通知书之日起 15 日内向人民法院起诉。但是，对农牧行政管理机关作出的兽药控制的决定，当事人必须执行。对处罚决定不履行，期满又不起诉的，由作出行政处罚决定的机关申请人民法院强制执行。

九、违反《兽药管理条例》规定，造成中毒事故的处理

违反《兽药管理条例》规定，造成中毒事故或者对畜禽等动物造成其他危害结果的，致害单位或者个人应当承担赔偿责任。受害的一方可以请求县以上农牧行政管理机关处理。当事人对处理决定不服的，可以在接到通知书之日起 15 日内向人民法院起诉。受害的一方也可以直接向人民法院起诉。赔偿的请求，应当从受害一方知道或者应当知道其权利被侵害之日起一年内提出；超过期限的，不予受理。

第八章　农产品安全法律制度

第一节　农产品质量安全法律制度

一、农产品质量安全的概念

农产品是指来源于农业的初级产品，即在农业活动中获得的植物、动物、微生物及其产品。可以从下面几个方面来具体界定和理解：① 农产品的范围包括在农业活动中直接获得的未经加工以及经过分拣、去皮、剥壳、清洗、切割、冷冻、打蜡、分级包装等粗加工但未改变基本自然形状和化学性质的加工品。如蔬菜、加工前的鲜奶、捕捞船上的渔获物等。② 农业活动包括传统的种植、养殖、捕捞、采摘，也包括现代农业中的设施农业、生物工程、基因工程等方式。③ 农产品主要指食用农产品也包括非食用农产品。

农产品质量安全，是指农产品的生产、包装、贮藏、运输、销售的全过程实现标准化，并且对人类无危险，对产品和环境无危害。

农产品质量安全标准，是指依照有关法律、行政法规的规定制定和发布的农产品质量安全的强制性的技术规范。它是政府履行农产品质量安全监督管理职能的基础，是农产品生产经营者自控的准绳，是判断农产品质量安全的依据，是开展农产品产地认证和产品认证的依据，更是各级政府部门开展例行监测和市场监督抽查的依据。农产品质量安全标准一经发布，就具有法律效力。按照作用范围和等级，农产品质量安全标准可分为国家标准、行业标准、地方标准和企业标准四类。

二、农产品质量安全法的概念及其适用范围

农产品质量安全法是指调整农产品质量安全的法律法规的总称。

狭义的农产品质量安全法是指第十届全国人大常委会第 21 次会议于 2006 年 4 月 29 日通过，自 2006 年 11 月 1 日起施行的《中华人民共和国农产品质量安全法》（以下简称《农产品质量安全法》）。

广义的农产品质量安全法是指《农产品质量安全法》和与此相关的法律法规，包括已经颁布实施的《农产品卫生法》、《标准化法》、《产品质量法》、《计量法》、《农业法》、《种子法》、《渔业法》、《农药管理条例》、《兽药管理条例》、《饲料和饲料添加剂管理条例》等法律法规。

《农产品质量安全法》的调整范围：

（1）行为主体包括农产品的生产者、销售者、农产品质量安全管理者及相应的检测技术机构和人员。

（2）管理环节涉及了农产品质量安全管理环节中“从农田到餐桌”的全过程，包括对农产品产地、农业生产过程、包装标识、监督检查和法律责任五个主要环节的规范，并明确了各方主体所承担的法律责任。

三、《农产品质量安全法》的主要内容

（一）农产品产地

1. 管理部门

（1）县级以上地方人民政府具有监管主体地位。县级以上地方人民政府农业行政主管部门按照保障农产品质量安全的要求，根据农产品品种特性和生产区域大气、土壤、水体中有毒有害物质状况等因

素，认为不适宜特定农产品生产的，提出禁止生产的区域，报本级人民政府批准后公布。

（2）县级以上人民政府应当采取措施，加强农产品基地建设，改善农产品的生产条件。

2. 农产品产地的禁止性规定

（1）禁止在有毒有害物质超过规定标准的区域生产、捕捞、采集食用农产品和建立农产品生产基地。

（2）禁止违反法律、法规的规定向农产品产地排放或者倾倒废水、废气、固体废物或者其他有毒有害物质。农业生产用水和用作肥料的固体废物，应当符合国家规定的标准。

（3）农产品生产者应当合理使用化肥、农药、兽药、农用薄膜等化工产品，防止对农产品产地造成污染。

（二）农产品生产

（1）农业投入品的生产许可与监督抽查对可能影响农产品质量安全的农药、兽药、饲料和饲料添加剂、肥料、兽医器械，依照有关法律、行政法规的规定实行许可制度。各级政府农业行政主管部门应当定期对农业投入品进行监督抽查，并公布抽查结果，建立健全农业投入品的安全使用制度。

（2）农产品生产档案记录。农产品生产企业和农民专业合作经济组织应当建立农产品生产记录，记载事项包括：① 使用农业投入品的名称、来源、用法、用量和使用、停用的日期。② 动物疫病、植物病虫草害的发生和防治情况。③ 收获、屠宰或者捕捞的日期。农产品生产记录应当保存两年。禁止伪造农产品生产记录。

（3）农产品质量安全控制体系主要包括以下两个环节。① 农产品生产者自检。农产品生产者应当按照法律、行政法规和国务院农业行政主管部门的规定，合理使用农业投入品，严格执行农业投入品使用安全间隔期或者休药期的规定，防止危及农产品质量安全。② 农产品行业协会自律农产品生产企业和农民专业合作经济组织，应当自行或者委托检测机构对农产品质量安全状况进行检测。农民专业合作经济组织和农产品行业协会对其成员应当及时提供生产技术服务，建立农产品质量安全管理制度，健全农产品质量安全控制体系，加强自律管理。

（三）农产品包装和标识

1. 农产品包装与标识的要求

包装上市的农产品，应当在包装上标注或者附加标识，标明农产品的品名、产地、生产者或者销售者名称、生产日期。有分级标准或者使用添加剂的还应当标明产品质量等级或者添加剂名称。不能包装的农产品应当采取附加标签、标识牌、标识带、说明书等形式标明农产品的品名、生产地、生产者或者销售者名称等内容。其目的是逐步建立农产品质量安全追溯制度。

2. 对于特定农产品的要求

（1）国务院农业主管部门规定在销售时应当包装和附加标识的农产品，应当按照规定包装或者附加标识后方可销售。

（2）属于农业转基因生物的农产品，应当按照农业转基因生物安全管理的规定进行标识。

（3）依法需要实施检疫的动植物及其产品，应当附具检疫合格的标志、证明；农产品在包装、保鲜、贮存、运输中使用的保鲜剂、防腐剂和添加剂等材料，应当符合国家有关强制性的技术规范。

（4）销售的农产品符合农产品质量安全标准的，生产者可以申请使用无公害农产品标识。

（5）农产品质量符合国家规定的有关优质农产品标准的，生产者可以申请使用相应的农产品质量标志。

以上法规既保护了消费者对农产品基本情况的知情权，也改变了农产品市场由于信息不对称引起的逆向选择，为安全优质农产品的生产者得到应有收益提供了基本保障。

（四）监督检查

农产品上市将实施严格的市场准入和监督抽查制度。

1. 农产品不得上市销售的情形

（1）含有国家禁止使用的农药、兽药或者其他化学物质的。

（2）农药、兽药等化学物质残留或者含有的重金属等有毒有害物质不符合农产品质量安全标准的。

（3）含有的致病性寄生虫、微生物或者生物毒素不符合农产品质量安全标准的。

（4）使用的保鲜剂、防腐剂、添加剂等材料不符合国家有关强制性的技术规范的。

（5）其他不符合农产品质量安全标准的。

2. 农产品质量安全监测制度县级以上人民政府农业行政

主管部门对生产中或者市场上销售的农产品进行监督抽查。监督抽查结果由省级以上人民政府农业行政主管部门按照权限予以公布，以保障公众对农产品质量安全状况的知情权。

监督抽查检测应当委托具有相应的检测条件和能力的检测机构承担，并不得向被抽查人收取费用，被抽查人对监督抽查结果有异议的，可以申请复检。

县级以上农业主管部门可以对生产、销售的农产品进行现场检查查阅、复制与农产品质量安全有关的记录和其他资料，调查了解相关情况，对经检测不符合农产品质量安全标推的农产品，有权查封、扣押；对检查发现的不符合农产品质量安全标准的产品，责令其停止销售，并进行无害化处理或者予以监督销毁。

四、农产品和食品市场准入制度

（一）农产品市场准入制度

农产品市场准入制度，是指按照法律、法规、规章的规定，对经认证的无公害农产品、绿色食品、有机食品和符合国家质量安全标准要求的农产品准予销售，对未经认证或者经检测不符合国家质量安全标准的农产品禁止销售的管理制度。对于准予进入市场销售的农产品，要依法实行标识、标牌销售管理，必须注明农产品的品名、产地、生产者、生产日期、保质期。

关于农产品市场准入制度还没有全国统一的法律、法规，许多地方颁布了有关的地方行政法规或规章，如自 2007 年 12 月起河南省施行农产品市场准入制度。该制度适用范围为河南省行政区域内的批发市场、农贸市场等各类市场和超市、配送中心等各类市场主体销售农产品的经营活动。

（二）食品市场准入与农产品质量安全检查

2004 年国家质检总局以确保产品质量为目标，深入开展质量振兴活动，探索建立和完善产品质量监管的长效机制，食品市场准入工作全面推进，28 大类食品纳入监管，米、面、油、酱油、醋 5 类食品率先完成市场准入工作。随后肉制品、乳制品、饮料、调味品、方便面、饼干、罐头、冷冻饮品、速冻米面食品、膨化食品 10 类食品 2005 年底基本完成准入制度。2006 年底剩余的 13 类产品（咖啡、糖果、啤酒、黄酒、葡萄酒和果酒、蜜饯、可可制品、淀粉和淀粉制品、炒货、水产品、蛋制品、茶叶、酱腌菜）完成市场准入制度。不符合市场准入条件的企业被淘汰。

1. 食品市场准入制度

（1）食品生产许可制度。生产食品企业必须获得国家颁发的食品生产许可证，否则不得生产食品。

（2）强制检验制度。生产食品的企业对其产品必须自检，检验合格方可出厂，质监部门对获证企业产品实行定期监督检验，对检验不合格的产品实行加严检验。

（3）QS 标志制度。获得食品生产许可证的企业，在产品包装上使用 QS（Quality Safety）标志。有 QS 标志的产品就代表着经过国家的批准和所有的食品生产企业必须经过强制性的检验合格。须在最小销售单元的食品包装上标注食品生产许可证编号，并加印食品质量安全市场准入标志，才可出厂销售。

图 1

QS 标志由中文“质量安全”和英文字母蓝白色“QS”图案组成（如图 1），QS 标志下必须有食品生产许可证号。食品生产许可证号由 12 位阿拉伯数字组成：前 4 位为地区代码；接下来 4 位为食品类别；“0101”为小麦粉，“0102”为大米，“0201”为食用植物油，“0301”为酱油，“0302”为食醋。

2. 农产品质量安全检查制度

（1）批发市场、农贸市场、超市、配送中心应当设立或者委托农产品质量安全检测机构，对进入市场销售的农产品质量安全状况进行抽查检测并公示检测结果，发现不符合国家质量安全标准的农产品，不得允许进入该市场销售，也不得转销其他市场或者其他经营者，并依法向农业行政主管部门报告。

（2）批发市场和农贸市场的销售者、超市、配送中心必须建立农产品进货检查验收制度。审验供货商的经营资格，验明产品的合格证明和产品标识，并建立进货台账和销售台账，如实记录农产品品种、规格、数量、流向等内容。进货台账和销售台账保存期限不得少于两年。

（3）饭店、餐馆和学校食堂、幼儿园食堂、机关食堂、送餐中心等集体配餐、用餐单位应当建立并执行进货检查验收制度，建立健全索票索证制度，不得采购检测不合格或者来路不明的农产品。

（4）农产品生产企业应当对其生产的农产品的质量负责，发现其生产的农产品存在安全隐患，可能对人体健康或者生命安全造成损害的，应当向社会公布有关信息，通知销售者停止销售，告知消费者停止使用，主动召回农产品，并向农业行政主管部门报告。

（5）鼓励农产品生产企业、农民专业合作经济组织制定、实施严格的企业内控标准，开展农产品产地认定和农产品质量认证工作，生产高标准的优质农产品。

（6）销售者发现其销售的农产品存在安全隐患，可能对人体健康和生命安全造成损害的，应当立即停止销售该农产品，通知生产企业或者供货商，向工商行政管理部门报告，并及时采取退回供货商或者销毁、无害化处理等有效措施。

第二节　有关安全食品的法律制度

所谓安全食品是指食品的种植、养殖、加工、包装、贮藏、运输、销售、消费等活动符合国家强制标准和要求，不存在可能损害或威胁人体健康的有毒有害物质以导致消费者病亡或者危及消费者及其后代的隐患。安全食品按认证标准分为三类：无公害食品、绿色食品、有机食品。

一、无公害食品及其标准要求

无公害是指对环境和人的健康无损害，即要求生产无污染、无农残、无药残的农产品、畜产品和水产品及其制品，以及生产加工的任何环节均不对环境造成任何污染与危害。

（一）无公害农产品

无公害农产品是指生产基地水质、土壤环境质量达到国家规定的无公害标准，按照特定的生产技术规程生产，将有毒有害物质含量控制在规定标准内，并由授权部门审定批准，允许使用无公害农产品标志的安全、优质、面向大众消费的初级农产品及其加工产品。

无公害农产品标志主体由麦穗、钩“√”和无公害农产品字样组成（见图2），色调由绿色和橙色组成。麦穗代表农产品，钩“√”表示合格，橙色寓意成熟和丰收，绿色象征环保和安全。标志的色调与搭配，表达了农产品是绿色的产物，是环境和谐的产物，是具有生命活力的产物。整个无公害农产品标志，反映了人们追求生态平衡，向往人与自然协调发展的愿望，是一种源于农产品生产者和消费者的内心需求、潜在动力。

图2　无公害农产品标志

（二）无公害畜产品

无公害畜产品是指产地环境、生产过程和产品质量符合国家有关标准和规范的要求，经认证合格获得认证证书并允许使用无公害农产品标志的未经加工或者初加工的畜产品。该概念有以下几个层次的内涵：

（1）产地环境、生产过程和产品质量符合国家有关标准和规范的要求。如无公害食品猪肉，产地环境需符合“GB/T 18407.3—2001

农产品安全质量　无公害畜禽肉产地环境要求”或“NY 388—1999 畜禽场环境质量标准”；生产过程需符合“NY 5030—2006 无公害食品　畜禽饲养兽药使用准则”、“NY 5031—2001 无公害食品　生猪饲养兽医防疫准则”、“NY 5032—2006 无公害食品　畜禽饲料和饲料添加剂使用准则”、“NY/T 5032—2001 无公害食品　生猪饲养管理准则”；产品质量需符合“NY 5029—2001 无公害食品　猪肉”和“GB 18406.3—2001 农产品安全质量无公害畜禽肉产品安全要求”。

（2）经认证合格获得产品认证证书。

（3）允许使用无公害农产品标志。无公害种植业产品、渔业产品和畜产品使用同一个标志。

（4）畜产品初加工时不能使畜产品的性质发生变化或添加有毒、有害及不可食用的成分。

（三）无公害食品

无公害食品是指产地环境、生产过程和最终产品符合无公害食品的标准和规范。这类产品中允许限量、限品种、限时间地使用人工合成化学农药、兽药、鱼药、肥料、饲料添加剂等。

1. 无公害食品标准的分类

无公害食品标准主要包括无公害食品行业标准和农产品安全质量国家标准。前者由农业部制定，是无公害农产品认证的主要依据。后者的依据是国家质量技术监督检验检疫总局发布、2001 年 10 月 1 日开始实施的 GB 18406 和 GB/T 18407 标准，它分为两部分：无公害农产品产地环境要求和产品安全要求，现在已制定了蔬菜、水果、畜禽肉、水产品 4 类农产品的安全质量国家标准（见表 1）。

表 1　农产品安全质量国家标准

标准代号	标准名称	标准性质
GB 18406.1—2001	农产品安全质量无公害蔬菜安全要求	强制性
GB/T 18407.1—2001	农产品安全质量无公害蔬菜产地环境要求	推荐性
GB 18406.2—2001	农产品安全质量无公害水果安全要求	强制性
GB/T 18407.2—2001	农产品安全质量无公害水果产地环境要求	推荐性

标准代号	标准名称	标准性质
GB 18406.3—2001	农产品安全质量无公害畜禽肉产品安全要求	强制性
GB/T 18407.3—2001	农产品安全质量无公害畜禽肉产地环境要求	推荐性
GB 18406.4—2001	农产品安全质量无公害水产品安全要求	强制性
GB/T 18407.4—2001	农产品安全质量无公害水产品产地环境要求	推荐性

2. 无公害食品标准的内容

无公害食品标准内容包括产地环境标准、产品质量标准、生产技术规范和检验检测方法等。

（1）产地环境质量标准。该标准对产地的空气、农田灌溉水质、渔业水质、畜禽养殖用水和土壤等的各项指标以及浓度限制作出了规定。

（2）生产技术标准。包括农产品种植、畜禽饲养、水产养殖和食品加工等技术操作规程。

（3）无公害食品产品标准。食品的外观品质和卫生品质等内容跟普通食品的国家标准一样，但其卫生指标不高于国家标准，重点突出了安全指标。

（4）无公害食品（农产品）的认证。认证机构设在农业部农产品质量安全中心。只有通过法定机构认证后，才可冠以“无公害食品×××”的称谓。

二、绿色食品及其标准要求

（一）绿色食品的概念

绿色食品指遵循可持续发展的原则，按照特定的生产方式生产。经专门机构认定，许可使用绿色食品标志的无污染的安全、优质、营养类食品总称。其中，“遵循可持续发展的原则”是要从保护、改善生态环境入手，以开发无污染食品为突破口，将保护环境、发展经济、增强人们健康紧密地结合起来，促进环境、资源、经济、社会发展的良性循环。“特定的生产方式”，是指按照标准生产、加工，对产品实施全程质量控制，依法对产品实行标志管理。“无污染”是指在绿色食品生产、加工过程中，通过严密监测、控制，防止农药残留、放射性物质、重金属、有害细菌等对食品生产各个环节的污染，以确保绿色食品产品的洁净。无污染、安全、优质、营养是绿色食品的特征。绿色食品标志图形由三部分构成：上方的太阳、下方的叶片和中心的蓓蕾（见图 3）。标志图形为正圆形，意为保护、安全。AA 级绿色食品标志与字体为绿色，底色为白色。A 级绿色食品标志与字体为白色，底色为绿色。整个图形描绘了一幅明媚阳光照耀的和谐生机，告诉人们绿色食品是出自纯净、良好生态环境的安全、无污染食品，能给人们带来蓬勃的生命力。

A 级绿色食品标志（左）；AA 绿色食品标志（右）

图 3　绿色食品标志图形

（二）绿色食品的标准

绿色食品标准由农业部发布，它包括产地环境质量标准、生产操作规程、产品质量和卫生标准、包装标准、贮藏和运输标准以及其他相关标准，它们构成了绿色食品产前、产中和产后全过程质量控制标准体系。

（1）绿色食品产地环境质量标准 。即“NY/T391—2000《绿色食品产地环境质量标准》，适用于绿色食品（AA 级和 A 级）生产的农田、菜地、果园、牧场、养殖场和加工厂。该标准规定了产地的空气质量标准、农田灌溉水质标准、渔业水质标准、畜禽养殖用水标准和土壤环境质量标准的各项指标以及浓度限值、监测和评价方法，提出了绿色食品产地土壤力分级和土壤质量综合评价方法。

（2）绿色食品生产技术标准。这是绿色食品标准体系的核心，包括生产资料使用准则和生产技术操作规程两部分。

（3）绿色食品产品标准。该标准的卫生品质要求高于国家现行标准，主要表现在对农药残留和重金属的检测项目种类多、指标严。而且，使用的主要原料必须是来自于绿色食品产地的、按绿色食品生产技术操作规程生产出来的产品。

（4）绿色食品包装标签标准。除要求符合国家《食品标签通用标准》外，还要求符合《中国绿色食品商标标志设计使用规范手册》规定。

（5）绿色食品贮藏、运输标准。该项标准对绿色食品贮运的条件、方法、时间作出规定。

（6）绿色食品其他相关标准。包括“绿色食品生产资料”认定标准、“绿色食品生产基地”认定标准等。

（三）绿色食品分级

从1996年开始绿色食品分为AA级和A级两级。

（1）AA级绿色食品标准。要求生产地的环境质量符合《绿色食品产地环境质量标准》，生产过程中不使用化学合成的农药、肥料、食品添加剂、饲料添加剂、兽药及有害于环境和人体健康的生产资料，而是通过使用有机肥、种植绿肥、作物轮作、生物或物理方法等技术，培肥土壤控制病虫草害、保护或提高产品品质，从而保证产品质量符合绿色食品产品AA级标准要求。AA级绿色食品完全符合或严于国际同类食品标准，AA级标准等效采用欧盟和国际有机农业运动联盟（IFOAM）的有关原则。

（2）A级绿色食品标准。要求生产地的环境质量符合《绿色食品产地环境质量标准》，生产过程中严格按照绿色食品生产资料使用准则和生产操作规程要求，限量使用规定的化学合成生产资料，并积极采用生物学技术和物理方法，保证产品质量符合绿色食品产品A级标准要求。A级标准参照联合国粮农组织和世界卫生食品法典委员会（CAC）标准、欧盟质量安全标准。

（四）绿色食品的标志管理

根据《中国绿色食品商标标志设计使用规范手册》的规定，绿色食品的标志由四部分组成，即绿色食品标志图形、中文“绿色食品”、文字、英文“Green Food”的编号及防伪标签，须全部体现在产品包装上。绿色食品商标标志是中国绿色食品发展中心在国家工商行政管理总局注册的质量证明商标，凡标志图形出现时，必须附注册商标符号 R。在产品编号正后方或正下方须注明“经中国绿色食品发展中心许可使用绿色食品标志的文字字样。

绿色食品编号顺序为：LB—××-××-××-××-×××××-AA。分别代表：绿标—产品类别/认证年份—认证月份—省份（国别）—产品序号—产品级别。例如蒙牛牛奶的编号为 LB—33-0403050335A，代表：LB 绿色食品—33 液态乳—04 年 3 月通过认证—05 年内蒙古产品—产品序号为 0335—A 级产品。

从 2003 年 11 月 30 日起由国际标准化组织制定，指导公众绿色消费的“绿色标志”，《ISO 14020 系列标准》开始实施。在该标准中，有 8 种被绝对禁止使用的术语不能在产品包装和说明书中使用，其分别是：对环境安全、对环境友善、对地球无害没有污染、绿色、自然之友、不会破坏臭氧层以及所谓的可持续性。消费者如在市场上看到产品使用这些说法，可将其作为绿色欺诈行为向工商部门举报。

三、有机食品及其标准要求

有机农业是一种环境要求最为严格的持续农业系统。国家环境保护部有机食品发展中心（OFDC）对有机农业的定义是：遵照一定的有机农业生产标准，在生产中不采用基因工程获得的生物及其产物，不使用化学合成的农药、化肥生长调节剂、饲料添加剂等物质，遵循自然规律和生态学原理，协调种植业和养殖业的平衡，采用一系列可持续发展的农业技术以维持持续稳定的农业生产体系的一种农业生产方式。

（一）有机食品的概念

有机食品（organic food）称有机农业产品、生态食品、生物食品或自然食品等，是指来自于有机农业生产体系的食品，根据国际有机农业生产要求和有机食品标准规定的生产管理过程进行生产加工的，并通过独立的有机食品认证机构认证的可食用农副产品及其加工品。这里所说的“有机”不是化学上的概念，而是指采取一种有机的耕作和加工方式。

有机食品标志采用人手和叶片为创意元素（见图4）。

图4　有机食品和有机产品标识

我们可以感觉到两种景象，其一是一只手向上持着一片绿叶，寓意人类对自然和生命的渴望；其二是两只手一上一下握在一起，将绿叶拟人化为自然的手，寓意人类的生存离不开大自然的呵护，人与自然需要和谐美好的生存关系。

（二）有机食品的标准

有机农产品执行的是国际有机农业运动联盟（IFOAM）的“有机农业和产品加工基本标准”。

1．有机食品的条件

① 原料必须来自于已建立的有机农业生产体系，或采用有机方式采集的野生天然产品。② 产品在整个生产过程中严格遵循有机食品的采集、加工、包装、贮藏、运输标准，禁止使用化学合成的农药、化肥、激素、抗生素、食品添加剂等，禁止使用基因工程技术及该技

术的产物及其衍生物。③ 生产者在有机食品生产和流通过程中，必须建立严格的质量管理体系、生产过程控制体系和追踪体系，因此，一般需要有转换期；有完整的生产和销售记录档案。④ 必须通过独立合法的有机食品认证机构认证。

2．有机食品生产的基本要求

① 生产基地在最近4年内未使用过农药、化肥等违禁物质。② 种子或种苗来自于自然界，未经基因工程技术改造过。③ 生产基地应建立长期的土地培肥、植物保护、作物轮作和畜禽养殖计划。④ 生产基地无水土流失、风蚀及其他环境问题。⑤ 作物在收获、清洁、干燥、贮存和运输过程中应避免污染。⑥ 从常规生产系统向有机生产转换通常需要两年以上的时间，新开荒地、撂荒地需至少经12个月的转换期才有可能获得颁证。⑦ 在生产和流通过程中，必须有完善的质量控制和跟踪审查体系，并有完整的生产和销售记录档案。

四、无公害农产品、绿色食品和有机食品的关系

有机食品、绿色食品、无公害食品是一组与食品安全和生态环境相关的概念，都是安全食品，它们从种植、收获、加工生产、贮藏及运输过程中都采用了无污染的工艺技术，实行了从土地到餐桌的全程质量控制，保证了食品的安全性。它们构成了金字塔结构体系，有机食品是顶级的，完全与国际标准接轨；中间是绿色食品，基本要求是无害、安全；无公害食品则是安全的底线标准。

表2　无公害农产品、绿色食品和有机食品的比较

项目	认证机构	认证方法	主管单位
无公害食品	农业部 产品质量安全中心	检查认证和检测认证并重在环境技术条件的评价方法上采用调查评价与检测认证相结合的方式	农业部
绿色食品	中国绿色食品发展中心	A级绿色食品和无公害食品的认证相同 AA级绿色食品与有机食品的认证相同	农业部国家绿色食品发展中心

项目	认证机构	认证方法	主管单位
有机食品	国家环境保护部有机食品发展中心 中国农科院茶叶研究所 国外有机食品认证机构	实地检查认证为主，检测认证为辅；重点是农村操作的真实记录和生产资料购买及应用记录等	国家认证认可监督管理委员会

第三节 农药管理法律制度

农药是指用于防治危害农林作物及农林产品的害虫、害螨、病菌、病毒、杂草、鼠类和对植物生长具有调节作用的化学物质。世界各国对农药的生产、销售、使用等各环节都有严格的管理措施，并制定和实施了相应的农药管理法规和条例。同样，我国对农药的管理也有相应的法律制度，同时，我国根据农药的发展动态，对一些相关的法规和条例不断进行修改和补充，以使农药的管理更加科学化和法制化。

一、农药经营许可证和经营上岗证制度

我国对农药的经营实行许可证和上岗证制度，以杜绝假冒伪劣农药产品进入流通领域，使我国的农业和农村经济健康有序地持续发展。

（一）农药经营许可证

（1）农药经营许可单位。根据《农药管理条例》第四章第 18 条规定，以下单位可以经营农药：供销合作社的农业生产资料经营单位，植物保护站，土壤肥料站，农业、林业技术推广机构，森林病虫害防治机构，农药生产企业和国务院规定的其他经营单位。

（2）农药经营单位的基本条件。《农药管理条例》第四章第 19 条规定，农药经营单位应当具备下列法律、行政法规规定的条件，并依法向工商行政管理机关申请领取营业执照后，方可经营农药：① 有与其经营的农药相适应的技术人员。② 有与其经营的农药相适应的营业场所、设备、仓储设施、安全防护措施和环境污染防治设施措施。③ 有与其经营的农药相适应的规章制度。④ 有与其经营的农药相适应的质量管理制度和管理手段。

（3）申领《农药经营许可证》的条件。具备经营农药资格的部门和单位，还应申领《农药经营许可证》，其条件为：① 有两名以上具备一定技术水平的技术人员，要求具有中专以上学历，国家认可的专业技术职称资格，并经市级以上农业行政主管部门培训合格取得上岗证的人员。② 有单独的门市部，面积不少于 10 平方米，库房面积不少于 10 平方米（剧毒、高毒、烟剂类农药应具备单独存放条件），库房应具备通风设施。③ 具有完善的仓储、安全防护、环境污染防治等规章制度。④ 具有完善的进货检查、检验制度、质量事故报告制度、农药购销记录制度。

农药经营许可制度的实施是为了最大限度地保障农药在流通环节的安全性，但实际生活中，这方面还存在较大差距，有的经营者甚至将农药与日用百货混合经营，这是严重错误的。

（二）农药经营许可证的管理

农药经营许可证管理部门是各省、自治区、直辖市的农业行政主管部门。取得农药经营许可证的单位，有下列情形之一者，将由发证机关收缴或注销其农药经营许可证：① 经复查在不符合发证条件的。② 将经营许可证转借、租赁给其他单位使用的。③ 农药经营过程中，安全防护、环境污染治理等措施存在重大隐患，需立即停止营业整顿的。④ 农药经营过程中 1 年内被农药执法机关警告过 3 次以上，或销售假冒伪劣农药两次以上的。

（三）农药经营上岗证制度

农药经营是一项专业技术程度要求较高的工作，经营人员的专业水平、法律素养、道德观念如何，直接关系到广大农民的切身利益。实行上岗证制度，其目的是要把农药经营人员的身份展示给广大消费者，使经营者接受社会监督。

（1）上岗证制度。农药经营单位的人员，需具有一定的农药、植物保护知识，并达到一定水平，在通过参加农业行政主管部门的技术法律法规知识培训后，成绩合格者，颁发上岗证和上岗证胸卡。

（2）上岗证管理。上岗证有效期 3 年。每年随同经营许可证年检，中途离开农药经营岗位可保留上岗证，但必须交回上岗证胸卡，报所在地农药管理站注销后备案；重新上岗后，向所在地农药管理部门重新申请胸卡。上岗证不能多人共用。

（3）上岗证使用。取得上岗证的人员，面向群众服务时，必须将上岗证胸卡佩戴于左胸前，以便群众和执法人员监督检查。

（四）农药经营单位不得经营的农药

农药经营单位不得经营下列各类农药：

（1）无农药登记证或农药临时登记证、无农药生产许可证或者生产批准文件、无产品质量标准的国产农药。

（2）无农药登记证或农药临时登记证的进口农药。

（3）无产品质量合格证和检验不合格的农药。

（4）过期而无使用效能的农药。

（5）没有标签或者标签残缺不清的农药。

（6）属危险化学品且未办理危险化学品经营许可的农药。

（7）撤销登记的农药。

目前，我国对农药的生产实行严格的登记制度，农药经营者有权向生产企业索要农药“三证”，但很多的农药经营者没有这方面的意识，致使出现问题后自己处于被动地位。

（五）农药经营企业的职责

农药经营是一种特殊的商业行为，经营者不能以获取利润作为第一目标，而是首先要树立服务于农业和农民，保证农业的稳产、高产的意识。农药经营企业必须认真执行国家规定的各项政策，在农药经营中遵守和履行以下规定和职责：

（1）及时组织供应。认真贯彻“预防为主，综合防治”的植保工作方针，根据农业植保部门病虫草害预测的情报，及时组织货源，做好农药供应工作。同时，农业生产季节性强，农药的供应应严格掌握季节，不违农时。

（2）必须经营有“三证”的农药。对售出农药的质量应负责任，不能出售失效变质的农药。

（3）售出的农药必须有完整的包装和标志。对于高毒农药还必须有详细的使用说明书和使用注意事项，不能随意扩大应用范围。

（4）对已失效的农药要及时上报业务部门处理。过期农药须送达国家委托的质量检验部门化验，符合标准的方可出售使用。为防止农药久贮失效，销售时应遵循“现进现销”的原则。

（5）农药销售人员要做好农药使用的宣传工作，使农民了解农药的性质、防治对象、使用方法、安全保护，达到经济、安全、有效的目的。同时要因地制宜，讲求实效。

（6）坚持管卖、管用、管效果的原则，开展系列化服务。“三管”原则是社会主义商业经营农药的原则，农药的使用技术性强，经营部门必须指导农民正确、合理使用，达到安全经济有效的目的。

（7）坚持低价薄利政策。国家对农业生产资料价格历来实行低价薄利政策，以利于扶持农业生产的发展。

（8）积极推广应用农药新品种。目前我国农药产业结构正处于品种结构调整期，有许多高效、低毒、低残留的农药新品种不断推向市场，以适应国际和国内农业发展的需要。

二、农药的安全使用和防护

农药是一类生物活性物质，绝大多数品种对人体有一定的毒性。如果使用不当，就可能造成人、畜中毒事故。我国国务院及有关部门，为农药的安全管理、科学使用、严防中毒，多年来发出了一系列通知。

（一）剧毒农药的安全使用和防护

剧毒农药一般禁止用于蔬菜及临近采收的瓜果，也不准用来毒鱼、毒杀鸟兽等。凡因剧毒农药中毒死亡的各种动物，必须深埋，严禁食用或贩卖。

施用农药时应注意不同作物、不同农药品种的收获前禁用期，以及相应的药剂剂型、施用量及施药次数，使农产品中农药残留量不致超过国家规定的允许限度。

施用过农药的农产品进入市场前，都应该经过检查或抽查，农药残留量不合格者不允许上市。

（二）防止药物污染

对牧草或作饲料的农作物施药时，同样应使其收获时的农药残留量不超过国家规定的允许限度。否则家畜家禽吃了这些饲料后，蛋乳、肉等畜产品中的农药残留量过高。

施用农药或清洗药械时，不要污染水源或鱼塘，以防饮用水或水产品中农药的含量增高。施用农药时，一定要努力提高使用技术，使药剂最大限度地附着在农作物或有害生物体靶标上，而不应该大量溢失到土壤、大气或水域中造成环境污染。清洗药械或进行其他农药操作时，也同样有这个问题。农药对环境的污染，不但会杀伤野生动物、蜜蜂等有益生物、天敌、土壤中有益微生物群落，破坏有利于人类的生态环境，而且农药可能通过自然界中的食物链富集起来，最终经口进入人体，危害到人类健康。

（三）农药贮存

贮存药剂的库房及其农药应有熟悉业务的专人管理，层层加锁，并建立农药出纳登记制度。农药仓库或保管室要专用，不能与粮食、种子、其他商品特别是可食用的商品混装。农药操作人员，还应该掌握农药中毒、安全防护及简单急救的知识。

（四）农药限用与禁用

（1）农药的禁用。有些农药虽然对有害生物具有较好的防效作用，但由于毒性和残留方面的原因，已被禁止生产和使用，如我国 1983 年起禁止生产六六六；1992 年起禁止生产杀虫脒；2007 年 1 月 1 日起甲胺磷、对硫磷、甲基对硫磷、久效磷和磷胺五种高毒药剂被禁止生产和使用。

（2）农药的限用。有些农药虽然还在使用，但却有严格的使用范围和方法。如高毒农药不准用于蔬菜、茶叶、果树、中药材等作物，不准用于防治卫生害虫与人、畜皮肤病。

第四节 农村动物卫生检疫和农村动物疫病扑灭制度

一、农村动物卫生检验制度

（一）动物卫生检疫的概念及特点

农村动物卫生检疫制度是为了防止动物疫病传播，保护畜牧业生产和人民身体健康，由法定的检疫检验机构和人员，采用法定的检验方法，依照法定的检疫项目、检疫对象、检验标准以及管理形式和程序，对动物及动物产品进行疫病检查、定性和处理的一项带有强制性的技术行政措施。

动物卫生检疫具有强制性的特点，动物检疫受法律保护，它不是一项可做可不做，或愿做不愿做的工作，而是一项非做不可的工作。凡是拒绝、阻挠、逃避、抗拒动物卫生检疫的都属违法行为，都将受到法律制裁。

（二）农村动物卫生检疫法定的机构和人员

1. 法定的检疫机构

（1）国家动物检疫机关包括对外开放的口岸动植物检疫机关、进出境动植物检疫业务集中地点的口岸动植物检疫机关、动物防检机构和国家进出口商品检验机构。

（2）屠宰场、肉类联合加工厂负责本厂生产的动物产品的检疫和出证工作。

（3）被委托单位由动检机构根据工作需要并视其条件，依法进行委托和授权的国营、集体事业单位。被委托单位必须在委托授权的职权范围内实施检疫。

2. 法定的检疫人员

法定的兽医卫生检疫人员只有农牧部门依法批准的检疫员，才有权实施检疫行为，其签发的检疫证明才具有法律效力。

（三）法定的检疫项目和检疫对象

（1）法定的动物检疫项目。根据农业部的有关规定，家畜出售前的法定的动物检疫项目有：检查是否来自于非疫区；临床检查是否健康；免疫接种证明是否在有效期内；实验室检验结果是否阴性；种、乳用动物是否有健康合格证。

（2）法定的兽医卫生检疫对象。凡国家法律、法规或动物防疫法规定的必检对象，均为法定检疫对象。凡法定的检疫对象，动物检疫人员在实施检疫时必须进行检查，否则将视为违章操作。

（3）特殊动物产品的检疫项目。在检疫工作中，有些动物产品比较特殊，检疫起来比较困难，如毛、蹄、骨、角、皮、羽、绒等。对这类产品，在检疫工作的实际操作中，一般多采用消毒的方法加以处理。

（四）法定的检验标准和方法

兽医卫生检疫的科学性和依法管理的特点决定其必须采用兽医卫生行政法统一规定的检疫方法和判定标准。这样可避免因方法、标准不同造成检疫结果差异所引起的各类检疫行政纠纷，据此出具的证明具有法律效力。

法定的兽医卫生检疫方法又称动物检疫规程。我国检疫规程有两部：一是“动物检疫操作规程”，主要是血清学、病原学、组织学为主的检验方法和标准；二是农业部、卫生部、外贸部、商业部于 1959 年 11 月 1 日联合颁发的《肉品卫生检验试行规程》（简称《四部规程》），主要适用于动物屠宰检疫操作。该规程关于肉类检验的规定已不限于动物疫病，凡属对人类有害的不卫生因素，在检验中一旦发现，均应进行无害化处理。此外，对毛、蹄、骨、角等动物产品的消毒，属一般性（无特定对象）消毒，应按农业部制定的消毒操作规程进行。

（五）法定的处理方式

动物检疫人员应根据检疫结果，分别作出相应的处理。

1. 检疫合格的处理方式

检疫合格应出具检疫证明；胴体并须加盖验讫印章或规定的检疫

检验标志（记）。

2．检疫不合格的处理方式

检疫不合格的应根据不同情况，按规定分别进行处理，一般有以下几种处理方法：

（1）封锁。经检疫发现动物或其产品带有规定的一类传染病或当地新发现的危害较大的传染病时，应依法采取封锁措施。

（2）隔离观察。经检疫一时难以作出判定结果的可疑动物，可采取隔离观察的措施。

（3）捕杀。对带有严重危害动物生产和人类健康的检疫对象的动物或其同群动物，采取捕杀等无害化处理措施。

（4）销毁。对带有严重危害动物生产和人类健康的检疫对象的产品，采取销毁措施处理。常用的处理措施是炼工业油和化学制剂。

（5）高温。动物肉类虽带有检疫对象，但其危害较小，且染疫程度较轻，尚有食用价值，进行高温处理后可出售。

（6）其他处理方式。如剔除病变组织后其余鲜销，指定加工利用方式，限制动物产品销售、经营、加工区域等。

（六）法定的检疫证明

凡属国家兽医卫生主管机关依法制定的检疫证明，称为法定的检疫证明。

1．法定检疫证明的内容

（1）书面证明。用于动物和动物产品，包括产地检疫证明、运输检疫证明和动物产品检疫证明等。

（2）检疫印章（法规上称验讫印章）。主要用于动物胴体。

（3）检疫标志。用于小动物或分割肉以及动物产品的外包装如禽类卡压的检疫铝环等。

2．有效证明的构成要素主要包括5个因素

（1）必须是农业部和省级兽医卫生行政主体依照法律规定，统一设置、统一格式、统一监制、统一发放的。

（2）必须是由法定的检疫机构和检疫人员签发的。

（3）必须在有效期内。

（4）必须是按规定要求填写的。

（5）必须是证物相符的（检疫证明与其所证明的对象在数量、种类等方面必须互相吻合）。

凡不具备上述要素之一的，其检疫证明即不具有法律效力。应按规定进行重检、补检，并依法承担行政处理处罚。

3．不合格产品的出证

对于不合格的动物及其产品，也应出具统一规定的证件和印记，如在胴体上加盖的“高温”、“炼工业油”等印章和出具捕杀、销毁通知书等。

二、农村动物疫病扑灭制度

发生疫病应立即采取措施予以扑灭，以保护畜牧业生产和人民身体健康，这在我国已成为一项重要的兽医卫生管理制度。

（一）疫情报告

掌握疫情要做到：快，发现疫情要及时；准，疫情诊断要准确；全，就是掌握的疫情要全面详尽。

1．报告主体即义务报告人

疫情报告主体有以下几种类型：

（1）饲养、屠宰、经营动物的单位和个人。报告人基本不掌握疫情检验、诊断技术，需要求助他人诊断；或者是首先发现动物患病的人，因而是首当其冲的义务报告人。

（2）动物疫病诊疗单位和个人。

（3）防检机构。防检机构是疫情报告的第一受体。

（4）兽医科研、教学单位。

2．分类报告制度

一般将动物传染病分为必报传染病和应报传染病。

（1）必报传染病。必报传染病系指一经发现必须立即报告的动物传染病。一类动物传染病、二类传染病呈暴发流行；当地新发现的动物传染病和纳入国家扑灭计划的疫病都属必报传染病。

（2）应报传染病。应报传染病系指一经发现应该报告的动物传染病。这类传染病按规定的期限报告分为月报、季报、年报。

当我国加入国际兽疫局后，应及时向国际兽疫局报告疫情。

（二）隔离

隔离是扑灭动物传染病的一项重要强制性措施。具体做法是：将患病或可疑患病动物，有时甚至包括患病动物的同群动物与健康动物隔离开来，以防止疫病扩散，把损失控制在最小的范围内。

1. 隔离措施适用的情况属于以下情况之一者，均应采用隔离措施

（1）发现患病动物时，首先采取隔离措施，然后根据所患传染病的种类和性质，依法采取隔离或者扑灭或者治疗等技术措施。

（2）如发现疑似传染病时也应隔离，然后及时诊断采取相应措施。

（3）如果发现所患传染病属于一类动物疫病或疑似一类动物疫病时，不仅要将患病或疑似患病动物进行隔离，而且也要将同群动物进行隔离。

2. 隔离的类型

（1）临时性隔离主要用于急性传染病动物，或尚未得出诊断结论的患病动物及同群动物。这类隔离措施应用比较普遍，一般时间较短，在采取捕杀、治疗、消毒等措施扑灭疫情后，即可解除隔离。

（2）长期隔离主要用于慢性传染病患病动物。一般需选择适当地点进行长期隔离，以保证其他动物的安全。

（3）隔离场所及管理场所选择应不宜散播病原体，消毒方便，便于实施处理措施的地方，并严格进行消毒。隔离期间严禁无关人员、动物出入隔离场所；可疑动物应另选场所，严格消毒后进行隔离，并采取紧急预防措施，如紧急接种等；疫区易感动物应同患病或可疑患病动物分开，并采取预防接种等预防措施。隔离场所的废弃物，应进行无害化处理。同时，密切注意观察和检测，加强保护措施。

隔离权由畜牧主管部门、动物监督防检机构来行使。

（三）封锁

封锁是指在发生严重危害人、畜健康的动物传染病时，由国家将动物发病地点及其周围一定范围的地区封闭起来禁止随意出入，以切断动物传染病的传播途径，迅速扑灭疫情的一项严厉的行政措施。封锁是消灭动物疫病防止大范围传播扩散的有效措施。

1．对封锁措施的严格限制性规定封锁只适用于以下情况

① 发生一类动物传染病时。② 二类传染病呈暴发流行时。③ 发生当地新发现的动物传染病时。

2．封锁决策封锁令的发布

发布机关必须是法定的国家机关，即县级以上人民政府和国家最高兽医卫生行政机关，目前亦即农业部。

3．封镇程序

（1）划定疫点、疫区、受威胁区疫点，一般指患病动物所在的独立的农村居舍，饲养场、村屯、牧场或仓库加工场、屠宰场、交易市场等场所，以及车船、飞机等。疫区系指以疫点为中心半径小于或等于 15 千米范围内的地区。受威胁区系指自疫区边界外延不少于 5 千米的地带。疫点、疫区、受威胁区的范围，由兽医卫生行政主体根据规定和疫情的实际需要划定，其他任何单位和个人均无此权力。

（2）封锁令的发布。兽医卫生行政主体在划定疫点、疫区、受威胁区后，应及时报请县级以上人民政府或国家最高兽医行政机关发布封锁令。

4．交通要地的封锁

车站、机场、码头、港口等地均属交通要地和枢纽，是国民经济的大动脉，因而应区别对待。对于这些场所，如果发现一类动物疫病，一般以运载动物的车、船、飞机为疫点，只对疫点采取封锁措施。

5．封锁区采取的扑灭措施

（1）严禁人、畜禽及其他动物、车辆出入和畜禽产品及可能污染的物品运出。在特殊情况下必须出入时，须经当地农牧主管部门许可严格消毒后出入；对病、死畜禽及其同群畜禽，县级以上农牧主管部门有权采取捕杀、销毁或无害化处理等措施，畜主不得拒绝。处理病死动物、动物产品的费用由畜（货）主承担。疫点出入口必须有消毒设施，疫点内用具、圈舍、场地必须进行严格消毒。动物粪便、垫草、受污染用品必须在兽医人员的监督指导下进行无害化处理。

（2）封锁的疫区必须采取的措施。交通要道必须建立临时检疫、消毒哨卡，备有专人和消毒设备，监视动物、动物产品移动，对出入人员、车辆进行消毒；停止集市贸易和疫区内动物、动物产品的交易；对易感动物，必须进行检疫或预防注射，饲养的动物必须圈养或在指定地点放养。役用动物限制在疫区内使役。

（3）受威胁区必须采取的措施。当地人民政府应当动员组织有关单位、个人采取防御性措施；由动物防检机构、乡镇动物卫生站随时检测疫情动态。

6．解除封锁

当疫情平息后，在疫点和疫区内最后一头（只）动物病愈或捕杀后，经过尸体所发病的潜伏期以上的检测、观察未再出现患病动物时，并对有关环境、物品用具以及痊愈病畜进行一次全面、彻底、严格细致的消毒，经县级以上农牧部门检查验收合格后，报原发布封锁令的人民政府解除封锁令，同时通知毗邻地区和有关部门。疫区解除封锁后，对病愈动物需视其带毒时间控制在原疫区内活动。

第九章　农村经济组织法律制度

第一节　乡镇企业法

一、乡镇企业和《乡镇企业法》

（一）乡镇企业

乡镇企业，是指农村集体经济组织或者农民投资为主，在乡镇（包括所辖村）举办的承担支援农业义务的各类企业。

农村集体经济组织投资设立的乡镇企业，其企业财产权属于设立该企业的全体农民集体所有。农村集体经济组织与其他企业、组织或者个人共同投资设立的乡镇企业，其企业财产权按照出资份额属于投资者所有。农民合伙或者单独投资设立的乡镇企业，其企业财产权属于投资者所有。

在形式上，乡镇企业主要有以下几种：① 乡（镇）村组集体所有制企业。② 乡镇股份合作企业。③ 乡镇个人独资企业。④ 乡镇合伙企业。⑤ 乡镇联营企业。⑥ 乡镇公司（包括乡镇有限责任公司和乡镇股份有限公司）。⑦ 乡镇私营有限责任公司。⑧ 乡镇中外合资经营企业。⑨ 乡镇中外合作经营企业。

（二）乡镇企业法

乡镇企业法是指保护乡镇企业的合法权益，鼓励、支持和引导乡镇企业的健康发展，调整关于涉及乡镇企业的经济关系的法律规范的总称。《中华人民共和国乡镇企业法》（简称为《乡镇企业法》）于1996年10月29日由第八届全国人民代表大会常务委员会第22次会议通过，1997年1月1日起施行，是我国一部专门调整乡镇企业的法律。

《乡镇企业法》共有43条，虽不分章节，但根据实际内容，其基本结构可分以下六大部分：

（1）总则（第1条至第7条）。主要内容包括：① 乡镇企业法的立法目的与立法原则。② 乡镇企业的法定概念。③ 乡镇企业的地位和主要任务。④ 发展乡镇企业的基本原则。⑤ 确定政府部门与乡镇企业之间的关系和各自职责。

（2）登记备案管理和财产权属（第8条至第17条）。主要内容包括：① 登记备案制度。② 乡镇企业财产权制度。③ 乡镇企业的性质和法律地位。④ 乡镇企业合法权益的保护。⑤ 乡镇企业的组织形式。⑥ 乡镇企业民主管理、社会保险、确定用工制度。⑦ 乡镇企业有关支农资金的规定。

（3）扶持和促进乡镇企业的措施（第18条至第26条）。主要内容包括：① 税收优惠制度。② 信贷扶持制度。③ 乡镇企业发展基金的设立和使用管理制度。④ 科技人才的引进和扶持措施。⑤ 鼓励乡镇企业扩大对外合作，走向国际市场措施。⑥ 乡镇企业外部基础设施建设措施。

（4）乡镇企业生产经营活动的基本准则（第27条至第37条）。主要内容包括：① 合理调整产业结构和产品结构以及提高企业经营管理水平。② 依法用地准则。③ 依法合理开发和使用自然资源准则。④ 依法建立财务会计制度，加强财务管理。⑤ 依法统计。⑥ 依法纳税。⑦ 严格遵循《产品质量法》生产、销售产品。⑧ 依法使用商标，重视企业信誉。⑨ 依法保护环境，防治环境污染和生态破坏。

⑩ 遵守有关劳动保护、劳动安全的法律、法规。

（5）法律责任（第 38 条至第 42 条）。主要内容包括：① 违反《乡镇企业法》所规定行为的，在《乡镇企业法》中作出相应的处罚规定。② 违反其他法律法规的行为，按照有关法律法规处理。③ 当事人对有关部门所作处罚、处理决定不服的，可以依法申请行政复议、提起诉讼。

（6）附则（第 43 条）规定《乡镇企业法》的生效时间，即“本法自 1997 年 1 月 1 日起施行”。

（三）国家保护和鼓励乡镇企业的发展

国家为了保护乡镇企业的发展，坚持对乡镇企业积极扶持、合理规划、分类指导、依法管理的方针。根据《乡镇企业法》的规定，国家对乡镇企业实行的鼓励和扶持的内容主要有：

（1）国家鼓励和重点扶持经济欠发达地区、少数民族地区发展乡镇企业，鼓励经济发达地区的乡镇企业或者其他经济组织，采取多种形式支持经济欠发达地区和少数民族地区举办乡镇企业。

（2）按照市场需要和国家产业政策，合理调整产业结构和产品结构，加强技术改造，不断采用先进的技术、生产工艺和设备，提高企业经营管理水平。

（3）国家采取优惠措施，鼓励乡镇企业同科研机构、高等院校、国有企业及其他企业、组织之间开展各种形式的经济技术合作。

（4）国家积极培养乡镇企业人才，鼓励科技人员、经营管理人员及大中专毕业生到乡镇企业工作，通过多种方式为乡镇企业服务。

（5）国家运用信贷手段，鼓励和扶持乡镇企业发展。对于符合前条规定条件之一并且符合贷款条件的乡镇企业，国家有关金融机构可以给予优先贷款，对其中生产资金困难且有发展前途的可以给予优惠贷款。

（6）国家鼓励有条件的地区建立、健全乡镇企业职工社会保险制度。

（7）按照统一规划、合理布局的原则，将发展乡镇企业同小城镇建设相结合，引导和促进乡镇企业适当集中发展，逐步加强基础设施和服务设施建设，以加快小城镇建设。

二、乡镇企业的设立、变更和终止

（一）乡镇企业的设立

1. 乡镇企业的设立条件

（1）产品和提供的服务为社会所需要，并符合国家法律、法规和政策的规定。

（2）有自己的名称、组织机构和生产经营场所。

（3）有确定的经营范围。

（4）有与生产经营和服务规模相适应的资金、设备、从业人员和必要的原材料条件。

（5）有必要的劳动卫生、安全生产条件和环境保护措施。

（6）法律规定的其他条件。

2. 乡镇企业的批准和设立

申请设立乡镇企业必须依照法律、法规，经乡级人民政府审核后，应当向当地乡镇企业行政管理部门办理登记备案手续。经核准领取《乡镇企业营业执照》后方得营业，并在税务机关办理税务登记。

（二）乡镇企业的变更和终止

乡镇企业改变名称、住所或者分立、合并、停业、终止等，依法办理变更登记、设立登记或者注销登记后，应当报乡镇企业行政管理部门备案。

乡镇企业破产，应当破产清算，按破产程序规定对企业债权人清偿债务。

（三）乡镇企业的分支机构

乡镇企业在城市设立的分支机构，或者农村集体经济组织在城市开办的并承担支援农业义务的企业，按照乡镇企业对待。

三、乡镇企业的权利和义务

（一）乡镇企业的权利

乡镇企业依法实行独立核算，自主经营，自负盈亏。具有企业法人资格的乡镇企业，依法享有法人财产权。

乡镇企业在生产经营活动中享有经营管理自主权，主要包括以下权利：

（1）占有和使用企业资产，依照国家规定筹集资金权。

（2）自主经营权。

（3）机构设置和人事劳动权。

（4）合理开发和利用自然资源权。

（5）拒绝摊派权。

（6）其他权利。

（二）乡镇企业的义务

（1）乡镇企业应当依法办理税务登记，按期进行纳税申报，足额缴纳税款。

（2）建立财务会计制度，加强财务管理。

（3）加强产品质量管理，不得在产品中掺杂、掺假，以假充真，以次充好。

（4）遵守有关环境保护的法律、法规，防止环境污染和生态破坏，保护和改善环境。

（5）遵守有关劳动保护、劳动安全的法律、法规，认真贯彻执行“安全第一、预防为主”的方针，采取有效的劳动卫生技术措施和管理措施，防止生产伤亡事故和职业病的发生。

（6）法律规定的其他义务。

四、违反《乡镇企业法》的法律责任

违反《乡镇企业法》规定，有下列行为之一的，由县级以上人民政府乡镇企业行政管理部门责令改正：

（1）非法改变乡镇企业所有权的。

（2）非法占有或者无偿使用乡镇企业财产的。

（3）非法撤换乡镇企业负责人的。

（4）侵犯乡镇企业自主经营权的。

前款行为给乡镇企业造成经济损失的，应当依法赔偿。

乡镇企业有权向审计、监察、财政、物价和乡镇企业行政管理部门控告、检举向企业非法收费、摊派或者罚款的单位和个人。有关部门和上级机关应当责令责任人停止其行为，并限期归还有关财物。对直接责任人员，有关部门可以根据情节轻重，给予相应的处罚。

乡镇企业违反国家产品质量、环境保护、土地管理、自然资源开发、劳动安全、税收及其他有关法律、法规的，除依照有关法律、法规处理外，在其改正之前，应当根据情节轻重停止其享受本法规定的部分或者全部优惠。

乡镇企业违反本法规定，不承担支援农业义务的，由乡镇企业行政主管部门责令改正，在其改正之前，可以停止其享受本法规定的部分或者全部优惠。

对依照本法第 38 条至第 41 条规定所作处罚、处理决定不服的，当事人可以依法申请行政复议、提起诉讼。

第二节　合伙企业法

一、合伙企业概述

（一）合伙企业的概念

合伙企业，是指自然人、法人和其他组织依照本法在中国境内设立的普通合伙企业和有限合伙企业。

普通合伙企业由普通合伙人组成，合伙人对合伙企业债务承担无限连带责任。本法对普通合伙人承担责任的形式有特别规定的，从其规定。

有限合伙企业由普通合伙人和有限合伙人组成，普通合伙人对合伙企业债务承担无限连带责任，有限合伙人以其认缴的出资额为限对合伙企业债务承担责任。

（二）合伙企业的法律特征

合伙企业具有以下主要特征：

（1）合伙协议是合伙得以成立的法律基础。合伙协议由全体合伙人协商一致，以书面的形式订立。

（2）合伙企业由全体合伙人共同出资，共同经营。

（3）合伙企业是营利性的经济组织。合伙企业是进行经营活动，以营利为目的的经济组织。

（4）不同合伙人对外承担的责任有所不同。普通合伙人对合伙企业债务承担无限连带责任，有限合伙人以其认缴的出资额为限对合伙企业债务承担责任。

（三）合伙企业法

合伙企业法，是指确认合伙企业地位，调整合伙企业经济关系的法律规范的总称。

《中华人民共和国合伙企业法》（以下简称《合伙企业法》），于 1997 年 2 月 23 日第八届全国人民代表大会常务委员会第二十四次会议通过，1997 年 8 月 1 日实施。2006 年 8 月 27 日第十届全国人民代表大会常务委员会第二十三次会议修订并于 2007 年 6 月 1 日起施行。该法由总则，普通合伙企业，有限合伙企业，合伙的解散、清算，法律责任和附则等内容组成。

二、普通合伙企业

（一）普通合伙企业的设立条件

设立合伙企业，应当具备下列条件：

（1）有两个以上合伙人。合伙人为自然人的，应当具有完全民事行为能力。

（2）有书面合伙协议。

（3）有合伙人认缴或者实际缴付的出资。

（4）有合伙企业的名称和生产经营场所。

（5）法律、行政法规规定的其他条件。

合伙企业名称中应当标明“普通合伙”字样。

（二）合伙协议

合伙协议的内容包括：合伙企业的名称和主要经营场所的地点；合伙目的和合伙经营范围；合伙人的姓名或者名称、住所；合伙人的出资方式、数额和缴付期限；利润分配、亏损分担方式；合伙事务的执行；入伙与退伙；争议解决办法；合伙企业的解散与清算；违约责任。

合伙协议经全体合伙人签名、盖章后生效。合伙人按照合伙协议享有权利，履行义务。

修改或者补充合伙协议，应当经全体合伙人一致同意；但是，合伙协议另有约定的除外。

合伙协议未约定或者约定不明确的事项，由合伙人协商决定；协商不成的，依照本法和其他有关法律、行政法规的规定处理。

（三）合伙的财产

（1）合伙人的出资、以合伙企业名义取得的收益和依法取得的其他财产，均为合伙企业的财产。

合伙人在合伙企业清算前，不得请求分割合伙企业的财产；但是，本法另有规定的除外。

合伙人在合伙企业清算前私自转移或者处分合伙企业财产的，合伙企业不得以此对抗善意第三人。

（2）除合伙协议另有约定外，合伙人向合伙人以外的人转让其在合伙企业中的全部或者部分财产份额时，须经其他合伙人一致同意。

合伙人之间转让在合伙企业中的全部或者部分财产份额时，应当通知其他合伙人。

（3）合伙人向合伙人以外的人转让其在合伙企业中的财产份额

的，在同等条件下，其他合伙人有优先购买权；但是，合伙协议另有约定的除外。

合伙人以外的人依法受让合伙人在合伙企业中的财产份额的，经修改合伙协议即成为合伙企业的合伙人，依照本法和修改后的合伙协议享有权利，履行义务。

合伙人以其在合伙企业中的财产份额出质的，须经其他合伙人一致同意；未经其他合伙人一致同意，其行为无效，由此给善意第三人造成损失的，由行为人依法承担赔偿责任。

（四）合伙事务的执行

合伙人对执行合伙事务享有同等的权利。按照合伙协议的约定或者经全体合伙人决定，可以委托一个或者数个合伙人对外代表合伙企业执行合伙事务。作为合伙人的法人、其他组织执行合伙事务的，由其委派的代表执行。

不执行合伙事务的合伙人有权监督执行事务合伙人执行合伙事务的情况。合伙人为了了解合伙企业的经营状况和财务状况，有权查阅合伙企业会计账簿等财务资料。

除合伙协议另有约定外，合伙企业的下列事项应当经全体合伙人一致同意：

（1）改变合伙企业的名称。

（2）改变合伙企业的经营范围、主要经营场所的地点。

（3）处分合伙企业的不动产。

（4）转让或者处分合伙企业的知识产权和其他财产权利。

（5）以合伙企业名义为他人提供担保。

（6）聘任合伙人以外的人担任合伙企业的经营管理人员。

（五）合伙的利润分配和亏损承担

《合伙企业法》第 33 条规定："合伙企业的利润分配、亏损分担，按照合伙协议的约定办理；合伙协议未约定或者约定不明确的，由合伙人协商决定；协商不成的，由合伙人按照实缴出资比例分配、分担；无法确定出资比例的，由合伙人平均分配、分担。""合伙协议不得约定将全部利润分配给部分合伙人或者由部分合伙人承担全部亏损。”

（六）合伙企业与第三人的关系

《合伙企业法》在保护合伙企业的同时，也注意保护第三人的合法权益：

（1）合伙企业对合伙人执行合伙事务以及对外代表合伙企业权利的限制，不得对抗善意第三人。

（2）合伙企业对其债务，应先以其全部财产进行清偿。

（3）合伙企业不能清偿到期债务的，合伙人承担无限连带责任。

合伙人由于承担无限连带责任，清偿数额超过本法第 33 条第一款规定的其亏损分担比例的，有权向其他合伙人追偿。

（4）合伙人发生与合伙企业无关的债务，相关债权人不得以其债权抵消其对合伙企业的债务；也不得代位行使合伙人在合伙企业中的权利。

（七）入伙与退伙

入伙是指在合伙企业存续期间，合伙人以外的第三人加入合伙企业并取得合伙人资格的行为。

1. 入伙的条件和程序

入伙是一种民事法律行为，因此，要具备一定的条件，即经全体合伙人一致同意，并依法订立书面入伙协议。

2. 入伙的法律后果

入伙的新合伙人与原合伙人享有同等权利，承担同等责任。入伙协议另有约定的，从其约定。新合伙人对入伙前合伙企业的债务承担无限连带责任。

3. 退伙

退伙是在合伙存续期间，合伙人资格的消灭。

《合伙企业法》第 45 条规定：“合伙协议约定合伙期限的，在合伙企业存续期间，有下列情形之一的，合伙人可以退伙：合伙协议约定的退伙事由出现；经全体合伙人一致同意；发生合伙人难以继续参加合伙的事由；其他合伙人严重违反合伙协议约定的义务。”

退伙可分为当然退伙和除名退伙。

（1）当然退伙。《合伙企业法》第 48 条规定：“合伙人有下列情形之一的，当然退伙：作为合伙人的自然人死亡或者被依法宣告死亡；个人丧失偿债能力；作为合伙人的法人或者其他组织依法被吊销营业执照、责令关闭、撤销，或者被宣告破产；法律规定或者合伙协议约定合伙人必须具有相关资格而丧失该资格；合伙人在合伙企业中的全部财产份额被人民法院强制执行。”

（2）除名退伙。《合伙企业法》第 49 条规定：“合伙人有下列情形之一的，经其他合伙人一致同意，可以决议将其除名：未履行出资义务；因故意或者重大过失给合伙企业造成损失；执行合伙事务时有不正当行为；发生合伙协议约定的事由。”

对合伙人的除名决议应当书面通知被除名人。被除名人接到除名通知之日，除名生效，被除名人退伙。

被除名人对除名决议有异议的，可以自接到除名通知之日起 30 日内，向人民法院起诉。

4．退伙的法律后果

一是合伙人资格消灭，即退伙人在合伙企业中的资格消灭。

二是退伙引起的财产结算。合伙人退伙，其他合伙人应当与该退伙人按照退伙时的合伙企业财产状况进行结算，退还退伙人的财产份额。退伙人对给合伙企业造成的损失负有赔偿责任的，相应扣减其应当赔偿的数额。退伙时有未了结的合伙企业事务的，待该事务了结后进行结算。

三是退伙人对外责任的承担。退伙人对基于其退伙前的原因发生的合伙企业债务，承担无限连带责任。合伙人退伙时，合伙企业财产少于合伙企业债务的，退伙人应当依照本法第 33 条第一款的规定分担亏损。

三、有限合伙企业

有限合伙企业是指由一个以上的普通合伙人和一个以上的有限合伙人共同设立的合伙企业。

（一）有限合伙企业的设立

《合伙企业法》第 61 条规定："有限合伙企业由两个以上五十个以下合伙人设立；但是，法律另有规定的除外。有限合伙企业至少应当有一个普通合伙人。"同时，《合伙企业法》第 62 条规定："有限合伙企业名称中应当标明"有限合伙"字样。

（二）合伙协议

《合伙企业法》第 63 条规定："合伙协议除符合本法第十八条的规定外，还应当载明下列事项：普通合伙人和有限合伙人的姓名或者名称、住所；执行事务合伙人应具备的条件和选择程序；执行事务合伙人权限与违约处理办法；执行事务合伙人的除名条件和更换程序；有限合伙人入伙、退伙的条件、程序以及相关责任；有限合伙人和普通合伙人相互转变程序。"

（三）有限合伙事务的执行

有限合伙企业由普通合伙人执行合伙事务。执行事务合伙人可以要求在合伙协议中确定执行事务的报酬及报酬提取方式。

（四）有限合伙人的特殊权利

（1）有限合伙人以其认缴的出资额为限对合伙企业债务承担责任，而普通合伙人对合伙企业债务承担无限连带责任。

（2）除合伙协议另有约定的以外，有限合伙人可以同本有限合伙企业进行交易。而普通合伙人一般是不可以的。

（3）除合伙协议另有约定的以外，有限合伙人可以自营或者同他人合作经营与本有限合伙企业相竞争的业务。而普通合伙人是不可以的。

（4）除非合伙协议另有约定，有限合伙人可以将其在有限合伙企业中的财产份额出质。而普通合伙人须经其他合伙人一致同意后，方可将其在合伙企业中的财产份额出质。

四、合伙解散与清算

（一）合伙的解散

合伙的解散是指合伙因某些法律事实的发生而使合伙归于消灭的行为。根据《合伙企业法》规定，合伙企业有下列情形之一的，应当解散：

（1）合伙期限届满，合伙人决定不再经营。

（2）合伙协议约定的解散事由出现。

（3）全体合伙人决定解散。

（4）合伙人已不具备法定人数满 30 天。

（5）合伙协议约定的合伙目的已经实现或者无法实现。

（6）依法被吊销营业执照、责令关闭或者被撤销。

（7）法律、行政法规规定的其他原因。

（二）合伙的清算

1. 清算人的确定

合伙企业解散，应当由清算人进行清算。

清算人由全体合伙人担任；经全体合伙人过半数同意，可以自合伙企业解散事由出现后 15 日内指定一个或者数个合伙人，或者委托第三人，担任清算人。

自合伙企业解散事由出现之日起 15 日内未确定清算人的，合伙人或者其他利害关系人可以申请人民法院指定清算人。

2. 清算人的职责

清算人的职责主要包括：清理合伙企业财产，分别编制资产负债表和财产清单；处理与清算有关的合伙企业未了结事务；清缴所欠税款；清理债权、债务；处理合伙企业清偿债务后的剩余财产；代表合伙企业参加诉讼或者仲裁活动。

3. 清算程序

清算人确定后，应当自确定之日起 10 日内将合伙企业解散事项通知债权人，并于 60 日内在报纸上公告。债权人应当自接到通知书之日起 30 日内，未接到通知书的自公告之日起四十五日内，向清算人申报债权。

债权人申报债权，应当说明债权的有关事项，并提供证明材料。清算人应当对债权进行登记。

清算期间，合伙企业存续，但不得开展与清算无关的经营活动。

清算结束，清算人应当编制清算报告，经全体合伙人签名、盖章后，在十五日内向企业登记机关报送清算报告，申请办理合伙企业注销登记。

第三节　个人独资企业法

一、个人独资企业的概念和特征

个人独资企业是指依照《中华人民共和国个人独资企业法》（以下简称《个人独资企业法》）在中国境内设立，由一个自然人投资，财产为投资人个人所有，投资人以其个人财产对企业债务承担无限责任的经营实体。

个人独资企业法，是指确认个人独资企业的法律地位，调整个人独资企业经济关系的法律规范的总称。我国的《个人独资企业法》于 1999 年 8 月 30 日第九届全国人民代表大会常务委员会第 11 次会议通过并公布，从 2000 年 1 月 1 日起施行。该法由总则、个人独资企业的设立、个人独资企业的投资人及事务管理、个人独资企业的解散和清算、法律责任、附则六章 48 条组成。

个人独资企业在法律上具有以下特征：

（1）个人独资企业的投资人仅为一个自然人，这同合伙企业、公司企业要有两个以上的人联合投资形成区别。

（2）个人独资企业的财产为投资人个人所有。它由个人投资、个人经营、独立享受收益、承担风险，并依法承担无限连带责任的企业。

（3）个人独资企业是一种个人独立的经营体，不同于合伙企业，也不同于公司。

（4）个人独资企业是营利性的经济组织，它以营利为目的。

二、个人独资企业的设立、解散及清算

（一）个人独资企业的设立

设立个人独资企业应当具备下列条件：

（1）投资人为一个自然人。

（2）有合法的企业名称，即个人独资企业的名称应当与其责任形式及从事的营业范围相符合。

（3）有投资人申报的出资，即投资人可自愿申报一个出资额，可大可小（当然必须真实），《个人独资企业法》没有规定个人独资企业法定的最低注册资本。

（4）有固定的生产经营场所和必要的生产经营条件。

（5）有必要的从业人员。

（二）个人独资企业的设立登记

申请设立个人独资企业，应当由投资人或者其委托的代理人向个人独资企业所在地的登记机关提交设立申请书、投资人身份证明、生产经营场所使用证明等文件。个人独资企业设立申请书应当载明下列事项：企业的名称和住所；投资人的姓名和居所；投资人的出资额和出资方式；经营范围。

个人独资企业不得从事法律、行政法规禁止经营的业务；从事法律、行政法规规定须报经有关部门审批的业务，应当在申请设立登记时提交有关部门的批准文件。

登记机关应当在收到设立申请文件之日起 15 日内，对符合《个人独资企业法》规定条件的，予以登记，发给营业执照；对不符合《个人独资企业法》规定条件的，不予登记，并应当给予书面答复，说明理由。

个人独资企业的营业执照的签发日期，为个人独资企业成立日期。只有经先登记成立，才可进行营业。在领取个人独资企业营业执照前，投资人不得以个人独资企业名义从事经营活动。

（三）个人独资企业的解散和清算

1．个人独资企业的解散

个人独资企业有下列情形之一时，应当解散：

（1）投资人决定解散。

（2）投资人死亡或者被宣告死亡，无继承人或者继承人决定放弃继承。

（3）被依法吊销营业执照。

（4）法律、行政法规规定的其他情形。

清算期间，个人独资企业不得开展与清算目的无关的经营活动。在按前条规定清偿债务前，投资人不得转移、隐匿财产。

个人独资企业清算结束后，投资人或者人民法院指定的清算人应当编制清算报告，并于15日内到登记机关办理注销登记。

2．个人独资企业解散

个人独资企业解散，由投资人自行清算或者由债权人申请人民法院指定清算人进行清算。

投资人自行清算的，应当在清算前15日内书面通知债权人，无法通知的，应当予以公告。债权人应当在接到通知之日起30日内，未接到通知的应当在公告之日起60日内，向投资人申报其债权。

个人独资企业解散的，财产应当按照下列顺序清偿：

（1）所欠职工工资和社会保险费用。

（2）所欠税款。

（3）其他债务。

三、个人独资企业的投资人和事务的管理

（一）个人独资企业的事务管理

个人独资企业投资人可以自行管理企业事务，也可以委托或者聘用其他具有民事行为能力的人负责企业的事务管理。

投资人委托或者聘用他人管理个人独资企业事务，应当与受托人或者被聘用的人签订书面合同，明确委托的具体内容和授予的权利范围。

受托人或者被聘用的人员应当履行诚信、勤勉义务，按照与投资人签订的合同负责个人独资企业的事务管理。

投资人对受托人或者被聘用的人员职权的限制，不得对抗善意第三人。

（二）个人独资企业的投资人及企业的权利与义务

（1）个人独资企业的投资人对本企业的财产依法享有所有权，其有关权利可以依法进行转让或继承。

（2）个人独资企业的财产和其他合法权益，国家依法予以保护。

（3）个人独资企业在生产经营中必须履行以下义务：依法交纳税款；依法设置会计账簿；依法与职工签订劳动合同等。

第四节　公司法

一、公司和公司法概述

（一）公司的概念和特征

公司是企业的一种组织形式。公司是依公司法而设立的，以营利为目的的企业法人。公司具有以下法律特征：

（1）公司是依公司法而成立的。设立公司，必须符合公司法规定的公司设立条件、设立方式、设立程序等有关规定。

（2）公司具有营利性。公司成立的目的，在于使股东投入的资本能够得到增值，产生利润。当然，营利是公司成立的目的，至于在其生产经营过程中能否营利，则与公司的经营方式和经营水平直接相关。

（3）公司是企业的一种组织形式。公司具有企业的基本特征，在公司存续期间，长期、反复、有计划、有目的地实施营业行为。所以，公司是经济组织，享有经营自主权。

（4）公司是法人。我国《民法通则》明确规定了法人制度。公司是依法成立的，具有自己可以独立支配的财产并以该财产承担民事责任。同时，公司具有符合法律规定的名称、组织机构和生产经营场所，以及必需的生产经营条件。所以，公司是法人，具有独立的法律人格。公司独立法人资格使其身份区别于公司的股东和公司的主管机关。

（二）公司的分类

根据不同的标准，可以将公司分为不同的类型。

1．按照股东对公司债务所负责任的方式，可以将公司划分为无限公司、有限责任公司、两合公司、股份有限公司、股份两合公司五种形式

无限公司是由两个以上股东所组成，股东对公司债务承担连带无限清偿责任的公司。有限责任公司，是指由一定数量股东所组成，股东以其出资额为限对公司承担责任，公司以其全部资产对公司的债务承担责任的公司。两合公司是由一个以上无限责任股东与一个以上有限责任股东共同组成，其无限责任股东对公司债务承担无限连带责任，有限责任股东以出资额为限对公司负其责任的公司。股份有限公司是公司的全部资本分为等额股份，股东以其所持股份为限对公司债务承担责任，公司以其全部资产对公司的债务承担责任的公司。股份两合公司是由无限责任股东与股份有限责任股东共同组成，其无限责任股东对公司债务承担无限连带责任，股份有限责任股东以其所持股份对公司债务承担责任的公司。

我国公司法只规定了有限责任公司和股份有限公司两种形式。

2．按照公司在管辖与被管辖关系中所处地位不同，可以将公司分为总公司和分公司

总公司也即本公司，是管辖分公司的公司，而分公司是由总公司依法设立，是总公司的分支机构，在组织上、业务上接受总公司的管辖。分公司并不是独立的法人，其民事责任由总公司承担。

3．按照公司在控制与被控制关系中所处地位不同，可以将公司分为母公司和子公司

若一个公司持有另一个公司 50%以上的股份或出资，该公司就拥有对另一个公司的有效控制权，成为另一个公司的母公司。但现实生活中，公司特别是股份有限公司，股份发行大而分散，因而一个公司要控制另一个公司 50%的股份是很困难的。各国公司法对此有不同规定，我国现行规定并不要求必须拥有 50%以上的股份，才能成为另一公司的母公司。1998 年 4 月 6 日国家工商行政管理局发布的《企业集团登记管理暂行规定》规定，母公司应当是依法登记注册、取得企业法人资格的控股企业。子公司应当是母公司对其拥有全部股权或者控股权的企业法人。母公司和子公司都是独立的企业法人。即母公司是指拥有另一个或数个公司一定比例的股份，从而能对另一个或数个公司进行实际控制的公司。母公司作为控股企业对子公司的一切重大事项拥有实际的决定权。而企业集团是指以资本为主要联结纽带的母子公司为主体，以集团章程为共同行为规范的母公司、子公司、参股公司及其他成员企业或机构共同组成的具有一定规模的企业法人联合体。企业集团不具有企业法人资格。

4．以股份有限公司股票转让方式为标准，可将公司分为上市公司和非上市公司

非上市公司，又称封闭式公司，其股票不能在证券交易所挂牌交易，不能在股票市场自由流通。上市公司是指所发行的股票经国务院或者国务院授权证券管理部门批准在证券交易所上市交易的股份有限公司。

5．按照公司的国籍划分，可以将公司分为本国公司、外国公司和跨国公司

本国公司是依本国法律成立的，在本国登记的公司。外国公司是依外国法律成立，在外国登记的公司。按照我国公司法的规定，外国公司在中国境内设立的分支机构，不具有中国法人资格。跨国公司，又称多国公司或国际公司，一般是指一个公司在本国以外的其他国家或地区拥有若干子公司或分公司，从事国际化生产和经营活动的公司。

（三）公司法的概念和性质

公司法是指调整公司的设定、机构、解散的组织关系和公司业务活动的经济关系的法律规范的总称。狭义的公司法是指 1993 年 12 月 29 日第八届全国人民代表大会常务委员会第五次会议通过的《中华人民共和国公司法》（以下简称《公司法》）。该法共分十一章230条，自1994年7月1日起施行。1999年12月20日第九届全国人民代表大会常务委员会第13次会议通过了《关于修改〈中华人民共和国公司法〉的决议》，对原《公司法》第67条和第229条进行了修改，规定了国有独资公司的监事会设置、授权，国务院可对高新技术股份有限公司的上市条件作出特别规定。2005年10月27日第十届全国人民代表大会常务委员会第18次会议对《公司法》进行了修订。修订后的《公司法》对于规范公司的组织和行为，保护公司、股东和债权人的合法权益，维护社会经济秩序，促进社会主义市场经济的发展，有着重要意义。广义的《公司法》还包括《证券法》、《公司登记管理条例》等调整公司组织关系和经营关系的法律、法规。

（四）《公司法》的原则

根据我国《公司法》的规定，《公司法》的原则主要包括：

（1）出资者所有权与企业法人财产权相分离。公司股东作为出资者，按照其对公司的出资额或者任期的股份数额享受股东权益，包括资产受益、重大决策和选择管理者等权利。公司享有股东投资形成的全部法人财产权。

（2）公司自主经营、自负盈亏。公司以其全部法人财产，依法自主经营，自负盈亏。公司在国家宏观调控下，按照市场需求自主地组织生产经营活动，以达到提高经济效益，实现资产的保值增值的目的。

（3）公司实行权责分明、管理科学、激励和约束相结合的内部管理体制。

（4）设立公司，必须符合法定的条件和程序。设立有限责任公司、股份有限公司，必须符合《公司法》和《公司登记管理条例》规定的条件和程序。法律、行政法规规定对设立公司必须报经有关部门审批的，在公司登记之前，应当依法办理审批手续。

（5）公司必须依法经营，其合法权益受国家法律保护。公司在其生产经营活动中，必须自觉遵守法律法规的规定，依法履行应尽的义务。当公司的合法权益受到侵犯时，公司有权请求有关国家机关予以保护。

（6）保障公司职工的合法权益。公司必须保护职工的合法权益，加强劳动保护，实现安全生产。公司职工依法组织工会，维护职工的合法权益。

二、有限责任公司

（一）有限责任公司的概念和特征

有限责任公司，是指由符合条件的股东出资成立的，股东以其出资额为限对公司承担责任，公司以其全部资产对公司的债务承担独立责任的公司。根据《公司法》的规定，有限责任公司的法律特征有：

（1）有限责任公司的股东，仅就其出资额为限对公司承担责任。有限责任公司是以股东出资为基础建立起来的法人组织，股东的出资形成公司的资本。股东对公司的责任，以其出资额为限，若公司资不抵债被法院宣告破产，股东的个人财产对公司的未清偿债务不承担清偿责任，即股东投资一家有限责任公司，最大的损失就是其出资的数额。

（2）有限责任公司的股东必须符合法定人数。有限责任公司由50个以下股东共同出资设立。有限责任公司的股东可以是自然人，也可以是法人。但国有独资公司例外。

（3）有限责任公司以其全部资产作为承担债务责任的界限，有限责任公司的资产包括公司股东成立时股东的出资以及公司设立后经过生产经营活动所拥有或者控制的各种财产、债权和其他权利。如果公司在经营过程中出现资不抵债的情况，只能以公司的全部资产承担责任。因为有限责任公司是法人，独立承担民事责任。

（4）有限责任公司不发行股票。股东各自的出资额，由股东协商确定，并在章程中载明，股东应当足额交纳章程中规定的各自认缴的出资额。公司成立后，公司向股东签发出资证明书，而不是股票，出资证明书不能在证券市场上买卖。公司也不能通过发行股票筹集资金，不能成为上市公司。

（5）有限责任公司股东出资的转让有严格的限制。股东之间可以相互转让其全部出资或者部分出资。但股东向股东以外的人转让其出资时，必须经全体股东过半数同意；不同意转让的股东应当购买该转让的出资，如果不购买该转让的出资，视为同意转让。经股东同意转让的出资，在同等条件下，其他股东对该出资有优先购买权。

（6）有限责任公司的设立程序较简单。因为有限责任公司不向社会发行股票，其设立条件和程序比股份有限责任公司简便。

（二）有限责任公司的设立条件和程序

1．设立条件

有限责任公司的设立只能采取发起设立的方式。根据《公司法》的规定，设立有限责任公司须具备以下条件：

（1）股东符合法定人数。

（2）股东出资达到法定资本最低限额。

（3）股东共同制定公司章程。

（4）有公司名称，建立符合有限责任公司要求的组织机构。

（5）有公司住所。

2．设立程序

（1）全体股东共同制定章程。

（2）法律、行政法规规定对设立公司必须报经审批的，依法向有关主管部门办理审批手续。公司的经营范围中属于法律、行政法规限制的项目，应当依法经过批准。

（3）股东缴纳各自所认购的出资额。公司全体股东的首次出资额不得低于注册资本的 20%，也不得低于法定的注册资本最低限额，其余部分由股东自公司成立之日起两年内缴足；其中，投资公司可以在 5 年内缴足。有限责任公司注册资本的最低限额为人民币 3 万元。法律、行政法规对有限责任公司注册资本的最低限额有较高规定的，从其规定。

股东应当足额缴纳公司章程中规定的各自所认缴的出资额。股东不按规定缴纳所认缴的出资，应当向已足额缴纳出资的股东承担违约责任。股东在公司登记后，不得抽回出资。

有限责任公司的股东可以用货币出资，也可以用实物、知识产权、土地使用权等货币估价，并可以用依法转让的非货币财产作价出资；

但是，法律、行政法规规定不得作为出资的财产除外。

全体股东的货币出资金额不得低于有限责任公司注册资本的30%。对作为出资的实物、工业产权、非专利技术或者土地使用权，必须进行评估作价，核实财产，不得高估或者低估作价。土地使用权的评估作价，依照法律、行政法规的规定办理。

股东以货币出资的，应当将货币出资足额存入准备设立的有限责任公司在银行开设的临时账户；以实物、工业产权、非专利技术或者土地使用权出资的，应当依法办理其财产权的转移手续。股东全部缴纳出资后，必须经法定的验资机构验资并出具证明。

（4）确定公司机关。选举成立公司的董事会、监事会。

（5）公司设立登记。股东的首次出资经依法设立的验资机构验资后，由全体股东指定的代表或者共同委托的代理人向公司登记机关报送公司登记申请书、公司章程、验资证明等文件，申请设立登记。公司登记机关对符合《公司法》规定条件的，予以登记，发给公司企业法人营业执照；对不符合《公司法》规定条件的，不予登记。公司营业执照签发日期，为有限责任公司成立日期。设立有限责任公司的同时设立分公司的，应当就所设分公司向公司登记机关申请登记，领取营业执照。

（6）签发出资证明。有限责任公司成立后，应当向股东签发出资证明书。出资证明书应当载明公司名称、公司成立日期、公司注册资本、股东的姓名或者名称、缴纳的出资额和出资日期、出资证明书的编号和核发日期。出资证明书由公司盖章。

（三）有限责任公司的组织机构

1. 有限责任公司的股东会

有限责任公司的股东会，是由有限责任公司全体股东组成的公司最高权力机构。其职权是：决定公司的经营方针和投资计划；选举和更换非由职工代表担任的董事、监事，决定有关董事、监事的报酬事项；审议批准董事会的报告；审议批准监事会或者监事的报告；审议批准公司的年度财务预算方案、决算方案；审议批准公司的利润分配方案和弥补亏损方案；对公司增加或者减少注册资本作出决议；对发行公司债券作出决议；对股东向股东以外的人转让出资作出决议；对公司合并、分立、解散、清算或者变更公司形式作出决议；修改公司章程；公司章程规定的其他职权。

股东会会议分为定期会议和临时会议。

定期会议应当依照公司章程的规定按时召开。代表1/10以上表决权的股东，1/3 以上的董事、监事会或者不设监事会的公司的监事提议召开临时会议的，应当召开临时会议。

有限责任公司设立董事会的，股东会会议由董事会召集，董事长主持；董事长不能履行职务或者不履行职务的，由副董事长主持；副董事长不能履行职务或者不履行职务的，由半数以上董事共同推举一名董事主持。

有限责任公司不设董事会的，股东会会议由执行董事召集和主持。董事会或者执行董事不能履行或者不履行召集股东会会议职责的，由监事会或者不设监事会的公司的监事召集和主持；监事会或者监事不召集和主持的，代表1/10以上表决权的股东可以自行召集和主持。

召开股东会会议，应当于会议召开15日前通知全体股东；但是，公司章程另有规定或者全体股东另有约定的除外。

股东会应当对所议事项的决定做成会议记录，出席会议的股东应当在会议记录上签名。

股东会会议作出修改公司章程、增加或者减少注册资本的决议，以及公司合并、分立、解散或者变更公司形式的决议，必须经代表2/3以上表决权的股东通过。

2. 有限责任公司的董事会

董事会是公司的经营决策和业务执行机构，董事长为公司的法定代表人。

有限责任公司设董事会，其成员为3～13人；但是，《公司法》第51条另有规定的除外。

两个以上的国有企业或者两个以上的其他国有投资主体投资设立的有限责任公司，其董事会成员中应当有公司职工代表；其他有限责任公司董事会成员中可以有公司职工代表。董事会中的职工代表由公司职工通过职工代表大会、职工大会或者其他形式民主选举产生。

董事会设董事长一人，可以根据工作需要设副董事长。董事长、副董事长的产生办法由公司章程规定。董事任期由公司章程规定，但每届任期不得超过 3 年。董事任期届满，连选可以连任。董事任期届满未及时改选，或者董事在任期内辞职导致董事会成员低于法定人数的，在改选出的董事就任前，原董事仍应当依照法律、行政法规和公司章程的规定，履行董事职务。

董事会对股东会负责，行使下列职权：召集股东会会议，并向股东会报告工作；执行股东会的决议；决定公司的经营计划和投资方案；制订公司的年度财务预算方案、决算方案；制订公司的利润分配方案和弥补亏损方案；制订公司增加或者减少注册资本以及发行公司债券的方案；制订公司合并、分立、解散或者变更公司形式的方案；决定公司内部管理机构的设置；决定聘任或者解聘公司经理及其报酬事项，并根据经理的提名决定聘任或者解聘公司副经理、财务负责人及其报酬事项；制定公司的基本管理制度；公司章程规定的其他职权。

董事会会议由董事长召集和主持；董事长不能履行职务或者不履行职务的，由副董事长召集和主持；副董事长不能履行职务或者不履行职务的，由半数以上董事共同推举 1 名董事召集和主持。

有限责任公司可以设经理，由董事会决定聘任或者解聘。经理对董事会负责，行使下列职权：主持公司的生产经营管理工作，组织实施董事会决议；组织实施公司年度经营计划和投资方案；拟订公司内部管理机构设置方案；拟订公司的基本管理制度；制定公司的具体规章；提请聘任或者解聘公司副经理、财务负责人；
决定聘任或者解聘除应由董事会决定聘任或者解聘以外的负责管理人员；董事会授予的其他职权。

股东人数较少或者规模较小的有限责任公司，可以设一名执行董事，不设董事会。执行董事可以兼任公司经理。

3. 有限责任公司的监事会

监事会是公司的监督机构。

有限责任公司设监事会，其成员不得少于 3 人。股东人数较少或者规模较小的有限责任公司，可以设一至两名监事，不设监事会。

监事会应当包括股东代表和适当比例的公司职工代表，其中职工代表的比例不得低于 1/3，具体比例由公司章程规定。监事会中的职工代表由公司职工通过职工代表大会、职工大会或者其他形式民主选举产生。

董事、高级管理人员不得兼任监事。

监事的任期每届为 3 年。监事任期届满，连选可以连任。监事任期届满未及时改选，或者监事在任期内辞职导致监事会成员低于法定人数的，在改选出的监事就任前，原监事仍应当依照法律、行政法规和公司章程的规定，履行监事职务。

监事会、不设监事会公司的监事行使下列职权：检查公司财务；对董事、高级管理人员执行公司职务的行为进行监督，对违反法律、行政法规、公司章程或者股东会决议的董事、高级管理人员提出罢免的建议；当董事、高级管理人员的行为损害公司的利益时，要求董事、高级管理人员予以纠正；提议召开临时股东会会议，在董事会不履行本法规定的召集和主持股东会会议职责时召集和主持股东会会议；向股东会会议提出提案；依照本法第 152 条的规定，对董事、高级管理人员提起诉讼；公司章程规定的其他职权。

监事可以列席董事会会议，并对董事会决议事项提出质询或者建议。监事会每年度至少召开一次会议，监事可以提议召开临时监事会会议。监事会应当对所议事项的决定作成会议记录，出席会议的监事应当在会议记录上签名。

（四）一人有限公司的特别规定

一人有限责任公司，是指只有一个自然人股东或者一个法人股东的有限责任公司。

1. 一人有限责任公司的设立

一人有限责任公司的设立和组织机构，适用本节规定；本节没有规定的，适用本章第一节、第二节的规定。

一人有限责任公司的注册资本最低限额为人民币 10 万元。股东应当一次足额缴纳公司章程规定的出资额。

一个自然人只能投资设立一个一人有限责任公司。该一人有限责任公司不能投资设立新的一人有限责任公司。一人有限责任公司应当在公司登记中注明自然人独资或者法人独资，并在公司营业执照中载明。

2. 一人有限责任公司的组织机构

一人有限责任公司不设股东会。股东作出本法第 38 条第一款所列决定时，应当采用书面形式，并由股东签名后置备于公司。

3. 一人有限责任公司的责任承担

一人有限责任公司的股东不能证明公司财产独立于股东自己的财产的，应当对公司债务承担连带责任。

（五）国有独资公司的特别规定

国有独资公司是指国家授权投资的机构或者国家授权的部门单独投资设立的有限责任公司。根据《公司法》规定，国有独资公司是指国家单独出资、由国务院或者地方人民政府委托本级人民政府国有资产监督管理机构履行出资。

1. 国有独资公司的设立

国务院确定的生产特殊产品的公司或者属于特定行业的公司，应当采取国有独资公司形式。

国有独资公司的公司章程由国有资产监督管理机构制定，或者由董事会制订报国有资产监督管理机构批准。

2. 国有独资公司的组织机构

国有独资公司不设股东会，由国有资产监督管理机构行使股东会职权。国有资产监督管理机构可以授权公司董事会行使股东会的部分职权，决定公司的重大事项，但公司的合并、分立、解散、增减注册资本和发行公司债券，必须由国有资产监督管理机构决定；其中，重要的国有独资公司合并、分立、解散、申请破产的，应当由国有资产监督管理机构审核后，报本级人民政府批准。前款所称重要的国有独资公司，按照国务院的规定确定。

国有独资公司设立董事会，依照本法第 47 条、第 67 条的规定行使职权。董事每届任期不得超过 3 年。董事会成员中应当有公司职工代表。

董事会成员由国有资产监督管理机构委派，但是，董事会成员中的职工代表由公司职工代表大会选举产生。

董事会设董事长一人，可以设副董事长。董事长、副董事长由国有资产监督管理机构从董事会成员中指定。

三、股份有限公司

（一）股份有限公司的概念和特征

股份有限公司，是指由一定人数的股东组成，公司全部资本分为等额股份，股东以其所持股份为限对公司承担责任，公司以其全部资产对公司债务承担独立责任的公司。根据《公司法》的规定，股份有限公司的法律特征主要有：

1. 股份有限公司的股东必须达到一定人数

《公司法》规定：设立股份有限公司，应当有两人以上两百人以下为发起人，其中须有半数以上的发起人在中国境内有住所。可见，股份有限公司的股东至少两人。

2. 股份有限公司的资本分为等额股份

资本的股份化，便于股份有限公司募集社会资金，有利于确定股东的权利。

3. 股东以其所持股份为限对公司承担责任

4. 股份有限公司以其全部资产承担公司的债务

股份有限公司是独立法人，对外独立承担民事责任，以公司全部资产对其债务承担责任，而不能要求股东在其认购的公司股份之外承担责任。

5. 股份有限公司的股票作为有价证券可依法上市流通

股份有限公司是迅速集中资本的一种有利形式。一方面，股份有限公司的资本是平均分为等额股份的，每一股的金额相等，数额较小，可以广泛吸收社会的分散资金。另一方面，股份有限公司的股东人数较多，股东个人持有的股份数额相对较小，因而分散了投资者的风险。同时，股份有限公司可以公开向社会发行股票，使公司具有广泛的社会性。鉴于这些特点，使股份有限公司得到了迅速发展。

（二）股份有限公司的设立

1．设立条件

根据《公司法》的规定，设立股份有限公司应当具备以下条件：

（1）发起人符合法定人数。设立股份有限公司，应当有两人以上两百人以下为发起人，其中须有半数以上的发起人在中国境内有住所。国有企业改建为股份有限公司的，发起人可以少于 5 人，但应当采取募集设立的方式。发起人应当承担下列责任：① 公司不能成立时，对设立行为所产生的债务和费用负连带责任。② 公司不能成立时，对认股人已缴纳的股款，负返还股款并加算银行同期存款利息的连带责任。③ 在公司设立过程中，由于发起人的过失致使公司利益受到损害的，应当对公司承担赔偿责任。

（2）发起人认缴和社会公开募集的股本达到法定最低限额。根据我国《公司法》的规定，股份有限公司注册资本的最低限额为人民币 500 万元。股份有限公司注册资本最低限额需高于上述规定的，由法律、行政法规另行规定。股份有限公司的注册资本为在公司登记机关登记的实收股本总额。

（3）股份发行、筹办事项符合法律规定。

（4）发起人制订公司章程，采用募集方式设立的需经创立大会通过。股份有限公司的章程应当包括：公司名称和住所；公司经营范围；公司设立方式；公司股份总数、每股金额和注册资本；发起人的姓名或者名称、认购的股份数；股东的权利和义务；董事会的组成、职权和议事规则；公司法定代表人；监事会的组成、职权和议事规则；公司利润分配办法；公司的解散事由与清算办法；公司的通知和公告办法；股东大会认为需要规定的其他事项。

（5）有公司名称，建立符合股份有限公司要求的组织机构。

（6）有固定的生产经营场所和必要的生产经营条件。

2．设立程序

股份有限公司的设立，可以采取发起设立或者募集设立的方式。发起设立，是指由发起人认购公司应发行的全部股份的公司设立方式。采用发起设立股份有限公司其设立程序与有限责任公司设立程序相似。募集设立，是指由发起人认购公司应发行的股份的一部分，其余部分向社会公开募集的公司设立方式。募集设立的主要程序是：

（1）发起人认购法定数额的股份。所有发起人认购的股份总额不得少于公司股份总数的 35%，否则将导致公司不能成立。这一规定主要是为了加重发起人的责任，保护广大投资者的利益。除此之外的其余股份可以向社会公开募集。

（2）报批。股份有限公司的设立，必须经国务院授权的部门或者省级人民政府批准。

（3）公开募集股份。① 经国务院证券管理部门批准，发起人向社会公开募集股份时，必须向国务院证券管理部门递交募股申请，国务院证券管理部门对符合本法规定条件的募股申请，予以批准；对不符合本法规定的募股申请，不予批准。未经国务院证券管理部门批准，发起人不得向社会公开募集股份。对已作出的批准如发现不符合本法规定的，应予撤销。尚未募集股份的，停止募集；已经募集的，认股人可以按照所缴股款并加算银行同期存款利息，要求发起人返还。② 公开有关信息，由认股人认股。发起人向社会公开募集股份，必须公告招股说明书，并制作认股书。认股书应当载明招股说明书所列事项：发起人认购的股份数；每股的票面金额和发行价格；无记名股票的发行总数；认股人的权利、义务；本次募股的起止期限及逾期未募足时认股人可撤回所认股份的说明。由认股人填写所认股数、金额、住所，并签名、盖章。③ 签订承销协议。发起人向社会公开募集股份，应当由依法设立的证券经营机构承销，签订承销协议。股票承销包括包销和代销两种。④ 签订代收股款协议。发起人向社会公开募集股份，应当同银行签订代收股款协议。代收股款的银行应当按照协议代收和保存股款，向缴纳股款的认股人出具收款单据，并负有向有关部门出具收款证明的义务。

（4）缴纳股款。发起人向社会公开募集股份，必须公告招股说明书，并制作认股书。认股书应当载明本法第 87 条所列事项，由认股人填写认购股数、金额、住所，并签名、盖章。认股人按照所认购股数缴纳股款。发起人向社会公开募集股份，应当同银行签订代收股款协议。

代收股款的银行应当按照协议代收和保存股款，向缴纳股款的认股人出具收款单据，并负有向有关部门出具收款证明的义务。

发行股份的股款缴足后，必须经依法设立的验资机构验资并出具证明。发起人应当自股款缴足之日起 30 日内主持召开公司创立大会。创立大会由发起人、认股人组成。发行的股份超过招股说明书规定的截止期限尚未募足的，或者发行股份的股款缴足后，发起人在 30 日内未召开创立大会的，认股人可以按照所缴股款并加算银行同期存款利息，要求发起人返还。

（5）召开创立大会，选举公司的董事会、监事会。以募集方式设立的股份有限公司，发行的股款缴足后，发起人应当在 30 日内主持召开公司创立大会。创立大会由认股人组成。其职权是：① 审议发起人关于公司筹办情况的报告。② 通过公司章程。③ 选举董事会成员。④ 选举监事会成员。⑤ 对公司的设立费用进行审核。⑥ 对发起人用于抵作股款的财产的作价进行审核。⑦ 发生不可抗力或者经营条件发生重大变化，直接影响公司设立的，可以作出不设立公司的决议。创立大会的决议须经出席会议的认股人所持表决权的半数以上通过。

（6）设立登记。董事会应于创立大会结束后 30 日内，向公司登记机关报送设立公司的申请书；创立大会的会议记录；公司章程；验资证明；法定代表人、董事、监事的任职文件及身份证明；公司住所证明。

公司登记机关接到股份有限公司的申请后 30 日内，决定是否予以登记。对符合《公司法》规定条件的，应当予以登记，发给公司营业执照；对不符合《公司法》规定条件的，不予登记。公司营业执照签发日期，为公司的成立日期。

设立股份有限公司的同时设立分公司的，应当就所设分公司向公司登记机关申请登记，领取营业执照。

（三）股份有限公司的股东大会

股份有限公司的股东大会由股东代表组成。股东大会是公司的最高权力机构。其职权除不具有有限责任公司股东会对股东以外的人转让出资和变更公司形式作出决议外，其余职权与有限责任公司股东会相同。

股东大会应当每年召开一次年会。有下列情形之一的，应当在两个月内召开临时股东大会：① 董事人数不足《公司法》规定的人数或者公司章程规定人数的 2/3 时。② 公司未弥补的亏损达股本总额的 1/3 时。③ 持有公司股份的 10%以上的股东请求时。④ 董事会认为必要时。⑤ 监事会提议召开时。⑥ 公司章程规定的其他情形。

股东大会会议由董事会依照《公司法》规定负责召集，由董事长主持。召开股东大会，应当将会议审议的事项于会议召开 20 日以前通知各股东。临时股东大会不得对通知中未列明的事项作出决议。发行无记名股票的，应当于会议召开 30 日以前就会议审议的事项作出公告。

股东出席股东大会会议，所持每一股份有一表决权。但是，公司持有的本公司股份没有表决权。股东大会作出决议，必须经出席会议的股东所持表决权过半数通过。但是，股东大会作出修改公司章程、增加或者减少注册资本的决议，以及公司合并、分立、解散或者变更公司形式的决议，必须经出席会议的股东所持表决权的 2/3 以上通过。

（四）董事会和经理

股份有限公司必设董事会，董事会是股份有限公司的经营决策和业务执行机关，由股东大会选举产生，其成员为 5～19 人。董事会设董事长 1 人，可以设副董事长。董事长和副董事长由董事会以全体董事的过半数选举产生。董事长为公司的法定代表人。股份有限公司的董事任期由公司章程规定，但每届任期不得超过 3 年。董事任期届满，连选可以连任。

董事长召集和主持董事会会议，检查董事会决议的实施情况。副董事长协助董事长工作，董事长不能履行职务或者不履行职务的，由副董事长履行职务；副董事长不能履行职务或者不履行职务的，由半数以上董事共同推举一名董事履行职务。

董事会每年度至少召开两次会议，每次会议应当于会议召开 10 日前通知全体董事和监事。代表 1/10 以上表决权的股东、1/3 以上董事或者监事会，可以提议召开董事会临时会议。董事长应当自接到提议后十日内，召集和主持董事会会议。董事会召开临时会议，可以另定召集董事会的通知方式和通知时限。

董事会会议应有过半数的董事出席方可举行。董事会作出决议，必须经全体董事的过半数通过。董事会决议的表决，实行一人一票。

董事会会议应由董事本人出席；董事因故不能出席，可以书面委托其他董事代为出席，委托书中应载明授权范围。董事会应当对会议所议事项的决定作成会议记录，出席会议的董事应当在会议记录上签名。董事应当对董事会的决议承担责任。董事会的决议违反法律、行政法规或者公司章程、股东大会决议，致使公司遭受严重损失的，参与决议的董事对公司负赔偿责任。但经证明在表决时曾表明异议并记载于会议记录的，该董事可以免除责任。

股份有限公司设经理，由董事会决定聘任或者解聘。

（五）监事会

股份有限公司设监事会，监事会是公司的监督机构。其成员不得少于 3 人。监事会应当包括股东代表和适当比例的公司职工代表，其中职工代表的比例不得低于 1/3，具体比例由公司章程规定。监事会中的职工代表由公司职工通过职工代表大会、职工大会或者其他形式民主选举产生。

监事会设主席一人，可以设副主席。监事会主席和副主席由全体监事过半数选举产生。监事会主席召集和主持监事会会议；监事会主席不能履行职务或者不履行职务的，由监事会副主席召集和主持监事会会议；监事会副主席不能履行职务或者不履行职务的，由半数以上监事共同推举一名监事召集和主持监事会会议。

董事、高级管理人员不得兼任监事。监事的任期每届为 3 年。监事任期届满，连选可以连任。监事会的职权与有限责任公司监事会相同。监事可列席董事会会议。

（六）股份有限公司股份发行与转让

股份有限公司的股份是以股票为表现形式的、体现股东权利和义务的、公司资本的组成部分。股份一般有三种含义：① 是股份是公司资本的组成部分，股份的总和即为公司的注册资本。② 是指股东的地位和权益。③ 是指股票，股份通过股票的形式表现出来，股份的发行和转让也就是股票的发行和转让。

（1）股份的发行。股份的发行是指股份有限公司为设立公司筹集资本或为增加资本，通过法定方式分配或者发售公司股份的行为。股份的发行应当遵循公开、公平、公正的原则，实行同股同权、同股同利。同次发行的股票，每股的发行条件和价格应当相同，任何单位和个人所认购的股份，每股应当支付相同价额。股份发行工作要公平合理，不得弄虚作假、徇私舞弊。股票发行价格可以按票面金额，也可以超过票面金额，但不得低于票面金额。

股票应当载明下列主要事项：① 公司名称。② 公司登记成立日期。③ 股票种类、票面金额及代表的股份数。④ 股票的编号。股票由法定代表人签名，公司盖章。

股份有限公司成立后，即向股东正式交付股票。公司成立前不得向股东交付股票。

公司发行新股，股东大会应当对下列事项作出决议：新股种类及数额；新股发行价格；新股发行的起止日期；向原有股东发行新股的种类及数额。

公司经国务院证券监督管理机构核准公开发行新股时，必须公告新股招股说明书和财务会计报告，并制作认股书。

公司发行新股募足股款后，必须向公司登记机关办理变更登记，并公告。

（2）股份的转让。股份转让是股份有限公司的股东依一定方式和程序将自己的股份和股权转让予他人的行为。

根据《公司法》的规定，股东持有的股份可以依法转让。股东转让其股份，应当在依法设立的证券交易场所进行或者按照国务院规定的其他方式进行。记名股票，由股东以背书方式或者法律、行政法规规定的其他方式转让；转让后由公司将受让人的姓名或者名称及住所记载于股东名册。

股东大会召开前 20 日内或者公司决定分配股利的基准日前五日内，不得进行前款规定的股东名册的变更登记。但是，法律对上市公司股东名册变更登记另有规定的，从其规定。

无记名股票的转让，由股东将该股票交付给受让人后即发生转让的效力。

发起人持有的本公司股份，自公司成立之日起一年内不得转让。公司公开发行股份前已发行的股份，自公司股票在证券交易所上市交易之日起一年内不得转让。

公司董事、监事、高级管理人员应当向公司申报所持有的本公司股份及其变动情况，在任职期间每年转让的股份不得超过其所持有本公司股份总数的 25%；所持本公司股份自公司股票上市交易之日起一年内不得转让。上述人员离职后半年内，不得转让其所持有的本公司股份。公司章程可以对公司董事、监事、高级管理人员转让其所持有的本公司股份作出其他限制性规定。

根据《公司法》规定，公司不得收购本公司的股票，但是，有下列情形之一的除外：① 减少公司注册资本。② 与持有本公司股份的其他公司合并。③ 将股份奖励给本公司职工。④ 股东因对股东大会作出的公司合并、分立决议持有异议，要求公司收购其股份的。

公司因前款第①项至第③项的原因收购本公司股份的，应当经股东大会决议。公司依照前款规定收购本公司股份后，属于第①项情形的，应当自收购之日起 10 日内注销；属于第②项、第③项情形的，应当在 6 个月内转让或者注销。

公司依照第一款第③项规定收购的本公司股份，不得超过本公司已发行股份总额的 5%；用于收购的资金应当从公司的税后利润中支出；所收购的股份应当在一年内转让给职工。

公司不得接受本公司的股票作为质押权的标的。

四、公司债券

（一）公司债券的概念和发行主体

公司债券是指公司依照法定程序发行的，约定在一定期限还本付息的有价证券。公司债券可以分为记名债券和无记名债券。记名公司债券是指公司债券上记载债权人姓名或者名称的公司债券。无记名公司债券是指公司债券上不记载债权人姓名或者名称的公司债券。

根据《公司法》规定，股份有限公司、国有独资公司和两个以上的国有企业或者其他两个以上的国有投资主体投资设立的有限责任公司，为筹集生产经营资金，可依照《公司法》规定发行公司债券。

（二）公司债券的发行条件

发行公司债券，必须具备以下条件：① 股份有限公司的净资产额不低于人民币 3 000 万元，有限责任公司的净资产额不低于人民币 6 000 万元。② 累计债券总额不超过公司净资产额的 40%。③ 最近 3 年平均可分配利润足以支付公司债券 1 年的利息。④ 筹集的资金投向符合国家的产业政策。⑤ 债券的利率不得超过国务院限定的利率水平。⑥ 国务院规定的其他条件。发行公司债券筹集的资金，必须用于审批机关批准的用途，不得用于弥补亏损和非生产性支出。有下列情形之一的，不得再次发行公司债券：① 前一次发行的公司债券尚未募足的。② 对已发行的公司债券或者其债务有违约或者迟延支付本息的事实，且仍处于继续。③ 改变公开发行公司债券所募资金的用途。

（三）公司债券的募集办法

发行公司债券的申请经国务院授权的部门核准后，应当公告公司债券募集办法。

公司债券募集办法中应当载明下列主要事项：公司名称；债券募集资金的用途；债券总额和债券的票面金额；债券利率的确定方式；还本付息的期限和方式；债券担保情况；债券的发行价格、发行的起止日期；公司净资产额；已发行的尚未到期的公司债券总额；公司债券的承销机构。

（四）公司债券的转让

公司债券可以转让，转让价格由转让人与受让人约定。公司债券在证券交易所上市交易的，按照证券交易所的交易规则转让。

记名公司债券，由债券持有人以背书方式或者法律、行政法规规定的其他方式转让；转让后由公司将受让人的姓名或者名称及住所记载于公司债券存根簿。

无记名公司债券的转让，由债券持有人将该债券交付给受让人后即发生转让的效力。

上市公司经股东大会决议可以发行可转换为股票的公司债券，并在公司债券募集办法中规定具体的转换办法。上市公司发行可转换为股票的公司债券，应当报国务院证券监督管理机构核准。发行可转换为股票的公司债券，应当在债券上标明可转换公司债券字样，并在公司债券存根簿上载明可转换公司债券的数额。发行可转换为股票的公司债券的，公司应当按照其转换办法向债券持有人换发股票，但债券持有人对转换股票或者不转换股票有选择权。

五、公司的财务、会计

（一）公司财务会计报告的概念

公司财务会计报告是指由公司的业务执行部门按照国家规定于每一会计年度终了时制作的反映公司财务会计状况和经营成果的书面文件。

公司应当依照法律、行政法规和国务院财政部门的规定建立本公司的财务、会计制度。

公司应当在每一会计年度终了时编制财务会计报告，并依法经会计师事务所审计。财务会计报告应当依照法律、行政法规和国务院财政部门的规定制作。

（二）公司财务会计报告的组成

财务会计报告应当包括下列财务会计报表及附属明细表：① 资产负债表。② 损益表。③ 财务状况变动表。④ 财务情况说明书。⑤ 利润分配表。

（三）公司财务会计报告的送交、置备和公告

有限责任公司应当按照公司章程规定的期限将财务会计报告送交各股东。股份有限公司的财务会计报告应当在召开股东大会年会的 20

日以前置备于本公司，供股东查阅；公开发行股票的股份有限公司必须公告其财务会计报告。

（四）法定的公积金和任意公积金

公司分配当年税后利润时，应当提取利润的百分之十列入公司法定公积金。公司法定公积金累计额为公司注册资本的百分之五十以上的，可以不再提取。

公司的法定公积金不足以弥补以前年度亏损的，在依照前款规定提取法定公积金之前，应当先用当年利润弥补亏损。

公司从税后利润中提取法定公积金后，经股东会或者股东大会决议，还可以从税后利润中提取任意公积金。

公司弥补亏损和提取公积金后所余税后利润，有限责任公司依照本法第 35 条的规定分配；股份有限公司按照股东持有的股份比例分配，但股份有限公司章程规定不按持股比例分配的除外。

股东会、股东大会或者董事会违反前款规定，在公司弥补亏损和提取法定公积金之前向股东分配利润的，股东必须将违反规定分配的利润退还公司。

股份有限公司以超过股票票面金额的发行价格发行股份所得的溢价款以及国务院财政部门规定列入资本公积金的其他收入，应当列为公司资本公积金。

（五）公积金的用途

公司的公积金用于弥补公司的亏损、扩大公司生产经营或者转为增加公司资本。但是，资本公积金不得用于弥补公司的亏损。法定公积金转为资本时，所留存的该项公积金不得少于转增前公司注册资本的25%。

六、公司合并、分立、增资、减资

（一）公司合并、分立的概念

公司合并是指两个或两个以上的公司订立合并协议，依照《公司法》的规定，不经过清算程序，直接结合为一个公司的法律行为。它可以采取两种形式，即吸收合并和新设合并。

吸收合并是一个公司吸收其他公司后存续，被吸收的公司解散；新设合并是两个以上的公司合并设立一个新的公司，合并的各方解散。

公司分立是指一个公司通过依法签订分立协议，不经过清算程序，分设为两个或两个以上公司的法律行为。它可以采用派生分立和新设分立两种形式。派生分立是指公司以其部分资产另设一个或数个新的公司，原公司存续。新设分立，是指公司全部资产分别划归两个或两个人以上的新公司，原公司解散。

（二）公司合并、分立的程序

1．公司的合并

公司合并可以采取吸收合并或者新设合并。一个公司吸收其他公司为吸收合并，被吸收的公司解散。两个以上公司合并设立一个新的公司为新设合并，合并各方解散。

公司合并，应当由合并各方签订合并协议，并编制资产负债表及财产清单。公司应当自作出合并决议之日起 10 日内通知债权人，并于 30 日内在报纸上公告。债权人自接到通知书之日起 30 日内，未接到通知书的自公告之日起 45 日内，可以要求公司清偿债务或者提供相应的担保。

2．公司分立

公司分立，其财产作相应的分割。公司分立时，应当编制资产负债表及进行财产清算。公司应当自作出分立决议之日起 10 日内通知债权人，并于 30 日内在报纸上公告。

公司分立前的债务由分立后的公司承担连带责任。但是，公司在分立前与债权人就债务清偿达成的书面协议另有约定的除外。

（三）公司合并、分立时，公司债权、债务的处理

公司合并时，合并各方的债权、债务，应当由合并后存续的公司或者新设的公司继承。公司分立时，分立前的债务按所达成的协议由

分立后的公司承担。《合同法》第90条对此作了更完善的规定："当事人订立合同后合并的，由合并后的法人或者其他组织行使合同权利，履行合同义务。当事人订立合同后分立的，除债权人和债务人另有约定的以外，由分立的法人或者其他组织对合同的权利和义务享有连带债权，承担连带债务。"

（四）公司增资、减资

有限责任公司增加注册资本时，股东认缴新增资本的出资，依照本法设立有限责任公司缴纳出资的有关规定执行。股份有限公司为增加注册资本发行新股时，股东认购新股，依照本法设立股份有限公司缴纳股款的有关规定执行。

公司需要减少注册资本时，必须编制资产负债表及财产清单。公司应当自作出减少注册资本决议之日起 10 日内通知债权人，并于 30 日内在报纸上公告。债权人自接到通知书之日起 30 日内，未接到通知书的自公告之日起 45 日内，有权要求公司清偿债务或者提供相应的担保。公司减资后的注册资本不得低于法定的最低限额。

七、公司的解散与清算

（一）公司解散的原因

公司有下列情形之一的，依法宣告解散：① 公司章程规定的营业期限届满或者公司章程规定的其他解散事由出现时。② 股东会或股东大会决议解散。③ 因公司合并或者分立需要解散。④ 依法被吊销营业执照、责令关闭或者被撤销。⑤ 人民法院依照本法第 183 条的规定予以解散。

公司有本法第 181 条第（一）项情形的，可以通过修改公司章程而存续。依照前款规定修改公司章程，有限责任公司须经持有 2/3 以上表决权的股东通过，股份有限公司须经出席股东大会会议的股东所持表决权的 2/3 以上通过。

公司经营管理发生严重困难，继续存续会使股东利益受到重大损失，通过其他途径不能解决的，持有公司全部股东表决权 10%以上的股东，可以请求人民法院解散公司。

（二）清算组

（1）清算组的成立。公司因本法第 181 条第（一）项、第（二）项、第（四）项、第（五）项规定而解散的，应当在解散事由出现之日起 15 日内成立清算组，开始清算。有限责任公司的清算组由股东组成，股份有限公司的清算组由董事或者股东大会确定的人员组成。逾期不成立清算组进行清算的，债权人可以申请人民法院指定有关人员组成清算组进行清算。人民法院应当受理该申请，并及时组织清算组进行清算。

（2）清算组的职权。清算组在清算期间的职权是：① 清理公司财产，分别编制资产负债表和财产清单。② 通知或者公告债权人。③ 处理与清算有关的公司未了结的业务。④ 缴清所欠税款以及清算过程中产生的税款。⑤ 清理债权、债务。⑥ 处理公司清偿债务后的剩余财产。⑦ 代表公司参与民事诉讼活动。

（三）债权申报

清算组应当自成立之日起 10 日内通知债权人，并于 60 日内在报纸上公告。债权人应当自接到通知书之日起 30 日内，未接到通知书的自公告之日起 45 日内，向清算组申报其债权。

债权人申报其债权，应当说明债权的有关事项，并提供证明材料。清算组应当对债权进行登记。

在申报债权期间，清算组不得对债权人进行清偿。

（四）清算程序

清算组在清理公司财产、编制资产负债表和财产清单后，应当制订清算方案，并报股东会、股东大会或者人民法院确认。

公司财产在分别支付清算费用、职工的工资、社会保险费用和法定补偿金，缴纳所欠税款，清偿公司债务后的剩余财产，有限责任公司按照股东的出资比例分配，股份有限公司按照股东持有的股份比例分配。

清算期间，公司存续，但不得开展与清算无关的经营活动。公司财产在未按前款规定清偿前，不得分配给股东。

清算组在清理公司财产、编制资产负债表和财产清单后，发现公司财产不足清偿债务的，应当依法向人民法院申请宣告破产。公司经人民法院裁定宣告破产后，清算组应当将清算事务移交给人民法院。

（五）办理注销登记

公司清算结束后，清算组应当制作清算报告，报股东会、股东大会或者人民法院确认，并报送公司登记机关，申请注销公司登记，公告公司终止。

八、外国公司的分支机构

外国公司是指依照外国法律在中国境外设立的公司。

（一）外国公司分支机构的设立

外国公司在中国境内设立分支机构，必须向中国主管机关提出申请，并提交其公司章程、所属国的公司登记证书等有关文件，经批准后，向公司登记机关依法办理登记，领取营业执照。外国公司分支机构的审批办法由国务院另行规定。

外国公司在中国境内设立分支机构，必须在中国境内指定负责该分支机构的代表人或者代理人，并向该分支机构拨付与其所从事的经营活动相适应的资金。对外国公司分支机构的经营资金需要规定最低限额的，由国务院另行规定。

（二）外国公司分支机构的法律地位和活动原则

外国公司在中国境内设立的分支机构不具有中国法人资格。外国公司对其分支机构在中国境内进行经营活动承担民事责任。

经批准设立的外国公司分支机构，在中国境内从事业务活动，必须遵守中国的法律，不得损害中国的社会公共利益，其合法权益受中国法律保护。

（三）外国公司分支机构的撤销与清算

外国公司撤销其在中国境内的分支机构时，必须依法清偿债务，依照本法有关公司清算程序的规定进行清算。未清偿债务之前，不得将其分支机构的财产移至中国境外。

第五节 个体工商户与农村承包经营户法律制度

一、个体工商户

（一）个体工商户的概念

个体工商户是经工商行政管理机关核准登记，从事工商业经营的个体劳动者。《民法通则》第 26 条规定："公民在法律允许的范围内，依法经核准登记，从事工商业经营的，为个体工商户。"由此可见，个体工商户的含义主要包括以下内容：

（1）个体工商户属于个体经济的范畴。即个体工商户经营的经济性质是个人所有制。个体工商户大部分是依靠自有生产条件、个人某些技术专长发展而来的，他们劳动依赖的生产资料主要属于个人所有；在生产经营活动中，以劳动者个人或其家庭以户为单位，他们既是生产的组织者，又是劳动者，在政策、法律允许范围内请的帮手、带的徒弟处于从属地位；个体工商户对其劳动的收入，除缴纳税收和其费用外，享有完全的所有权，并以此作为全家全部或者主要的生活来源，以及扩大再生产的资金。

（2）个体工商户须依法核准登记。个体工商户经当地工商行政管理机关核准登记，领取营业执照后方为成立。个体工商户成立后，必须在核准登记的经营范围内从事经营，不得擅自超出经营范围进行活动。

（3）必须在法律允许的范围内，从事生产经营活动。个体工商户经营的范围是法律允许的工商业经营，主要包括小型工业、手工业、商业、饮食业、服务业、运输业、房屋修缮业以及个人行医、教学、信息服务和其他适合个体经营的行业。个体工商户不论从事何种工商业经营，都不得超出法律规定的经营范围。

（二）个体工商户的法律特征

（1）个体工商户是民事主体。公民以个体工商户的资格从事商品生产和经营活动，就成为民事主体的一种特殊形式。公民在一定条件下成为个体工商户，并没有改变其一般民事权利能力和民事行为能力，只是取得了从事某些商品生产与经营活动的民事权利能力和民事行为能力。它是一种既不同于一般公民，也不同于法人的特殊民事主体。

（2）个体工商户有独立财产。个体工商户一般都有相当数量的生产资料；对其劳动产品、劳动收益，在完成国家税收和其他费用后，享有完全的所有权，即收入归己，自负盈亏，任何部门不得搞不合理摊派和巧立名目乱收费用，任何单位和个人不得无偿占有和平调其财产。

（3）个体工商户经营范围的法定性。即个体工商户经营的范围是法律允许的工商业经营，个体工商户从事何种工商业经营，都不得超出法律规定的经营范围。

（4）个体工商户承担无限财产责任。个体工商户的债务，个人经营的，以个人财产承担；家庭经营的，以家庭财产承担。

（5）个体工商户享有诉讼权。即可在法院起诉和应诉。当个体工商户的合法权益受到不法侵害时，可向国家机关、人民法院提出控告或起诉。

（三）个体工商户的权利和义务

作为民事主体，个体工商户享有广泛的民事权利：① 享有合法财产权，即包括对自己所有的合法财产享有占有、使用、收益和处分的权利，以及依据法律和合同享有各种债权。② 享有工商经营权，在法律规定和核准登记的经营范围内，充分享有自主经营的权利，并经批准可以起字号、刻图章、在银行开账户，也可以请帮手、带学徒，以便开展正常的经营活动。③ 有权申请从事生产经营所需场地、原材料和货源，有权向银行申请贷款，以及申请减、免税等。④ 有权拒绝有关部门和单位的不适当干涉，以及非法侵占、摊派等现象。⑤ 享有诉讼权；等等。

同时，个体工商户也要履行下列义务：① 在经核准登记的范围内，从事合法经营的义务。② 认真履行纳税的义务。③ 接受工商行政管理机关的指导、监督。④ 遵守国家法律、法规和政策性规定的义务。

（四）个体工商户的民事责任

《民法通则》第 29 条规定："个体工商户、农村承包经营户的债务，个人经营的，以个人财产承担；家庭经营的，以家庭财产承担。"

二、农村承包经营户

（一）农村承包经营户的概念

农村承包经营户，是指承包农村集体经济组织土地或者其他资源的成员或其家庭。我国《民法通则》第 37 条明确规定："农村集体经济组织的成员，在法律允许的范围内，按照承包合同规定从事商品经营的，为农村承包经营户。"

（二）农村承包经营户的特征

（1）农村承包经营户是由农村集体经济组织的成员，而不是独立的个体劳动者。

（2）农村承包经营户的设立以承包经营合同为依据，以土地或者其他资源为承包标的。

（3）农村承包经营户的设立和存续、终止均无需工商行政管理机关核准登记。

（三）农村承包经营户的权利和义务

农村承包经营户的权利：① 占有权。即指农村承包经营户对国家或集体所有的农用土地进行实际支配、控制的权利。② 使用权。即指农村承包经营户按照土地的自然特性、约定用途等使用所有人的农用土地的权利。③ 收益权。即指农村承包经营户获取农用土地上所产生的利益的权利。④ 出租权。即指农村承包经营户将土地使用权出租以取得租金的权利。⑤ 入股权。即指农村承包经营户有权将量化为股份的土地承包经营权用于出资，实行土地股份合作，从而获取利益。⑥ 转让权。即指农村承包经营户有权将土地承包经营权依法通过出售、交换、赠与、继承等方式转移给其他自然人、法人或其他组织。⑦ 设定抵押权。农村承包经营户有权以土地承包经营权作为抵押标的为自己或他人的债务的履行作担保。

农村承包经营户的义务：① 支付承包金的义务。② 按规定方法和用途使用农用土地的义务。③ 保护土地和维持地力的义务。④ 承担有关税费的义务。⑤ 其他法定义务。

（四）农村承包经营户的债务承担

根据《民法通则》第 29 条的规定，以个人名义承包经营的，应以个人财产承担无限责任；以家庭名义承包经营的，应以家庭共有财产承担无限责任。虽然以个人名义承包经营，却由其他家庭成员从事生产，或其经营收益为家庭成员所分享，这种情况应视为家庭承包经营，对其债务应以家庭共有财产承担无限责任。

第十章　农村社会保障政策与法规

第一节　农村社会保障政策及其目标

一、社会保障及农村社会保障

（一）社会保障

社会保障是指国家和社会对社会成员在年老、疾病、伤残、失业、遭受灾害、生活困难等情况时，给予物质帮助的制度。

《中华人民共和国宪法》第 45 条规定，中华人民共和国公民在年老、疾病，或者丧失劳动能力的情况下，有从国家和社会获得物质帮助的权利。因此，我国的每个公民，都有权利在特定的条件下得到国家和社会的物质帮助；政府应当采取相应的措施，使公民依法享受到社会保障。

（二）农村社会保障

农村社会保障是以法律为依据，以国家、集体、农民投入为主体。对暂时或永久丧失劳动能力或因意外事故而在生活上发生困难的农民给予物质帮助的制度。

一般来说，农村社会保障由农村社会保险、农村社会救济、农村社会福利、农村优抚安置这几个方面组成。

农村社会保险是农村社会保障的核心内容。现阶段，我国的农村社会保险主要包括了新型农村合作医疗和农村社会养老保险。

农村社会救济是指国家和社会通过物质的形式，向农村中因自然灾害、意外事故等原因而无力维持基本生活的个人和家庭提供帮助的一种农村社会保障方式。

农村社会福利，是指国家依法为农村居民普遍提供旨在保证一定生活水平和尽可能提高生活质量的资金与服务的社会保障方式，具体包括对那些生活在农村的、能力较弱的儿童、老人、母子家庭、残疾人、慢性精神病人等提供社会照顾和社会服务，使得他们在生活、教育、医疗、交通、文娱、体育、欣赏等方面的待遇逐步提高。

农村优抚安置主要是对于农村退出现役军人及其家属、烈士家属、伤残军人的优待、抚恤和安置，国家给予这一特殊群体物质和精神上的扶持与补助。

本章将主要从与农民生活息息相关的新型农村合作医疗、农村社会养老保险、农村最低生活保障及农村“五保户”供养等几个方面进行介绍。

二、农村社会保障改策目标

经过多年的探索和实践，中国特色的农村社会保障体系框架虽已初步形成，但当前及今后一个时期，中国发展农村社会保障事业的任务依然艰巨，其政策目标如下：

（一）总体目标

农村社会保障政策的总体目标是建立适应我国经济发展状况和农民保障需要的、城乡统一的基本社会保障制度，使广大农民老有所养、病有所医，基本生活得到保障。

（二）具体目标

（1）探索建立与农村经济发展水平相适应、与其他保障措施相配套的农村养老保险制度，使其能够保障农村居民年老后的基本生活，最终实现“老有所养”的社会建设目标。

（2）建立新型农村合作医疗制度。在全国建立基本覆盖农村居民的新型农村合作医疗制度，减轻农民因疾病带来的经济负担，提高农民健康水平。

（3）完善农村最低生活保障制度。在健全政策法规和运行机制基础上，将符合条件的农村贫困家庭全部纳入低保范围，稳定、持久、有效地解决全国农村贫困人口的温饱问题。

（4）完善农村“五保户”供养、特困户生活补助、灾民救助等社会救助体系，保障农村“五保户”供养等对象的正常生活，促进农村社会保障制度的发展与完善。

第二节　新型农村合作医疗政策

一、新型农村合作医疗的内涵

（一）新型农村合作医疗的含义

新型农村合作医疗简称“新农合”，是指由政府组织、引导、支持农民自愿参加，个人、集体和政府多方筹资，以大病统筹为主的农民医疗互助共济制度。

建立新型农村合作医疗制度是新时期农村卫生工作的重要内容，对提高农民健康水平，促进农村经济发展，维护社会稳定具有重大意义。

（二）新型农村合作医疗制度的目标和原则

1. 新型农村合作医疗制度的目标

从2003年起，各省、自治区、直辖市至少要选择2～3个县（市）

先行试点，取得经验后逐步推开。到 2010 年，实现在全国建立基本覆盖农村居民的新型农村合作医疗制度的目标，减轻农民因疾病带来的经济负担，提高农民健康水平。

2. 建立新型农村合作医疗制度应遵循的原则

（1）自愿参加，多方筹资。农民以家庭为单位自愿参加新型农村合作医疗，遵守有关规章制度，按时足额缴纳合作医疗经费；乡（镇）、村集体要给予资金扶持；中央和地方各级财政每年要安排一定专项资金予以支持。

（2）以收定支，保障适度。新型农村合作医疗制度要坚持以收定支、收支平衡的原则，即保证这项制度持续有效运行，使农民能够享有最基本的医疗服务。

（3）先行试点，逐步推广。建立新型农村合作医疗制度必须从实际出发，通过试点总结经验，不断完善，稳步发展。要随着农村社会经济的发展和农民收入的增加，逐步提高新型农村合作医疗制度的社会化程度和抗风险能力。

二、新型农村合作医疗的政策内容

（一）参加对象

凡居住在辖区内的农村居民，以家庭为单位自愿参加新型农村合作医疗。鼓励乡镇企业职工和外出打工、经商、上学的农村居民参加新型农村合作医疗。可见，新型农村合作医疗针对的主体是户籍在农村的中国公民。

农民参加新型农村合作医疗必须坚持自愿参加的原则，任何单位和个人不得以强迫命令要求农民参加合作医疗，也严禁硬性规定农民参加合作医疗的指标、向乡村干部搞任务包干摊派、强迫乡（镇）卫生院和乡村医生代交以及强迫农民贷款缴纳经费等简单粗暴强迫命令的错误做法。

（二）权利与义务

（1）参加新型农村合作医疗的农村居民享有的权利获得新型农

村合作医疗制度规定的基本医疗、预防保健、健康检查、健康教育等服务；按规定报销一定比例的医药费用；对新型合作医疗的管理和服务提出批评与建议；监督合作医疗资金的使用和管理情况。

（2）参加新型农村合作医疗的农村居民应履行的义务，遵守和维护当地农村合作医疗的章程和有关规定；按时足额缴纳合作医疗资金；积极配合医疗卫生单位做好各项预防保健工作；对违反新型农村合作医疗制度规定的行为进行举报或投诉。

（三）筹资方式

新型农村合作医疗制度实行个人交费、集体扶持和政府资助相结合的筹资机制。

（1）个人交费。农民个人每年的交费标准不应低于 10 元，经济条件好的地区可相应提高交费标准。乡镇企业职工（不含以农民家庭为单位参加新型农村合作医疗的人员）是否参加新型农村合作医疗由县级人民政府确定。

对农村“五保户”和贫困农民家庭无经济能力缴纳合作医疗费用的，由个人申请、村民代表会议评议、乡（镇）政府审核、县级民政部门批准，可利用医疗救助资金资助其参加当地合作医疗。

（2）集体扶持有条件的乡村集体经济组织要对本地新型农村合作医疗制度给予适当扶持。扶持新型农村合作医疗的乡村集体经济组织的类型、出资标准由县级人民政府确定，但集体出资部分不得向农民摊派。鼓励社会团体和个人资助新型农村合作医疗制度。

（3）政府补助。政府补助实行分担体制。省、市、县级财政都要根据实际需要和财力情况安排资金，按实际参加合作医疗的人数和补助定额给予资助。从 2003 年起，在中央财政对除市区以外参加新型农村合作医疗的农民每年每人给予 10 元补助资金的基础上，省、市、县三级财政对参加新型农村合作医疗的农民补助每年不低于人均 10 元，实行分级负担。对国家及省扶贫开发工作重点县，省、市、县三级财政的补助比例为 4∶3∶3；对非国家及省扶贫开发工作重点县（市），省、市、县三级财政的补助比例为 3∶3∶4。合作医疗补助资金要纳入同级财政预算，确保资金落实到位。省、市级财政补助不包括市区以内的农民，城市所辖区的农民合作医疗补助由当地政府安排。乡级财政是否对合作医疗给予资助由县级人民政府确定。

（四）资金收缴方式

参加新型农村合作医疗的农民个人交费，可在农民自愿参加并签约承诺的前提下，由乡（镇）农税或财税部门一次性代收，开具由省级财税部门统一印制的专用收据；也可采取其他符合农民意愿的交费方式。

（五）统筹模式

新型农村合作医疗统筹模式，主要有大病统筹加门诊家庭账户、住院统筹加门诊统筹和大病统筹三种模式。大病统筹加门诊家庭账户是指设立大病统筹基金，对住院和部分特殊病种大额门诊费用进行补偿，设立门诊家庭账户基金对门诊费用进行补偿。住院统筹加门诊统筹是指通过设立统筹基金分别对住院和门诊费用进行补偿。大病统筹是指仅设立大病统筹基金对住院和部分特殊病种大额门诊费用进行补偿。

（六）资金管理

农村合作医疗基金是由农民自愿缴纳、集体扶持、政府资助的民办公助社会性资金，要按照以收定支、收支平衡和公开、公平、公正的原则进行管理。由县级农村合作医疗管理委员会制定合作医疗基金管理的规章制度，建立合作医疗基金专用账户，实行全县统一管理，专户储存，专款专用。

（1）管理机构农村合作医疗基金由农村合作医疗管理委员会及农村合作医疗经办机构进行管理。农村合作医疗经办机构应在管理委员会认定的国有商业银行设立农村合作医疗基金专用账户，确保基金的安全和完整，按照规定合理筹集，及时审核支付农村合作医疗基金。

（2）基金收缴农村合作医疗基金中农民个人交费及乡村集体经济组织的扶持资金，原则上按年由农村合作医疗经办机构在乡（镇）设立的派出机构（人员）或委托的有关机构收缴，存入农村合作医疗基金专用账户；县、市级财政应根据参加新型农村合作医疗的实际人数将支持资金逐级落实到位，划拨到农村合作医疗基金专用账户；省级财政根据各地实际参加人数和市、县级财政补助资金到位情况向市级财政划拨专项补助资金。

（3）基金使用。农村合作医疗基金用于补助参加新型农村合作医疗农民的医疗费用，重点是对大额医疗费用或住院医疗费用进行补助。有条件的地方，可将大额医疗费用支付与小额医疗费用支付相结合，在抵御疾病风险的同时兼顾农民的受益面。

（七）基金补偿范围

合作医疗基金用于参与农民的医疗费用补偿。由政府另行安排资金的公共卫生服务项目不列入合作医疗补偿范围。

住院费用实行按比例补偿的地区，对由县、乡两级医疗机构提供服务的，原则上不再实行分段补偿，已经实行分段补偿的，要逐步减少分段档次。由县以上医疗机构提供服务的，可实行分段补偿，但不宜档次过多。要合理拉开不同级别医疗机构的起付线和补偿比例，引导病人到基层医疗机构就诊。住院补偿起付线可按照本地区同级医疗机构上一年度次均门诊费用的 2～4 倍设置，中西部地区乡级医疗机构起付线原则上应低于东部沿海地区。乡、县及县以上医疗机构补偿比例应从高到低逐级递减。对参合农民在一年内患同一种疾病连续转院治疗的，可只计算其中最高级别医院的一次起付线。封顶线应考虑当地农民年人均纯收入的实际情况合理设置，以当年内实际获得补偿金额累计计算。住院费用实行按病种付费方式的地区，要加强对病种确认和出入院标准的审核与管理。

门诊补偿分为家庭账户和门诊统筹两种形式。实行门诊家庭账户的地区，基金由家庭成员共同使用，用于家庭成员门诊医药费用支出，也可用于住院医药费用的自付部分和健康体检等。家庭账户基金结余可结转下年度使用，但不得用于冲抵下一年度参加合作医疗交费资金。实行门诊统筹的地区，要合理制定补偿方案，明确门诊补偿范围，设定补偿比例。引导农民在乡、村两级医疗机就诊。要严格控制合作医疗基本药品目录和诊疗项目外医药费用，加强门诊医药费用控制，并加强对定点医疗机构服务行为和农民就医行为的监督管理。

对当年参加合作医疗但没有享受补偿的农民，可以组织进行一次体检，但要合理确定体检项目和收费标准，加强质量控制，并为农民建立健康档案，切实加强农民健康管理，发挥体检作用。设立家庭账户的地区，体检费用原则上从农民家庭账户结余中支出；实行门诊统筹的地区，可以从门诊统筹基金中适当支付。对医疗机构提供体检服务，要根据服务质量、数量和费用标准支付体检费用，不能采取直接预拨的方式。承担体检任务的医疗机构要给予一定的费用减免和优惠。

为鼓励孕、产妇住院分娩，各地要根据实际情况，对参加合作医疗的孕产妇计划内住院分娩给予适当补偿，对病理性产科的住院分娩按疾病住院补偿标准给予补偿。开展“降低孕、产妇死亡率和消除新生儿破伤风项目”的地区，孕产妇住院分娩要先执行项目规定的定额补助政策，再由合作医疗基金按有关规定给予补偿。对于其他政策规定费用优惠的医疗项目，应先执行优惠政策，再对符合合作医疗补偿范围的医疗费用按照新型农村合作医疗规定给予补偿。上述合计补助数不得超过其实际住院费用。

三、农村医疗救助

在农村社会保障中对农民的医疗保障除新型农村合作医疗这种主要形式外还包括农村医疗救助。农村医疗救助是指通过政府拨款和社会捐助等多渠道筹资建立基金，对患大病的农村“五保户”和贫困农民家庭给予一定的医疗费用补助，或者是资助救助对象参加当地新型农村合作医疗的救助制度。国家要求对农村贫困家庭实行医疗救助，要建立独立的医疗救助基金，实行个人申请，村民代表大会评议，民政部门审核批准，医疗机构提供服务的管理体制。

（一）救助对象

农村医疗救助的对象主要包括：农村“五保户”；农村最低生活保障对象的家庭成员；未开展农村最低生活保障的县（市、区）农村特困户家庭成员；因患大病造成生活特别困难又无自救能力的其他农村家庭成员。

（二）服务内容

医疗救助服务包括如下几个层次的内容：

（1）已开展新型农村合作医疗的地区，由农村合作医疗定点卫生医疗机构提供医疗救助服务；未开展新型农村合作医疗的地区，由救助对象户口所在地乡（镇）卫生院和县级医院等提供医疗救助服务。

（2）提供医疗救助服务的医疗卫生机构等应在规定范围内，按照本地合作医疗或医疗保险用药目录、诊疗项目目录及医疗服务设施目录，为医疗救助对象提供医疗服务。

（3）遇到疑难重症需转到非指定医疗卫生机构就诊时，要按照当地治疗救助的有关规定办理转院手续。

（4）承担医疗救助的医疗卫生机构要完善并落实各种诊疗规范和管理制度，保证服务质量，控制医疗费用。

（三）申请步骤

根据国家有关规定，医疗救助实行属地化管理原则。

第一步，申请人（户主）要向村民委员会提出书面申请，填写申请表，如实提供医疗诊断书、医疗费用收据、必要的病史材料、已参加合作医疗按规定领取的合作医疗补助凭证、社会互助帮困情况证明等，经村民代表会议同意后报乡镇人民政府审核。

第二步，乡镇人民政府对上报的申请表和有关材料进行逐项审核，对符合医疗救助条件的上报县（市、区）民政局审批。乡镇人民政府根据需要，可以采取入户调查、邻里访问以及信函索证等方式对申请人的医疗支出和家庭经济状况等有关材料进行调查核实。

第三步，县级人民政府民政部门对乡镇上报的有关材料进行复审核实，并及时签署审批意见。对符合医疗救助条件的家庭核准其享受医疗救助金额，对不符合享受医疗救助条件的，应当书面通知申请人，并说明理由。

第三节　其他农村社会保障政策

一、农村社会养老保障

从现在的规范性法律文件，特别是社会保险立法的角度来看，可以将农村社会养老保障划分为农村社会养老保险、被征地农民养老保险和农民工社会养老保险等几类。这种分类结合了农民的职业和身份特点，基本上包含了现今我国农民的几种生存状态，国家立法分别对这几类人的养老保险作出了调整和规范，真正做到让所有农民“老有所养”。

（一）农村社会养老保险的政策与标准

1. 含义

农村社会养老保险，是指由政府、集体或者社区组织实施，凡是符合投保条件的农村居民都可以参加，在年老时按照养老保险费缴纳状况享受基本养老保险待遇的一种福利性养老保险，其重要的特点是养老保险费由政府、集体、个人等多方负担。在我国，各级劳动和社会保障部门是农村社会养老保险的主管部门，负责养老保险费的收取、建档、汇总、发放等具体管理业务。

2. 政策内容

（1）保险对象及缴纳、领取保险费的年龄。保险对象为非城镇户口、不由国家供应商品粮的农村人口。一般以村为单位确认（包括村办企业职工、私营企业、个体户、外出人员等），组织投保。乡镇企业职工、民办教师、乡镇招聘干部、职工等，可以以乡镇或企业为单位确认，组织投保。少数乡镇因经济或地域等原因，也可以先搞乡镇企业职工的养老保险。外来劳务人员，原则上在其户口所在地参加养老保险。缴纳保险不分性别、职业，年龄为 20～60 周岁。领取养老保险金的年龄一般在 60 周岁以后。

（2）交费标准、支付及变动。① 交费标准范围的选择以及按月交费还是按年交费，均由县（市）政府决定。月交费标准设 2 元、4

元、6 元、8 元、10 元、12 元、14 元、16 元、18 元、20 元共 10 个档次，不同地区以及乡镇、村、企业和担保人自主选择。② 个人补交或预交养老保险费，集体可视情况决定是否给予补助或预交。补交后，总交费年数不得超过 40 年。预交年数一般不超过 3 年。③ 个人或集体根据收入的提高或下降，经社会养老保险管理部门批准，可按规定调整缴纳档次。④ 当遇到各种自然灾害或其他原因，个人或集体无能力缴纳养老保险金，经社会养老保险管理部门批准，在规定的时间内可暂时停缴保费。恢复交费后，对于停缴期的保费，有条件的也可以自愿补齐。服刑者停缴保险费，刑满回原籍者，原保险关系可以恢复，继续投保。⑤ 投保人在缴费期间身亡者，个人缴纳全部本息，退给其法定继承人或指定受益人。⑥ 领取养老金从 60 周岁以后开始，根据缴费的标准、年限，确定支付标准。调整缴费标准或中断缴费者，其领取养老金标准，需待缴费终止时将各档次、各时期积累的保险金额合并，重新计算。⑦ 投保人领取养老金，保证期为 10 年。领取养老金不足 10 年身亡者，保证期内的养老金余额可以继承。无继承人或指定受益人者，按农村社会养老保险管理机构的有关规定支付丧葬费用，领取养老金超过 10 年的长寿者，支付养老金直至身亡为止。⑧ 投保对象从本县（市）迁往外地，若迁入地已建立农村社会养老保险制度，需将其保险关系（含资金）转出迁入地农村社会养老保险管理机构。若迁入地尚未建立养老保险制度，可将其个人交纳全部本息退还本人。⑨ 投保人招工、提干、考学等农转非，可将保险关系（含资金）转入新的保险渠道或将个人缴纳全部本息退还本人。

（3）对几种特殊参保对象的具体规定。① 农村籍义务兵、复员退伍军人等优抚对象是农村人口的一部分，其养老保险应统一参加政府主办的农村社会养老保险。保险应由农村社会养老保险机构承办。可以分期投保，也可以一次性投保。在集体补助上，可适当予以优待。农村籍义务兵等优抚对象参加农村社会养老保险，必须坚持自愿的原则，尊重本人的意愿，不搞强迫命令，不得附加任何条件。在征兵工作中要严格按《中华人民共和国兵役法》和《征兵工作条例》办事，不能把是否投保作为批准入伍的必要条件。农村籍义务兵服现役期间提干或选取为志愿兵的，可将保险关系（含资金）转入新的保险渠道，或将其个人缴纳的全部本息退还给本人。具体可按民政部颁发的《县级农村社会养老保险基本方案》的有关规定执行。凡是已实行乡、村干部退休金办法的，要开始向社会养老保险制度过渡。按照养老保险投保交费的档次和标准，将退休金转交养老保险机构，办理投保手续。② 乡、村干部是建立农村社会养老保险制度的重要组成部分。搞好他们的养老保险，对于解除乡、村干部的养老后顾之忧，完善农村社会保障服务体系，加强农村基层政权建设，促进农村经济和社会的发展与稳定，具有十分重要的意义。乡、村干部参加农村社会养老保险的范围、对象是：全省乡镇、街道办事处非城镇户（非商品粮户）以农代干干部，即乡、镇、街道办事处各行各业招聘干部。合同制干部、职工；村民委员会主任、党支部书记、村民小组组长、会计、出纳等人员。村干部养老保险实施时应以乡、镇、村分别确定投保单位，坚持以个人交费与集体补助相结合的原则，建立乡、村干部个人保险号码，个人交费和集体补助分别记账在乡、村干部个人名下。对乡、村干部参加农村社会养老保险要给予适当比例的补助。补助要结合乡、村经济积累状况和乡、村干部工作年限、任职时间长短、贡献大小区别对待。③ 农村幼儿教师社会养老保险不以营利为目的，以保障幼儿教师年老后的基本生活为宗旨。凡在本省农村任教的非公办聘任幼儿教师，均可向当地民政部门所属农村社会保险公司申请办理农村幼儿教师社会养老保险。取得国家规定的合格学历（含已取得《专业合格证书》）或专业证书免试对象的农村非公办聘任幼儿教师，可优先参本保险。各地幼儿园（班）可自行办理入保手续，也可同由乡（镇）教委（文教办、学区）组织所属幼儿园（班）到农村社会保险公司所属乡管所办理入保手续。县（市、区）农村社会保险公司发给保险对象农村社会养老保险交费证，并盖发证单位印章予以确认。

（二）被征地农民养老保险

被征地农民是指征地时享有农村集体土地承包权的在册农业人口。

目前，国家对被征地农民社会养老保障没有制定统一政策，部分省、自治区直辖市规定：被征地农民包括城市规划区内被征地农民和城市规划区外被征地农民，即在城市规划区内（含县城、镇政府所在地）因征地失去二分之一以上农用地的人员；在城市规划区外经征地后，被征地农户人均耕地面积低于所在县（市、区）农业人口人均耕地面积三分之一的人员。

部分省、自治区、直辖市规定，被征地农民交费标准为：按照一定的交费基数和比例进行交费；被征地农民基本养老保险待遇为：按其交费比例乘以领取时本市城市居民月最低生活保障标准计发。

二、农村最低生活保障

农村最低生活保障是对家庭人均收入低于最低生活保障标准的农村贫困人口按最低生活保障标准实行差额补助的制度。

（一）保障标准和对象范围

（1）农村最低生活保障标准。农村低保标准，由各县（市、区）民政部门会同财政、物价、统计等部门，根据当地维持农村居民基本生活所必需的衣、食、住费用，适当考虑用电、取暖、未成年人义务教育等所需费用确定，经同级政府批准后执行。农村低保标准要根据当地经济发展水平、财政负担能力、农村居民生活水平、物价指数等因素的变化适时调整。

（2）农村最低生活保障对象范围。凡共同生活的家庭成员年人均纯收入低于户籍所在地农村低保标准、持有本地居民常住户口的农村居民均属保障范围。无当地常住户口的人员不享受当地农村低保待遇（不含已迁往学校的大中专在校学生）。家庭成员是指具有法定赡养、扶养或抚养关系的人员，主要包括祖父母（外祖父母）、父母（岳父母或公婆）、配偶、子女、孙子女（外孙子女）以及其他具有法定赡养、扶养或抚养义务关系的直系亲属。

（二）农村居民家庭收入计算

（1）农村居民家庭收入是指共同生活的家庭成员全年的货币收入和实物收入的总和。主要包括：① 从事农副业生产的劳动收入。② 外出务工、自谋职业等获得的劳务、经营管理等收入。③ 出租或变卖家庭财产获得的收入。④ 法定赡养人、扶养人或抚养人应当给付的赡养费、扶养费或抚养费。⑤ 依法继承的遗产或接受的赠与。⑥ 受灾户领取的救济款（物）。⑦ 其他应计入的收入。

（2）不列入家庭收入的项目。以下内容不计入家庭收入：① 优抚对象按照国家规定享受的抚恤金优待金等。② 对国家、社会和人民作出特殊贡献，由政府给予的奖金及市级以上劳动模范享受的荣誉津贴。③ 为解决在校学生就学困难，由政府和社会给予的补助金。④ 因意外伤亡获得的护理费、丧葬费和一次性抚恤金等。⑤ 独生子女费。⑥ 参加新型农村合作医疗保险的医疗费。⑦ 农村贫困家庭大病救助费。⑧ 其他按规定不应计入的收入。

（三）申请、审批程序

（1）申请。凡申请享受农村低保待遇的，应按照属地管理原则，以家庭为单位，由户主或委托村民小组向户口所在地的村委会提出书面申请，填写《农村居民最低生活保障待遇申请书》，同时提交居民户口本、居民身份证、收入证明以及其他相关证明材料。贫困户所在村的村民委员会每年向乡（镇）政府出具申请低保待遇贫困户的收入及其他证明。

（2）受理。村民委员会对申请人的家庭收入和实际情况进行调查核实，提请村民代表会议评议，经评议符合低保条件的申请对象，在村务公开栏公示 7 日以上，对无异议和虽有异议但经村委会复审确认符合条件的，在《农村居民最低生活保障待遇申请书》上签署意见，同时将所有相关证明材料报乡（镇）人民政府。对经评议或公示后复审不符合低保条件的，要在其《农村居民最低生活保障待遇申请书》上签署意见后备案，并将所有证明材料退还申请者本人，同时要做好解释工作。

（3）审核。乡（镇）农村低保评审小组要通过入户调查核实，邻里走访及家庭收入计算等办法，在 10 个工作日内完成申请人基本情况和相关证明的审核和报批工作，对符合条件的要在《农村居民最低生活保障待遇申请书》上签署意见，并填写《农村居民最低生活保障待遇申请人员家庭情况调查表》，同时将相关证明材料报县（市、区）民政部门审批。经评审不符合低保条件的，要在其《农村居民最低生活保障待遇申请书》上签署意见，登记后将《农村居民最低生活保障待遇申请书》及其所有证明材料退回村委会做好解释和答复工作。

（4）审批。县（市、区）民政局要在10个工作日内完成对乡（镇）人民政府报批的农村低保对象材料的审核，符合低保条件的，核定其享受低保待遇标准，并委托村委会再次公示3日。经公示无异议的，填写《农村居民最低生活保障待遇审批表》，发放《农村居民最低生活保障金领取证》；不符合低保条件的，要在其《农村居民最低生活保障待遇申请书》上签署意见，登记后将《农村居民最低生活保障待遇申请书》及其所有证明材料退回乡（镇）人民政府。

（四）资金的筹集、管理、发放

（1）资金来源。主要有以下四个方面：① 财政预算资金。② 农村低保资金财政账户所形成的利息收入。③ 社会捐赠资金。④ 按规定可用于农村低保的其他资金。

（2）资金管理。低保资金以县（市、区）为单位统一核算和管理。市、县（市/区）财政每年将农村低保资金列入财政预算，具体数目由民政部门会同财政部门确定，报同级政府和人民代表大会批准后执行；省、市、县（市、区）财政预算资金要定期拨付；市、县（市、区）民政部门要定期向同级财政部门和上级民政部门报送预算执行情况。

（3）资金发放。农村低保资金发放方案由县（市、区）民政部门会同财政部门制定。县（市、区）财政部门要按年度农村低保资金发放方案将低保资金拨付到乡（镇）政府，由乡（镇）政府按季发放到低保对象手中；实行社会化发放的地方可以由县（市、区）财政按照低保户名单直接划拨经办金融机构设立的低保对象个人账户；对行动不便的低保对象，可由乡（镇）政府送达或委托邮局发放。

三、“五保户”供养

农村五保供养，是指依照规定，在吃、穿、住、医、葬方面给予村民的生活照顾和物质帮助。

（一）供养对象

老年、残疾或者未满 16 周岁的村民，无劳动能力、无生活来源又无法定赡养、抚养、扶养义务人，或者其法定赡养、抚养、扶养义务人无赡养、抚养、扶养能力的，享受农村五保供养待遇。

（二）申请、审批程序

享受农村五保供养待遇，应当由村民本人向村民委员会提出申请；因年幼或者智力残疾无法表达意愿的，由村民小组或者其他村民代为提出申请。经村民委员会民主评议，对符合规定条件的在本村范围内公告；无重大异议的，由村民委员会将评议意见和有关材料报送乡、民族乡、镇人民政府审核。

乡、民族乡、镇人民政府应当自收到评议意见之日起 20 日内提出审核意见，并将审核意见和有关材料报送县级人民政府民政部门审批。县级人民政府民政部门应当自收到审核意见和有关材料之日起 20 日内作出审批决定。对批准给予农村五保供养待遇的，发给《农村五保供养证书》；对不符合条件不予批准的，书面说明理由。

农村五保供养对象不再符合规定条件的，村民委员会或者敬老院等农村五保供养服务机构（以下简称农村五保供养服务机构）应当向乡、民族乡、镇人民政府报告，由乡、民族乡、镇人民政府审核并报县级人民政府民政部门核准后，核销其《农村五保供养证书》。

农村五保供养对象死亡，丧葬事宜办理完毕后，村民委员会或者农村五保供养服务机构应当向乡、民族乡、镇人民政府报告，由乡、民族乡、镇人民政府报县级人民政府民政部门核准后，核销其《农村五保供养证书》。

（三）供养内容

农村五保供养包括五项内容：① 供给粮油、副食品和生活用燃料。② 供给服装、被褥等生活用品和零用钱。③ 提供符合基本居住条件的住房。④ 提供疾病治疗，对生活不能自理的给予照料。⑤ 办理丧葬事宜。

农村五保供养对象未满 16 周岁或者已满 16 周岁仍在接受义务教育的，应当保障他们依法接受义务教育所需费用。

农村五保供养对象的疾病治疗，应当与当地农村合作医疗和农村医疗救助制度相衔接。

（四）供养标准和形式

农村五保供养标准不得低于当地村民的平均生活水平，并根据当地村民平均生活水平的提高适时调整。

农村五保供养对象可以在当地的农村五保供养服务机构集中供养，也可以在家分散供养。农村五保供养对象可以自行选择供养形式。

集中供养的农村五保供养对象，由农村五保供养服务机构提供供养服务；分散供养的农村五保供养对象，可以由村民委员会提供照料，也可以由农村五保供养服务机构提供有关供养服务。

第十一章　农村社会生活法律制度

第一节　婚姻法

一、结婚制度

（一）结婚的实质要件

结婚的实质要件包括结婚的必备条件和禁止条件。

结婚必须符合以下条件：① 必须男女双方完全自愿。② 必须达到法定婚龄。法定婚龄是指法律规定的男女结婚必须达到的最低年龄。《婚姻法》第 6 条规定，结婚年龄，男不得早于 22 周岁，女不得早于 20 周岁。③符合一夫一妻制。

结婚的禁止条件根据《婚姻法》第 7 条的规定，有下列情形之一的禁止结婚：① 直系血亲和三代以内的旁系血亲不得结婚。直系血亲包括父母子女、祖父母与孙子女、外祖父母与外孙子女等。三代以内的旁系血亲，即同源于祖父母、外祖父母的血亲，包括同父同母的兄弟姐妹、同父异母及同母异父的兄弟姐妹、伯、叔、姑、舅、姨，堂兄弟姐妹、姑表兄弟姐妹、舅表兄弟姐妹、姨表兄弟姐妹、侄子女、外甥子女等。② 患有医学上认为不应当结婚的疾病者不得结婚。这里主要包括严重遗传性疾病、重型精神病和严重的传染性疾病等。

（二）结婚的形式要件

结婚必须具备法律规定的条件，同时还必须履行法律规定的程序，即结婚登记。《婚姻法》第 8 条规定："要求结婚的男女双方必须亲自到婚姻登记机关进行结婚登记。"取得结婚证，即确立夫妻关系。

（三）重婚

重婚是指有配偶者又与他人结婚的行为，即一人已有了合法的婚姻关系，后又与他人缔结第二个婚姻关系，前者叫前婚，后者叫后婚，也叫重婚。前婚有效，后婚无效。

1. 重婚的形式

重婚分为两种形式：法律重婚和事实重婚。

法律重婚是指前婚未解除又与他人办理结婚登记。在实行单一登记结婚的中国，只要双方办理了结婚登记，不论是否同居即已构成重婚。事实重婚是指前婚未解除又与他人以夫妻名义共同生活，但未办理结婚登记手续，只要双方公开以夫妻名义共同生活，虽未办理结婚登记，也已构成重婚。

在现实生活中，要注意区分事实重婚和有配偶者与他人同居的区别。有配偶者与他人同居又叫姘居，是指男女一方或双方有配偶而又与婚外异性不以夫妻名义，持续、稳定地共同居住。姘居不以夫妻名义同居，周围的人也不认为他们是夫妻；而事实重婚则公开以夫妻名义同居，周围的人认为他们是夫妻。有配偶者与他人同居不构成犯罪，但须承担民事责任。

2. 重婚的法律后果

（1）重婚的民事后果。第一，重婚不具有婚姻的法律效力，重婚是婚姻无效的原因之一；第二，重婚是认定夫妻感情确已破裂，法院准予离婚的情形之一；第三，在离婚时，重婚是无过错方要求损害赔偿的理由之一。

（2）重婚的刑事责任。重婚者应承担刑事责任。《刑法》第 258

条规定："有配偶而重婚的，或者明知他人有配偶而与之结婚的，处2 年以下有期徒刑或者拘役。"即有配偶而重婚者或明知对方有配偶而故意与之结婚者，应承担重婚罪的刑事责任。不知对方已有配偶而与之结婚的，不构成重婚罪，仅承担重婚的民事责任。

（四）无效婚姻和可撤销婚姻

1. 无效婚姻

无效婚姻是指欠缺婚姻成立的实质要件或形式要件，因而不具有合法效力的婚姻。根据《婚姻法》第 10 条的规定，有下列情形之一的为婚姻无效：①重婚的。②有禁止结婚的亲属关系的。禁止结婚的亲属关系是指直系血亲或三代以内的旁系血亲。③婚前患有医学上认为不应当结婚的疾病，（精神方面的疾病和重大不治的传染性疾病或遗传性疾病），婚后尚未治愈的。④未到法定婚龄的。

符合上述条件之一的，婚姻当事人及利害关系人均可向人民法院申请宣告婚姻无效，但是申请时，法定的无效婚姻情形已经消失的，人民法院不予支持。即虽然婚姻成立时上述无效原因存在，但申请时该原因已不存在的，人民法院不得再宣告婚姻关系无效，其婚姻关系转化为有效的婚姻关系。

2. 可撤销婚姻

可撤销婚姻是指男女双方或一方缺乏结婚的合意，因受胁迫而结合的违法婚姻。胁迫是指行为人以给另一方当事人或者其近亲属的生命、身体健康、名誉、财产等方面造成损害为要挟，迫使另一方当事人违背真实意愿结婚的情况。《婚姻法》规定："因胁迫结婚的受胁迫的一方可以向婚姻登记机关或人民法院请求撤销该婚姻。"同时，《婚姻法解释（一）》明确规定："因受胁迫而请求撤销婚姻的，只能是受胁迫一方的婚姻关系当事人本人。"

撤销权行使的期限是自结婚登记之日起一年内提出；被非法限制人身自由的当事人请求撤销婚姻的应当自恢复人身自由之日起一年内提出。

3. 法律后果

无效婚姻和可撤销婚姻的法律后果。《婚姻法》第 12 条规定：

"无效或被撤销的婚姻，自始无效。"这意味着该婚姻自一开始就不具有婚姻的效力。同居双方不享有夫妻权利义务，为非法同居。

（五）事实婚姻

事实婚姻是指没有配偶的男女，未进行结婚登记，即以夫妻名义同居生活，群众也认为是夫妻关系的两性结合。《婚姻法解释（一）》第 5 条规定，未办理结婚登记而以夫妻名义共同生活的男女，起诉到法院离婚的，应当区别对待：一是按事实婚姻处理；二是按同居关系处理。对于事实婚姻，我国经历了从承认、限制承认、不承认的发展过程。

1. 承认主义时期

1950 年《婚姻法》施行期间。我国在 20 世纪 50 年代承认事实婚姻关系。

2. 限制承认主义时期

1989 年 11 月 21 日最高人民法院《关于人民法院审理未办理结婚登记而以夫妻名义同居生活案件的若干意见》指出了"有条件地承认事实婚姻关系"的原则。其基本要点为：① 1986 年 3 月 15 日以前，没有配偶的男女未办结婚登记即以夫妻名义同居生活，群众也认为是夫妻关系的，一方向法院起诉离婚，如起诉时双方均符合结婚的法定条件，则认定为事实婚姻关系；② 1986 年 3 月 15 日后，没有配偶的男女未办结婚登记即以夫妻名义同居生活，群众也认为是夫妻关系的，如同居时双方均符合结婚的法定条件可认定为事实婚姻关系。

3. 不承认主义时期

1994 年 2 月 1 日颁布了新的《婚姻登记管理条例》，最高人民法院在《关于适用新的〈婚姻登记管理条例〉的通知》中明确规定："自 1994 年 2 月 1 日起，没有配偶的男女，未经结婚登记即以夫妻名义同居生活的，其婚姻关系无效，不受法律保护。对于起诉到人民法院的，应按非法同居关系处理。"显然，自 1994 年 2 月 1 日起，不再承认事实婚姻的法律效力。

二、离婚制度

在我国，离婚分为协议离婚和诉讼离婚两种方式。

（一）协议离婚

协议离婚是指夫妻双方自愿离婚，并就离婚的法律后果，如离婚后子女的抚养、财产、债务等问题达成协议，经法定部门认可即可解除婚姻关系。

（二）诉讼离婚

1. 诉讼离婚的概念和法定条件

诉讼离婚是指夫妻双方对待离婚或离婚后子女或财产分割等问题不能达成协议由一方向人民法院提起诉讼，经人民法院审理、调解或判决的一种离婚制度。《婚姻法》规定："人民法院审理离婚案件，应当进行调解；如感情确已破裂，调解无效，应准予离婚。"这一规定表明："夫妻感情确已破裂"是我国诉讼离婚的法定条件。

为了便于司法实践的操作，《婚姻法》还列举了若干感情已破裂的情形：① 重婚或有配偶者与他人同居的。② 实施家庭暴力或虐待、遗弃家庭成员的。家庭暴力是指行为人以殴打、捆绑、残害、强行限制人身自由或者其他手段，给其家庭成员的身体、精神等方面造成一定伤害后果的行为。持续性、经常性的家庭暴力，构成虐待。其中受害者多为女性配偶、儿童和老人。遗弃是对年老、年幼、患病或其他因没有独立生活能力的家庭成员，负有法定的抚养义务，而拒绝抚养的行为。③ 有赌博、吸毒等恶习屡教不改的。④ 因感情不和分居满两年的。⑤ 其他导致夫妻感情破裂的情形。

2. 诉讼离婚的程序

我国的诉讼离婚程序包括起诉与受理、诉讼中的调解和判决三个阶段。调解是人民法院审理离婚案件的必经程序。人民法院对调解无效的离婚案件，在查明事实的基础上，依法作出判决。

（1）诉讼离婚中对女方的特殊保护。《婚姻法》第 34 条规定："女方在怀孕期间、分娩后 1 年内或中止妊娠后 6 个月内，男方不得提出离婚。女方提出离婚的，或人民法院认为确有必要受理男方离婚请求的不在此限。”“确有必要”主要指两种情况：一是双方确实存在不能继续共同生活的重大紧迫事由，一方对他方有危及生命、人身安全的可能；二是妻子虽身怀有孕，但胎儿不是丈夫所有。

（2）诉讼离婚中对军人的特殊保护。《婚姻法》第 33 条规定：“现役军人的配偶要求离婚须得军人同意，但军人一方有重大过错的除外。”所谓“重大过错”是指：重婚或有配偶者与他人同居的；实施家庭暴力或虐待、遗弃家庭成员的；有赌博、吸毒等恶习屡教不改的；其他违背法律或公序良俗导致夫妻感情破裂的重大情形。

三、离婚的法律后果

（一）夫妻共同财产的分割

离婚使夫妻财产关系结束，发生夫妻共同财产的分割。在分割夫妻共同财产时应明确夫妻共同财产的范围，将夫妻共同财产与夫妻个人财产作出区分。

（1）夫妻共同财产的范围。包括：①《婚姻法》第 17 条规定，夫妻在婚姻关系存续期间所得的下列财产，归夫妻共同所有：工资、奖金；生产、经营的收益；知识产权的收益继承或赠与所得的财产（但本法第 18 条第 3 项规定的除外）；其他应当归共同所有的财产。② 婚后父母出资为双方购置的房屋为对双方的赠与，但明确给一方的除外。

（2）夫妻个人财产的范围。根据《婚姻法》第 18 条的规定，有下列情形之一的为夫妻一方的财产：① 一方的婚前财产。② 一方因身体受到伤害获得的医疗费、残疾人生活补助费等费用。③ 遗嘱或赠与合同中确定只归夫或妻一方的财产。④ 一方专用的生活用品。⑤ 其他应当归一方的财产。

归一方个人所有的财产由夫或妻单独享有所有权。对夫妻共同财产，《婚姻法》第 39 条规定：“离婚时，夫妻的共同财产由双方协议处理；协议不成时，由人民法院根据财产的具体情况，照顾子女和女方权益的原则判决。”

（二）夫妻共同债务的清偿

属于夫妻个人债务的，原则上由本人自己清偿。离婚时，原为夫妻共同生活所负的债务，应当共同偿还，夫妻应负连带责任。

（三）离婚损害赔偿请求权

因配偶一方法定的过错行为而导致婚姻关系破裂的，配偶中无过错一方依照法律的相关规定，有权向过错一方请求赔偿其财产和精神上损失的权利。

《婚姻法》第 46 条规定，有下列情形之一导致离婚的，无过错方有权请求损害赔偿：① 重婚的。② 有配偶者与他人同居的。③ 实施家庭暴力的。④ 虐待、遗弃家庭成员的。

第二节　继承法

一、继承概述

（一）继承法的基本原则

1．男女平等原则

《继承法》第 9 条规定："继承权男女平等。"即对于女子，无论已婚还是未婚，都依法享有与男子同等的继承权。

2．限定继承原则

《继承法》第 33 条规定："继承遗产应当清偿被继承人依法应当缴纳的税款和债务，缴纳税款和清偿债务以他的遗产实际价值为限。超过遗产实际价值部分，继承人自愿偿还的不在此限。"这表明我国实行的是限定继承。限定继承是指继承人清偿被继承人的债务时，以遗产的实际价值为限，超过遗产实际价值的部分，继承人没有清偿的义务。

3. 养老育幼、照顾“弱者”原则

（二）继承权

继承权是继承人依法享有的继承被继承人遗产的权利。死亡的公民叫被继承人。继承人是指依照继承法规定有权继承被继承人遗产的人，包括法定继承人和遗嘱继承人。

继承人有接受继承的权利也有放弃继承的权利。接受或放弃的表示必须在继承开始后，遗产分割前作出。放弃继承必须采用明示方式，接受继承则采用默示推定方式。《继承法》第 25 条规定：“继承开始后继承人放弃继承的，应当在遗产处理前，作出放弃继承的表示。没有表示的视为接受继承。”

但是，继承人有下列行为之一的，丧失继承权：① 故意杀害被继承人的。② 为争夺遗产而杀害其他继承人的。③ 遗弃被继承人的，或者虐待被继承人情节严重的。④ 伪造、篡改或者销毁遗嘱，情节严重的。

（三）遗产的范围

遗产是公民死亡时遗留的个人合法财产，可以作为遗产的财产包括：①公民的收入。②公民的房屋、储蓄和生活用品。③公民的林木、牲畜和家禽。④公民的文物、图书资料。⑤法律允许公民所有的生产资料。⑥公民的著作权、专利权中的财产权利。⑦公民的其他合法财产。其他合法财产包括：第一，抵押权、质押权和留置权；第二，典权；第三，有价证券；第四，债权；第五，土地承包经营权。

二、法定继承

（一）法定继承的概念和适用条件

法定继承是指由法律直接规定继承人的范围、继承顺序和遗产分配原则的一种继承方式。继承开始后，留有遗赠扶养协议的应当先执行协议；没有协议或者协议无效的，有遗嘱的应执行遗嘱；按遗嘱方式继承；没有遗嘱或者遗嘱无效的，才可按法定继承办理。

（二）法定继承人的范围和顺序

根据《继承法》的规定，法定继承人的范围包括：配偶、子女、父母、兄弟姐妹、祖父母、外祖父母，以及对公婆或岳父母尽了主要赡养义务的丧偶儿媳、女婿。

法定继承人的顺序为：

第一顺序：配偶、子女、父母、对公婆或岳父母尽了主要赡养义务的丧偶儿媳或女婿。

第二顺序：兄弟姐妹、祖父母、外祖父母。

继承开始后，由第一顺序继承人继承，第二顺序继承人不继承。没有第一顺序继承人继承的，由第二顺序继承人继承。

三、遗嘱继承

遗嘱继承是指按照被继承人生前所立的合法有效的遗嘱来确定继承人并继承其遗产的一种继承方式。遗嘱继承优先于法定继承，但是，遗嘱继承不适用代位继承。

（一）遗嘱的概念和有效条件

1. 遗嘱的概念

遗嘱是指公民生前按照法律规定的方式对自己的财产或其他事务进行预先的处分，并于其死后发生法律效力的一种民事法律行为。立遗嘱的公民称为遗嘱人，接受遗嘱指定继承遗产的人称为遗嘱继承人。

2. 遗嘱的有效条件

（1）遗嘱人立遗嘱时必须具有遗嘱能力。

（2）遗嘱必须是遗嘱人的真实意思表示。

（3）遗嘱必须符合法定形式。遗嘱人设立遗嘱，必须遵行《继承法》所规定的形式。遗嘱形式共分为五种：公证遗嘱、自书遗嘱、代书遗嘱、录音遗嘱和口头遗嘱。在这五种遗嘱中，公证遗嘱的效力最高，自书遗嘱、代书遗嘱、录音遗嘱和口头遗嘱之间效力是相同的。代书遗嘱、录音遗嘱和口头遗嘱都必须有两个以上的见证人在场见证。

遗嘱见证人是遗嘱人在立遗嘱时的证明人。根据《继承法》规定，遗嘱见证人必须具有完全民事行为能力，并且与继承人、遗嘱人没有利害关系。

（二）遗嘱的变更和撤销

《继承法》规定："遗嘱人可以撤销、变更自己所立的遗嘱。"立有数份遗嘱，内容相抵触的，以最后的遗嘱为准。公证遗嘱的撤销、变更必须采用公证方式。

四、继承的开始

《继承法》规定："继承从被继承人死亡时开始。"据此，被继承人的死亡时间就是继承开始的时间。其死亡时间如何确定，直接影响到继承人的利益。其中，难点问题是相互具有继承关系的人同时死亡，但是死亡时间无法确定时如何确定谁先死亡，相互有继承关系的几个人在同一事件中死亡，如不能确定死亡先后时间的，我国采用的是推定制。最高人民法院的《继承法意见》规定："相互有继承关系的几个人在同一事件中死亡，如不能确定死亡先后时间的，推定没有继承人的人先死亡。死亡人各自都有继承人的，如几个死亡人辈分不同，推定长辈先死亡；几个死亡人辈分相同，推定同时死亡，彼此不发生继承，由他们各自的继承人分别继承。"

第三节　收养法

一、收养的概念

收养是指公民依照法律的规定，领养他人的子女作为自己的子女，使本无亲生父母子女关系的人之间产生法律确认的父母子女关系的法律行为。领养他人子女的人称为收养人或养父母；被他人收养的人称为被收养人或养子女；将子女送给他人收养的父母、儿童福利机构、民政部门和其他监护人称为送养人。

二、收养关系的成立

我国《收养法》规定，收养关系成立应具备实质要件和形式要件。

（一）收养成立的实质要件

1. 收养人应具备的一般条件

根据《收养法》的规定，收养人应同时具备的条件为：①无子女。②有抚养教育被收养人的能力。③年满 30 周岁。④未患有在医学上认为不应当收养子女的疾病。⑤只能收养 1 名子女。⑥夫妻双方同意。⑦无配偶的男性收养女性的，收养人与被收养人的年龄应当相差 40 周岁以上。

2. 收养人的特殊规定

（1）收养孤儿、残疾儿童或者弃婴和弃儿。《收养法》规定，收养孤儿、残疾儿童或者收养由社会福利机构抚养的、查找不到生父母的弃婴和儿童，不受收养人无子女和收养一名的限制。按此规定，有子女的收养人亦可收养本规定中所列举的被收养人，收养一名或数名均可。

（2）收养三代以内同辈旁系血亲的子女。《收养法》规定：收养在自然血亲之间发生，条件可以适当放宽。收养人与送养人是三代以内同辈旁系血亲，即双方为兄弟姐妹、堂兄弟姐妹、表兄弟姐妹，被收养人为他们的子女，收养可以不受被收养人不满 14 周岁及生父母有特殊困难无力抚养子女的限制；不受无配偶的男性收养女性应相差 40 周岁的限制。

（3）被收养人应具备的条件。根据《收养法》的规定，被收养人应具备下列条件：①应为不满 14 周岁的未成年人。②丧失父母的孤儿。③查找不到生父母的弃婴和儿童。

（4）送养人应具备的条件。《收养法》对送养人的规定是：①生父母有特殊困难无力抚养子女。②孤儿的监护人。③社会福利机构。

（二）收养成立的形式要件

根据《收养法》的规定，收养关系的成立应当向县级以上人民政府民政部门登记。登记是收养关系成立必经的法定程序，收养关系自登记之日起成立。

办理收养登记的程序如下：

（1）申请收养人要求办理收养登记的，应亲自到收养登记机关提出申请，被收养人是年满10周岁以上未成年的，也须亲自到场。

（2）审查收养登记机关对所提交的证明材料进行审查。收养查找不到生父母的弃婴和儿童的，办理登记的民政部门应当在登记前予以公告。经公告查找，的确没有生父母下落的，才允许他人收养该弃婴或弃儿。

（3）登记收养登记机关对收养人的申请，所提交的证明材料进行审查后，对符合收养条件的，准予登记，发给《收养证》。收养关系自登记之日起成立。

三、收养的效力

根据《收养法》的规定，自收养关系成立之日起，收养人与被收养人之间发生与自然血亲的父母子女完全相同的权利义务关系。养父母有抚养、教育养子女的权利和义务。养子女成年后，对养父母有赡养、扶助的义务。养父母与养子女之间有相互继承遗产的权利。

收养产生后，养子女与养父母的近亲属间也产生相应的亲属关系，养子女与养父母的父母间产生养祖孙关系，适用法律有关祖孙间权利义务关系的规定。养子女与养父母的子女间产生养兄弟姐妹关系，适用法律关于兄弟姐妹间权利义务关系的规定。被收养人与生父母的权利义务关系消灭。

四、收养关系的解除

（一）收养关系解除的方式

根据《收养法》规定，收养关系的解除有两种方式：协议解除和诉讼解除。

（1）协议解除。当事人协议解除收养关系的，应当到被收养人常住户口所在地的收养登记机关办理解除收养关系登记。

（2）诉讼解除。凡当事人之间就解除收养关系不能达成协议的，可以向人民法院起诉，请求解除收养关系。

（二）收养关系解除的法律后果

（1）收养关系解除后，养子女与养父母及其他近亲属间的权利义务关系即行消灭。

（2）收养关系解除后养子女与生父母及其近亲属的关系是否恢复，应视具体情况而定。如解除收养关系时，养子女为未成年人，与生父母及其他近亲属间的权利义务关系自行恢复，应由生父母领回抚养。如果养子女已经成年并已独立生活，与其生父母及其近亲属间的权利义务关系是否恢复应由双方协商。

（3）收养关系解除后，经养父母抚养成年的养子女，对缺乏劳动能力又缺乏生活来源的养父母负有给付生活费的义务。

（4）因养子女成年后虐待、遗弃养父母而解除收养关系的，养父母可以要求养子女补偿收养期间支出的生活费和教育费。

（5）生父母要求解除收养关系的，养父母可以要求生父母适当补偿收养期间支出的生活费与教育费。但因养父母虐待、遗弃养子女而由生父母要求解除收养关系的，养父母则丧失要求生父母经济补偿的权利。养父母如要求解除收养关系，则没有要求经济补偿的权利。

第十二章　农村经济纠纷的仲裁和诉讼

第一节　农村经济纠纷的解决途径

一、协商

协商，又称和解，是指当经济纠纷发生后，在无第三人参与的情况下，仅由双方当事人就争议的有关问题进行协商，双方都作出一定的让步，在完全自愿的基础上达成彼此都认可的和解协议，从而解决争议。

协商的方式具有以下优点：①协商解决争议，自愿履行和解协议，不需经过诉讼或仲裁程序，有利于节省费用，及时处理争议。②协商解决争议无法定要求的程序，当事人有完全自主权，可以灵活处理争议。③协商解决争议，有利于消除当事人之间的误解，稳定双方当事人的相互信任和友好合作关系，有利于双方经济关系的进一步发展。但当事人之间的和解协议没有法律效力。

二、调解

调解，是指在第三人主持下，在查明事实、分清是非的基础上，通过依法说明教育，使当事人双方自愿达成调解协议，从而解决争议。调解按其处理机构和程序可分为民间调解、仲裁机构调解和法院调解三种。

民间调解即第三人调解，是指在实践中双方当事人可通过第三人或某一可以信任的机构进行调解，从而解决争议。此类调解达成的调解协议无法律约束力。

仲裁机构调解是指当事人双方在仲裁机构的主持下，对争议的问题达成一致意见，并由仲裁机构对调解协议予以确定，从而解决争议。调解协议经仲裁员签字加盖仲裁委员会公章并经双方签收后产生法律约束力，并与裁决书具有同等法律效力。

法院调解是指当事人双方在法院主持下，对争执的问题达成一致意见，并由法院对调解协议予以确认，从而解决争议。调解协议经审判员签字加盖人民法院公章并经双方签收后产生法律约束力，它与人民法院作出的生效的判决书或裁定书具有同等法律效力。

以上各类调解的共同点是：都在争议处理机构或第三人直接主持下进行，都基于当事人双方的完全自愿达成互谅互让的调解协议，都是结束争议的方法和手段。其区别主要体现在上述调解协议的法律效力不同上。

三、仲裁

仲裁，是指争议双方在争议发生前或争议发生后达成仲裁协议，自愿将争议提交非司法机构的第三者审理，并作出对争议各方均有约束力的裁判的一种解决争议的方法。

四、诉讼

诉讼，通常是指当事人将发生的经济纠纷案件向有管辖权的人民法院提起诉讼，人民法院依据实体法和程序法的规定，对当事人之间的经济权利和经济义务作出裁决的一种解决争议的方法。

对此，《合同法》第 128 条规定：“当事人可以通过和解或者调解解决合同争议。”“当事人不愿和解、调解或者和解、调解不成的，可以根据仲裁协议向仲裁机构申请仲裁。涉外合同的当事人可以根据仲裁协议向中国仲裁机构或者其他仲裁机构申请仲裁。当事人没有订立仲裁协议或者仲裁协议无效的，可以向人民法院起诉。当事人应当履行发生法律效力的判决、仲裁裁决、调解书。拒不履行的，对方可以请求人民法院执行。”

第二节　仲　裁

一、仲裁与仲裁法的概念

（一）仲裁的概念和特征

（1）仲裁，又称公断，是仲裁机构根据争议双方事前或事后自愿达成的仲裁协议，对争议按一定程序审理，并且作出对争议双方均有约束力的裁决的一种法律制度。

（2）仲裁特点：① 仲裁是由仲裁委员会出面解决当事人之间争议的活动。② 提交仲裁以争议双方当事人自愿为前提。③ 仲裁所作出的裁决具有法律效力。

（3）仲裁具有以下优越性：① 公正、权威。仲裁员大都是兼职的，从公道正派的专业人员中聘请，仲裁法对仲裁员的专业水平要求较高。仲裁机构独立于行政机关，不隶属于仲裁委员会，这能有效地避免行政干预、长官意志。② 快速、经济。仲裁实行或裁或审，一裁终局制度。仲裁裁决生效后，若败诉方不自觉履行，当事人可直接凭裁决书申请法院强制执行。并且仲裁程序简便，期限较短。与诉讼两审终审制相比，在时间、精力和财力上更节省。③ 保密性强。仲裁不公开进行；当事人如果不愿意写明争议事实和理由的，可以不写明事实和理由。

（二）仲裁法

仲裁法是调整仲裁关系的法律规范的总称。狭义的仲裁法指集中调整仲裁关系的仲裁法典，即 1994 年 8 月 31 日第八届全国人民代表大会常务委员会第 9 次会议通过，并于 1995 年 9 月 1 日起施行的《中华人民共和国仲裁法》；广义的仲裁法，除《仲裁法》外，还包括其他法律、法规中关于仲裁的规定，如《合同法》、《民事诉讼法》中有关仲裁的内容，以及对劳动争议仲裁和农业集体经济组织内部的农业承包合同纠纷仲裁的有关规定（本节主要介绍《中华人民共和国仲裁法》，以下简称《仲裁法》）。

二、仲裁范围

（一）可以仲裁的纠纷

根据《仲裁法》第 2 条规定："平等主体的公民、法人和其他组织之间发生的合同纠纷和其他财产权益纠纷，可以仲裁。"即可以仲裁的纠纷应符合两个条件：①平等主体之间的纠纷。②合同纠纷和其他财产权益纠纷。

根据《仲裁法》新组建的仲裁委员会的主要职责是受理国内仲裁案件。涉外仲裁案件的当事人自愿选择新组建的仲裁委员会仲裁的，新组建的仲裁委员会可以受理。新组建的仲裁委员会受理的涉外仲裁案件的仲裁收费与国内仲裁案件的仲裁收费应当采用同一标准。

（二）不能仲裁的纠纷

根据《仲裁法》第 3 条规定：下列纠纷不能仲裁：①婚姻、收养、监护、扶养、继承纠纷，即非财产权的身份权纠纷，仲裁委员会不受理。②依法应当由行政机关处理的行政争议，因不能由当事人处分相关权利，仲裁委员会不能受理。另外《仲裁法》规定，仲裁委员会不受理因劳动争议和农业集体经济组织内部的农业承包合同纠纷提出的仲裁申请。

三、仲裁的基本原则

（1）仲裁自愿原则。《仲裁法》第 4 条规定："当事人采用仲裁方式解决纠纷，应当双方自愿，达成仲裁协议。没有仲裁协议，一方申请仲裁的，本仲裁委员会不予受理。"仲裁自愿原则包括：①当事人发生纠纷，是否通过仲裁方式予以解决，由当事人自愿决定。即申请仲裁，必须有双方自愿达成的书面仲裁协议，否则仲裁委员会不受理。②仲裁机构、仲裁地点，由当事人协商选定；仲裁事项由当事人双方自愿约定。③仲裁庭的组成人员由当事人自主选定或者委托仲裁委员会主任指定；当事人还可约定仲裁庭开庭的形式。

（2）根据事实，符合法律规定，公平合理地解决纠纷的原则。这一原则要求仲裁委员会处于公正的公断人地位，在查明案件事实的基础上，以客观事实为依据，依照实体法和程序法确认双方当事人的权利义务关系，作出公正的裁决，平等地保护双方当事人的合法权益。

（3）独立仲裁原则。根据《仲裁法》第 8 条规定："仲裁依法独立进行，不受行政机关、社会团体和个人的干涉。"这一原则体现在：①仲裁机构本身是独立的，不隶属行政机关。②仲裁机构仲裁案件只依照法律进行，不受任何干涉。

四、仲裁主要制度

（1）仲裁终局制度。仲裁委员会作出裁决后，即产生终局效力，当事人可以申请法院强制执行。当事人若不服裁决，就同一纠纷再申请仲裁或者向人民法院起诉的，仲裁委员会或者人民法院不予受理。但裁决被人民法院依法裁定撤销或者不予执行的，当事人就该纠纷可以根据双方重新达成的仲裁协议申请仲裁，也可以向人民法院起诉。

（2）合议制度。仲裁庭由 3 名仲裁员或 1 名仲裁员组成；仲裁庭由 3 名仲裁员组成的，设首席仲裁员。仲裁庭组成由当事人约定，当事人约定由 3 名仲裁员组成仲裁庭的，应当各自选定或者各自委托仲裁委员会主任指定 1 名仲裁员。首席仲裁员由当事人共同指定或者共同委托仲裁委员会主任指定。仲裁庭评议案件，实行少数服从多数的原则。仲裁庭不能形成多数意见时，裁决应按首席仲裁员的意见作出。

（3）回避制度。为保证仲裁的公正，仲裁员有下列情形之一的，必须回避，当事人也可提出回避申请：①是本案当事人或者当事人、代理人的近亲属。②与本案有利害关系。③与本案当事人、代理人有其他关系，可能影响公正仲裁的。④私自会见当事人、代理人，或者接受当事人、代理人的请客送礼的。

当事人提出回避申请，应当说明理由，在首次开庭前提出。回避事由在首次开庭后知道的，可以在最后一次开庭终结前提出。仲裁员是否回避，由仲裁委员会主任决定；仲裁委员会主任担任仲裁员时，由仲裁委员会集体决定。

（4）开庭不公开审理制度。根据《仲裁法》第 39 条规定："仲裁应当开庭进行。当事人协议不开庭的，仲裁庭可以根据仲裁申请书、答辩书以及其他材料作出裁决。"《仲裁法》第 40 条规定："仲裁不公开进行。当事人协议公开的，可以公开进行，但涉及国家秘密的除外。"即除非当事人协议不开庭的，仲裁一律开庭进行。除非当事人协议公开，仲裁不公开进行。为当事人保密，是仲裁有别于诉讼的显著特征。

（5）法院监督制度。人民法院既对仲裁裁决予以执行，又对仲裁进行必要的监督。人民法院对违反仲裁法规定的裁决，经当事人申请，应当不予执行或者撤销。

（6）时效制度。仲裁时效，指当事人向仲裁委员会请求仲裁的法定期间。当事人在仲裁时效期间不向仲裁委员会请求仲裁，就丧失了得到仲裁委员会保护其财产权的权利。《仲裁法》第 74 条规定："法律对仲裁时效有规定的，适用该规定：法律对仲裁时效没有规定的，适用诉讼时效的规定。"因此，仲裁时效可分为普通仲裁时效和特殊仲裁时效。普通仲裁时效是指法律对仲裁时效没有特别规定，按诉讼时效规定，即从知道或应当知道权利被侵害之日起超过两年、从权利被侵害之日起超过 20 年的，仲裁委员会不予保护。特殊仲裁时效是指法律有特别规定的，适用该规定，例如《合同法》第 129 条规定："因国际货物买卖合同和技术进出口合同争议提起诉讼或者申请仲裁的期限为四年，自当事人知道或者应当知道其权利受到侵害之日起计算。因其他合同争议提起诉讼或者申请仲裁的期限，依照有关法律的规定。"

五、仲裁委员会

（1）仲裁委员会的性质。仲裁机构在我国称为仲裁委员会，是依仲裁法设立的，以仲裁方式解决合同纠纷和其他财产权益纠纷的机构。仲裁委员会独立于行政机关，与行政机关没有隶属关系。仲裁委员会之间也没有隶属关系。

（2）仲裁委员会的设立。仲裁委员会由市人民政府组织有关部门和商会统一组建。仲裁委员会可以在省、自治区、直辖市人民政府所在地的市设立，也可以根据需要在其他设区的市设立，不按行政区划层层设立。设立仲裁委员会应当经省、自治区、直辖市的司法行政部门登记。

仲裁委员会的设立应具备：①有自己的名称、住所和机构。②有必要的财产。③有该委员会的组成人员。④有聘任的仲裁员。

（3）仲裁委员会的成员及仲裁员。仲裁委员会由主任 1 人、副主任 2～4 人、委员 7～11 人组成。仲裁委员会的组成人员中，法律、经济贸易专家不得少于 1/3。仲裁委员会应当从公道正派的人员中聘任仲裁员。仲裁员应当符合下列条件之一：①从事仲裁工作满八年的。②从事律师工作满 8 年的。③曾任审判员满 8 年的。④从事法律研究、教学工作并具有高级职称的。⑤具有法律知识，从事经济贸易等专业工作，并具有高级职称或者具有同等专业水平的。仲裁委员会按照不同专业设仲裁员名册。

六、仲裁协议

（一）仲裁协议概念和法律特征

仲裁协议是指各方当事人自愿将他们之间发生的或可能发生的合同纠纷或其他财产权益纠纷，提交仲裁委员会仲裁的书面协议。仲裁协议具有以下法律特征：

（1）仲裁协议必须采用书面形式。书面仲裁协议包括合同中的仲裁条款和仲裁协议书以及其他仲裁协议三类，口头仲裁协议无效。

（2）仲裁协议只能由争议各方当事人共同作出，并体现当事人的真实意思。

（3）仲裁协议具有独立性。《仲裁法》第 19 条规定："仲裁协议独立存在，合同的变更、解除、终止或者无效，不影响仲裁协议的效力。"

（二）仲裁协议内容

仲裁协议应当具有下列内容：①请求仲裁的意思表示。②仲裁事项。③选定的仲裁委员会。如因履行本合同发生的争议，由当事人协商解决，协商不成的，提交××仲裁委员会仲裁。仲裁协议对仲裁事项或者具体的仲裁委员会没有约定或者约定不明确的，当事人可以补充协议；达不成补充协议的，仲裁协议无效。

（三）仲裁协议的作用

（1）仲裁委员会由此取得对本案的管辖权。没有仲裁协议，一方申请仲裁的，仲裁委员会不予受理。受理本案的仲裁委员会应当由当事人在仲裁协议中选定。仲裁不实行级别管辖和地域管辖仲裁，而采用协议管辖。

（2）排除法院的管辖权。当事人达成仲裁协议，一方向人民法院起诉的，人民法院不予受理，但仲裁协议被确认无效或双方放弃仲裁协议的除外。《仲裁法》第 26 条规定："当事人达成仲裁协议，一方向人民法院起诉未声明有仲裁协议，人民法院受理后，另一方在首次开庭前提交仲裁协议的，人民法院应当驳回起诉，但仲裁协议无效的除外；另一方在首次开庭前未对人民法院受理该案提出异议的，视为放弃仲裁协议，人民法院应当继续审理。"

（3）成为向法院申请强制执行的必要证据。没有仲裁协议，法院不予执行。

（四）无效的仲裁协议

（1）确认无效仲裁协议的依据。根据《仲裁法》的规定，有下列情形之一的，仲裁协议无效：①约定的仲裁事项超出法律规定的仲裁范围的。②无民事行为能力人或者限制民事行为能力人订立的仲裁协议。③一方采取胁迫手段，迫使对方订立仲裁协议的。④仲裁协议对仲裁事项或者仲裁委员会没有约定或者约定不明确，又不能达成补充协议的。⑤仲裁协议未采用书面形式。

（2）仲裁协议效力的确认机构。当事人对仲裁协议的效力有异议的，可以请求仲裁委员会作出决定或者请求人民法院作出裁定。一方请求仲裁委员会作出决定；另一方请求人民法院作出裁定的，由人民法院裁定。当事人对仲裁协议的效力有异议，应当在仲裁庭首次开庭前提出。

七、仲裁程序

（一）仲裁申请和受理

（1）仲裁申请是指经济纠纷发生后，一方当事人根据书面仲裁协议，向仲裁委员会提交书面请求，请求其进行裁决的行为。提出申请的一方当事人为申请人，另一方为被申请人。

（2）申请仲裁必须符合下列条件：①有仲裁协议。②有具体的仲裁请求、事实和理由。③属于仲裁委员会的受理范围。

（3）当事人申请仲裁，应向仲裁委员会递交与仲裁有关的合同、仲裁协议、仲裁申请书及副本、证据和有关材料。

（4）仲裁申请书应当载明下列事项：①当事人的姓名、性别、年龄、职业、工作单位和住所，法人或者其他组织的名称、住所和法定代表人或者主要负责人的姓名、职务。②仲裁请求和所根据的事实、理由。③证据和证据来源、证人姓名和住所。

（5）仲裁委员会收到仲裁申请后，根据申请仲裁应当具备的条件对仲裁申请进行形式审查，在五日内决定是否受理，并通知当事人。申请人可以在提出申请后放弃或者变更仲裁请求。被申请人可以承认或者反驳仲裁请求，有权提出反请求。

（二）仲裁前的准备

仲裁委员会受理仲裁申请后，开庭前，根据案情做以下准备事项：

（1）仲裁委员会应当在仲裁规则规定的期限内将仲裁规则和仲

裁员名册送达申请人，并将仲裁申请书副本和仲裁规则、仲裁员名册送达被申请人，由双方当事人指定或委托指定仲裁员。

（2）被申请人提交答辩书。被申请人收到仲裁申请书副本后，应当在仲裁规则规定的期限内向仲裁委员会提交答辩书。仲裁委员会收到答辩书后，应当在仲裁规则规定的期限内将答辩书副本送达申请人。被申请人未提交答辩书的，不影响仲裁程序的进行。

（3）组成仲裁庭。仲裁委员会根据当事人的约定组成仲裁庭或者受当事人委托指定仲裁员。当事人没有在仲裁规则规定的期限内约定仲裁庭的组成方式或者选定仲裁员的，由仲裁委员会主任指定。仲裁庭组成后，仲裁委员会应当将仲裁庭的组成情况书面通知当事人，当事人可决定是否提出回避申请。仲裁员因回避或者其他原因不能履行职责的，应当依照本法规定重新选定或者指定仲裁员。

（4）由当事人确定审理方式，一般采取不公开的开庭审理，也可以根据当事人协议公开或书面审理，但涉及国家秘密的除外。

（5）保全措施。一方当事人因另一方当事人的行为或者其他原因，可能使裁决不能执行或者难以执行的，可以申请财产保全。当事人申请财产保全的，仲裁委员会应当将当事人的申请依照民事诉讼法的有关规定提交人民法院。申请有错误的，申请人应当赔偿被申请人因财产保全所遭受的损失。

（6）调查取证。当事人应对自己的主张提供证据。仲裁庭认为有必要收集的证据，可以自行收集。

（7）鉴定。仲裁庭对专门性问题认为需要鉴定的，可以交由当事人约定的鉴定部门鉴定，也可以由仲裁庭指定的鉴定部门鉴定。

（三）和解和调解

（1）和解。当事人申请仲裁后，可以自行和解，达成和解协议的，可以请求仲裁庭根据和解协议作出裁决书，也可以撤回仲裁申请。当事人达成和解协议，撤回仲裁申请后又反悔的，可以根据仲裁协议再申请仲裁。

（2）调解。仲裁庭在作出裁决前，可以先行调解。调解采取自愿原则，调解达成协议的，仲裁庭应当制作调解书。调解书与裁决书具有同等法律效力。调解书经双方当事人签收后，即发生法律效力。在调解书签收前当事人反悔的，仲裁庭应当及时作出裁决。

（四）开庭和裁决

（1）宣布开庭。由首席仲裁员或者独任仲裁员宣布开庭，核对当事人，宣布案由，宣读仲裁庭组成人员和记录员名单，告知当事人有关的仲裁权利义务，询问当事人是否提出回避申请。

（2）开庭调查。开庭调查的顺序是，先由双方当事人陈述事实和提供证据，证人作证，再由仲裁庭宣读未到庭的证人证言，出示书证、物证和视听资料，宣读勘验笔录、现场笔录和鉴定结论。当事人对此可以质询。

（3）开庭辩论。开庭调查结束后，当事人双方进入辩论阶段，针对对方当事人提出的事实和理由，提出自己的意见，反驳对方的理由。辩论终结时，首席仲裁员或独任仲裁员应当征询当事人的最后意见及双方是否同意调解。

（4）合议庭评议。开庭辩论终结，合议仲裁庭认为该案难以调解时，应立即进行评议。评议实行少数服从多数原则，少数仲裁员的不同意见可以记入笔录。仲裁庭不能形成多数意见时，裁决应当按首席仲裁员的意见作出。

（5）作出裁决。合议仲裁庭评议后，应及时作出裁决。裁决书自作出之日起发生法律效力。裁决书应当写明仲裁请求、争议事实、裁决理由、裁决结果、仲裁费的负担和裁决日期。

八、仲裁的监督

根据仲裁法有关规定，法院可依法对仲裁进行必要的监督。法院监督的方式有两种：一是不予执行裁决；二是撤销裁决。

（一）不予执行裁决

根据《仲裁法》第 63 条规定：当申请人申请法院执行裁决时，被申请人提出证据证明裁决，有《民事诉讼法》第 217 条第 2 款规定的情形之一的，经人民法院组成合议庭审查核实，裁定不予执行。《民事诉讼法》第 217 条第 2 款的规定是：①没有仲裁协议。②仲裁庭无权仲裁。③仲裁庭组成或仲裁程序违反法定程序。④核定事实的主要证据不足。⑤适用法律确有错误。⑥仲裁员在仲裁时有贪污受贿、徇私舞弊、枉法裁决行为。仲裁裁决被人民法院裁定不予执行的，当事人可以根据双方达成的书面仲裁协议重新申请仲裁，也可以向人民法院起诉。

（二）撤销裁决

仲裁采取一裁终局原则，裁决一经作出，即具有法律约束力。因此不予执行并未使裁决丧失法律效力。《仲裁法》第 58 条规定，当事人提出证据证明裁决有法定缺陷，可以向仲裁委员会所在地的中级人民法院申请撤销裁决：①没有仲裁协议的。②裁决的事项不属于仲裁协议的范围或者仲裁委员会无权仲裁的。③仲裁庭的组成或者仲裁的程序违反法定程序的。④裁决所根据的证据是伪造的。⑤对方当事人隐瞒了足以影响公正裁决的证据的。⑥仲裁员在仲裁该案时有索贿受贿，徇私舞弊、枉法裁决行为的。⑦裁决违背社会公共利益的。

《仲裁法》规定的申请撤销裁决的理由与申请不予执行的理由大致相同，只是根据国际立法，将其中第四项和第五项分别改为“裁决所依据的证据是伪造的”和“对方当事人隐瞒了足以影响公正裁决的证据的”。它主要侧重于对在程序上有错误的仲裁裁决，法院可根据当事人的申请撤销裁决。

当事人申请撤销裁决的，应当自收到裁决书之日起 6 个月内提出。人民法院应当在受理撤销裁决申请之日起两个月内作出撤销裁决或者驳回申请的裁定。

对人民法院依法作出的撤销仲裁裁决或驳回当事人申请的裁定，当事人无权上诉。人民法院依法裁定撤销仲裁裁决的，当事人可以根据双方重新达成的仲裁协议申请仲裁，也可以向人民法院起诉。

九、裁决的执行

仲裁裁决生效后，当事人应自觉履行。一方当事人不履行的，另一方可依民事诉讼法的规定，向被执行人住所地或者被执行人的财产所在地人民法院申请强制执行。人民法院依《民事诉讼法》有关仲裁裁决执行的规定，依法采取强制执行措施。一方当事人申请执行裁决；另一方当事人申请撤销裁决的，人民法院应当裁定中止执行。人民法院裁定撤销裁决的，应当裁定终结执行。撤销裁决的申请被裁定驳回的，人民法院应当裁定恢复执行。

第三节　诉　讼

一、民事诉讼的概念及受理法院

民事诉讼，通常是指当事人将发生的民事纠纷案件向有管辖权的人民法院提起起诉，人民法院依据实体法和程序法的规定，对当事人的民事权利和民事义务作出裁判的司法活动。民事诉讼适用《中华人民共和国民事诉讼法》的规定进行。

因此目前，我国民事纠纷的审判机构为各级人民法院民事审判庭，及海事法院、铁路运输法院等专门法院。我国在上海、天津、广州、青岛、大连、宁波等地设有海事法院。具体受理由我国法院管辖的船舶碰撞损害赔偿、海上货物运输、海上打捞、救助、共同海损等18 种海事、海商案件。海事、海商案件的第二审法院为各海事法院所在地的高级人民法院。铁路运输法院在每个铁路分局所在地设立铁路运输基层法院，在每个铁路局所在地设立铁路运输中级法院。各普通高级人民法院管辖中级铁路运输法院上诉案件。铁路运输法院具体审理铁路货物运输，铁路旅客和行李、包裹运输、由铁路处理的多式联运、国际铁路联运、铁路货物运输保险等 12 种与铁路运输有关的经济合同纠纷和侵权纠纷案件。

二、普通法院民事案件的管辖

管辖是指各级人民法院之间和同级人民法院之间受理第一审案件的具体分工和权限。民事诉讼法、行政诉讼法、刑事诉讼法都对法院的级别管辖和地域管辖作出具体规定。我国《民事诉讼法》对民事诉讼的管辖主要有以下规定：

（一）级别管辖

级别管辖是指上下级人民法院之间受理第一审民事纠纷案件的分工和权限。具体规定是：①最高人民法院管辖在全国有重大影响及其认为应当由本院审理的案件。②高级人民法院管辖在本辖区有重大影响的案件。③中级人民法院管辖重大涉外案件、在辖区有重大影响的案件、高级人民法院确定由中级人民法院管辖的案件。④基层人民法院管辖除以上管辖外的其他民事纠纷案件。

（二）地域管辖

地域管辖是确定同级人民法院之间受理第一审民事纠纷案件的分工和权限。地域管辖可分为一般地域管辖和特殊地域管辖。

（1）一般地域管辖。是依当事人的所在地划分案件管辖法院，一般采取原告就被告原则，即由被告住所地或居所地人民法院管辖，原告应到被告所在地的法院起诉。《民事诉讼法》第22条规定："对公民提起的民事诉讼，由被告住所地人民法院管辖；被告住所地与经常居住地不一致的，由经常居住地人民法院管辖。对法人或者其他组织提起的民事诉讼，由被告住所地人民法院管辖。同一诉讼的几个被告住所地、经常居住地在两个以上人民法院辖区的，各该人民法院都有管辖权。"

（2）特殊地域管辖。是以诉讼标的所在地或者引起法律关系发生、变更、消灭的法律事实所在地为标准，划分诉讼案件管辖法院。我国《民事诉讼法》对此作出以下特别规定：①因合同纠纷提起的诉讼，由被告住所地或合同履行地人民法院管辖。②因保险合同纠纷提起的诉讼，由被告住所地或者保险标的物所在地人民法院管辖。③因票据纠纷提起的诉讼，由票据支付地或者被告住所地人民法院管辖。④因铁路、公路、水上、航空运输和联合运输合同纠纷提起的诉讼，由运输始发地、目的地或者被告住所地人民法院管辖。⑤因侵权行为提起的诉讼，由侵权行为地或者被告住所地人民法院管辖。⑥因铁路、公路、水上和航空事故请求损害赔偿提起的诉讼，由事故发生地或者车辆、船舶最先到达地航空器最先降落地或者被告住所地人民法院管辖。⑦因船舶碰撞或者其他海事损害事故请求损害赔偿提起的诉讼，由碰撞发生地、碰撞船舶最先到达地、加害船舶被扣留地或者被告住所地人民法院管辖。⑧因共同海损提起的诉讼，由船舶最先到达地、共同海损理算地或者航程终止地的人民法院管辖。

（3）专属管辖。是指法律强制规定某些民事纠纷案件只能由特定的人民法院管辖，不适用其他管辖规定。具体有：①因不动产纠纷提起的诉讼，由不动产所在地法院管辖。②因港口作业中发生的纠纷提起的诉讼，由港口所在地法院管辖。

（4）协议管辖。是指法律允许当事人双方在诉讼前以书面协议约定管辖法院。《民事诉讼法》第 25 条规定："合同的双方当事人可以在书面合同中协议选择被告住所地、合同履行地、合同签订地、原告住所地、标的物所在地人民法院管辖，但不得违反本法对级别管辖和专属管辖的规定。"我国目前《民事诉讼法》规定的协议管辖只适用于合同纠纷。

（5）共同管辖。是指对同一诉讼，法律规定两个或两个以上的法院均有管辖权。共同管辖的诉讼，在原告起诉时，原告有选择权，可选择其中一个法院作为具体的管辖法院。《民事诉讼法》第 35 条对此作出规定："两个以上人民法院都有管辖权的诉讼，原告可以向其中一个人民法院起诉；原告向两个以上有管辖权的人民法院起诉的，由最先立案的人民法院管辖。"

（三）管辖权异议

人民法院受理案件后，当事人对管辖权有异议的，应当在提交答辩状期间提出。人民法院对当事人提出的异议，应当审查。异议成立的，裁定将案件移送有管辖权的人民法院；异议不成立的，裁定驳回。两个以上人民法院都有管辖权的诉讼，原告可以向其中一个人民法院起诉；原告向两个以上有管辖权的人民法院起诉的，由最先立案的人民法院管辖。

三、第一审普通程序

（一）起诉

(1) 诉讼当事人。诉讼当事人是指纠纷发生后，以自己的名义进行诉讼，并受法院裁判约束的利害关系人。诉讼当事人可以是法人、其他组织和公民（包括个体工商户、农村承包经营户、个人合伙）。诉讼当事人在第一审程序中称为原告、被告；在第二审程序中称为上诉人、被上诉人；在执行程序中称为申请执行人、被执行人。

（2）起诉应具备的条件。根据《民事诉讼法》第 108 条规定，起诉应具备以下条件：①原告是与本案有直接利害关系的公民、法人和其他组织。②有明确的被告。③有具体的诉讼请求和事实、理由。④属于人民法院受理的范围和受诉人民法院管辖。

（3）当事人向人民法院起诉，应提交诉状，并按被告人数提交副本。起诉状应当记明下列事项：①当事人的姓名、性别、年龄、民族、职业、工作单位和住所，法人或者其他组织的名称、住所和法定代表人或者主要负责人的姓名、职务。②诉讼请求和所依据的事实与理由。③证据和证据来源，证人姓名和住址。

（二）受理

法院收到起诉状，经审查，认为符合起诉条件的或不符合起诉条件的，应当在 7 个月内决定立案或裁定不予受理。原告对驳回起诉的裁定不服的，可以提起上诉。

（三）审理前的准备

人民法院应自立案之日起 5 日内将起诉状副本发送被告，被告应在收到之日起 15 内提交答辩状。被告不提交答辩状，不影响案件的审理。

在合议庭组成人员确定后，法院应在 3 日内告知当事人，并应认真审核诉讼材料，调查、收集必要的证据。必须共同进行诉讼的当事人没有参加诉讼的，人民法院应当通知其参加诉讼，当事人也可以向人民法院申请追加。人民法院对专门性问题可以交有关部门鉴定、审计。

（四）财产保全

（1）人民法院对于可能因当事人一方的行为或者其他原因，使判决不能执行或者难以执行的案件，可以根据对方当事人的申请，作出财产保全的裁定。因为财产保全的目的是避免因当事人一方的行为或者其他原因，使判决不能执行或难以执行。

（2）财产保全根据当事人的申请或法院认为必要时采取，利害关系人因情况紧急，不立即申请财产保全将会使其合法权益受到难以弥补的损害的，可以在起诉前向人民法院申请采取财产保全措施。

（3）人民法院采取财产保全措施，可以责令申请人提供担保；申请人不提供担保的，驳回申请。人民法院接受申请后，对情况紧急的，必须在 48 小时内作出裁定；裁定采取财产保全措施的，应当立即开始执行。

（4）财产保全的范围限于诉讼请求的范围，或者与本案有关的财物。

（5）财产保全采取查封、扣押、冻结或者法律规定的其他方法。对不动产和特定动产如车辆、船舶等，可采取扣押有关财产权证照并通知有关产权登记部门不予办理该项财产的转移手续。财产已被查封、冻结的，不得重复查封、冻结。人民法院冻结财产后，应当立即通知被冻结财产的人。

（6）被申请人提供担保的，人民法院应当解除财产保全。

（7）申请财产保全有错误的，申请人应当赔偿被申请人因财产保全所遭受的损失。

（8）当事人对财产保全裁定不服的，可以申请复议一次。复议期间不停止裁定的执行。

（五）开庭审理与判决

人民法院审理经济纠纷案件，除涉及国家机密、商业秘密外，均应公开进行。开庭审理包括以下阶段：

（1）宣布开庭。由审判长核对当事人，宣布案由，宣布审判人员、书记员名单，并告知当事人有关的诉讼权利义务，询问当事人是否提出回避申请。

（2）法庭调查。《民事诉讼法》第 124 条规定：法庭调查按照下列顺序进行：① 当事人陈述。② 告知证人的权利义务，证人作证，宣读未到庭的证人证言。③ 出示书证、物证和视听资料。④ 宣读鉴定结论。⑤ 宣读勘验笔录。双方当事人及诉讼代理人在法庭调查时，经法庭许可，可以向证人、勘验人、鉴定人发问。原告增加诉讼请求、被告提出反诉、第三人提出与本案有关的诉讼请求，可以合并审理。

（3）法庭辩论。此阶段先进行有先后次序的一般辩论，即先由原告及其诉讼代理人发言，然后由被告及其诉讼代理人答辩，再由第三人及其诉讼代理人发言或者答辩；一般辩论完后，进行自由辩论。辩论终结，由审判长征询各方最后意见。

（4）调解。经法庭调查和辩论，如果事实清楚，审判长应询问当事人是否愿意调解；当事人愿意调解的，可以当庭进行，也可休庭后进行。调解应当在当事人自愿和事实清楚的基础上依法进行；调解达成协议，人民法院应当制作调解书。调解书经双方当事人签收后，与生效判决书具有同等法律效力；调解未达成协议，或调解书送达前一方反悔的，人民法院应及时判决。

（5）合议庭评议。经开庭审理后调解不成的，合议庭应当休庭进行评议，就案件的性质、认定的事实、适用的法律、是非责任和处理结果作出结论。合议庭评议案件，实行少数服从多数的原则，评议中的不同意见，应记入笔录，并由合议庭成员在笔录上签名。

（6）宣告判决。合议庭评议后，由审判长宣读裁判。宣判的内容包括：认定的事实、适用的法律、判决的结果和理由、诉讼费用的负担、当事人的上诉权利、上诉期限和上诉法院。法院可以当庭宣判（在 10 日内发送判决书），也可另定日期宣判。宣判应公开进行。

四、简易程序

简易程序，是指基层人民法院及其派出法庭审理简单民事（经济）纠纷案件所适用的一种简便易行的程序。

适用简易程序审理案件，仅限于事实清楚、权利义务关系明确、争议不大的简单民事、经济纠纷案件。适用简易程序的案件，由审判员一人独任审理。

五、第二审程序

第二审程序，是指上一级人民法院根据当事人的上诉，就下一级人民法院的一审判决和裁定，在其未发生法律效力前，对该案件进行审理的程序。

人民法院审理经济纠纷案件实行两审终审制，当事人不服地方各级一审法院（指地方各级法院）的裁判，可以向上一级人民法院提起上诉。第二审程序又称上诉审程序，包括以下阶段：

（1）提起上诉。当事人（一审原告、被告或第三人）不服一审裁判，应当在判决书送达之日起 15 日内，或裁定书送达之日起 10 日内向上一级人民法院提起上诉。上诉状应当通过原审人民法院提出，并按照对方当事人或者代表人的人数提出副本。当事人逾期未提出上诉的，丧失上诉权，一审判决生效。原审法院收到上诉状后，将上诉状副本送达被上诉人，被上诉人应在 15 日内提出答辩状。

（2）审理。人民法院审理上诉案件，一律组成合议庭。合议庭对有关事实进行调查，并决定是开庭审理还是书面审理；若开庭审理，则与一审审理程序相同。

（3）上诉案件，可以进行调解；达成协议的，应制作调解书。调解书送达后，原判决即视为撤销。

（4）作出裁判。人民法院对上诉案件进行全面审查，经过审理，按下列情形分别处理：①原判决认定事实清楚，适用法律正确的，判决驳回上诉，维持原判。②原判决适用法律错误的，依法改判。③原判决认定事实错误或者事实不清，证据不足的；查清事实后改判或发回重审。④原判决违反法定程序，可能影响案件正确判决的，裁定撤销原判，发回重审。

第二审人民法院的判决、裁定，是终审的判决、裁定，具有终局效力。判决书送达之日即产生法律效力，当事人应自觉履行。

六、审判监督程序

审判监督程序又称再审程序，是指人民法院对已发生法律效力的判决、裁定、调解书，发现在认定事实或适用法律上确有错误的，依法再次进行审理的一种审判程序。

审判监督程序的提出可以是：①法院院长对本院、最高人民法院对地方各级人民法院、上级人民法院对下级人民法院已经生效的判决、裁定，发现确有错误的，有权提审或者指令下级人民法院再审。②当事人对生效的判决、裁定不服的，可以在判决、裁定生效后两年内向原审人民法院或者上一级人民法院申请再审。③最高人民检察院对各级人民法院、上级人民检察院对下级人民法院已经生效的判决、裁定发现有法定情形之一的，可以提出抗诉。人民法院对抗诉案件应当再审。

七、审理期限

（1）一审期限。人民法院适用普通程序审理的案件，应当在立案之日起 6 个月内审结。有特殊情况需要延长的，由本院院长批准，可以延长 6 个月；还需延长的，报请上级人民法院批准；适用简易程序审理的案件，应当在立案之日起 3 个月内审结。

（2）二审期限。人民法院审理对判决的上诉案件，应当在第二审立案之日起 3 个月内审结。有特殊情况需要延长的，由本院院长批准；审理对裁定的上诉案件，应当在第二审立案之日起 30 日内作出终审裁定。

（3）再审期限。人民法院依据审判监督程序审理的案件，审理期限视具体情况而定：按一审程序审理的，适用一审期限的规定；按二审程序审理的，适用二审期限的规定。审期自决定再审的次日起计算。

八、执行程序

当事人对已经发生法律效力的判决、裁定、调解书应当履行；不自觉履行的，对方当事人可以向人民法院申请强制执行。

（一）执行的申请和移送

对发生法律效力的判决和裁定、败诉方拒绝履行的，胜诉方可以向人民法院申请执行，也可以由审判员移送执行员执行。经济纠纷案件的生效法律文书的执行，一般由当事人依法提出申请。

（1）能够向法院申请强制执行的生效法律文书有以下几种：① 人民法院民事、行政判决、裁定、调解书，民事制裁决定、支付令，以及刑事附带民事判决、裁定、调解书。② 依法应由人民法院执行的行政处罚决定、行政处理决定。③ 我国仲裁机构作出的仲裁裁决和调解书；人民法院依据《中华人民共和国仲裁法》有关规定作出的财产保全和证据保全裁定。④ 公证机关依法赋予强制执行效力的关于追偿债款、物品的债权文书。⑤ 经人民法院裁定承认其效力的外国法院作出的判决、裁定，以及国外仲裁机构作出的仲裁裁决。⑥ 法律规定由人民法院执行的其他法律文书。

（2）人民法院受理的执行案件应当符合下列条件：① 申请或移送执行的法律文书已经生效。② 申请执行人是生效法律文书确定的权利人或其继承人、权利承受人。③ 申请执行人在法定期限内提出申请。④ 申请执行的法律文书有给付内容，且执行标的和被执行人明确。⑤ 义务人在生效法律文书确定的期限内未履行义务。⑥ 属于受申请执行的人民法院管辖。人民法院对符合上述条件的申请，应当在 7 日内予以立案；不符合上述条件之一的，应当在 7 日内裁定不予受理。

（二）执行的法院

发生法律效力的民事判决、裁定，以及刑事判决、裁定中的财产部分，由第一审人民法院执行。法律规定由人民法院执行的其他法律文书，由被执行人住所地或者被执行的财产所在地人民法院执行。

（三）申请执行的期限

双方或者一方当事人是公民的为 1 年，双方是法人或者其他组织的为 6 个月。执行期限从法律文书规定履行期间的最后 1 日起计算；分期履行的，从规定每次履行期间的最后 1 日起计算。

（四）执行的措施

（1）查明被执行人财产状况。被执行人拒绝按人民法院的要求提供其有关财产状况的证据材料的，人民法院可以搜查被执行人隐匿的财产。人民法院依法搜查时，对被执行人可能存放隐匿的财物及有关证据材料的处所、箱柜等，经责令被执行人开启而拒不配合的，可以强制开启。被执行人不履行法律文书确定的义务，并隐匿财产的，人民法院有权发出搜查令，对被执行人及其住所或者财产隐匿地进行搜查。

（2）查询、冻结、划拨被执行人的存款。法院决定冻结、划拨存款，应当作出裁定，并发出协助执行通知书，被通知协助执行的金融机构必须办理。金融机构擅自解冻被人民法院冻结的款项，致冻结款项被转移的，人民法院有权责令其限期追回已转移的款项。在限期内未能追回的，应当裁定该金融机构在转移的款项范围内以自己的财产向申请执行人承担责任。

（3）扣留、提取被执行人应当履行义务的收入。被执行人在有关单位的收入尚未支取的，人民法院应当作出裁定，向该单位发出协助执行通知书，由其协助扣留或提取。有关单位收到人民法院协助执行被执行人收入的通知后，擅自向被执行人或其他人支付的，人民法院有权责令其限期追回；逾期未追回的，应当裁定其在支付的数额内向申请执行人承担责任。

（4）查封、扣押、拍卖、变卖被执行人的财产。①被执行人无金钱给付能力的，人民法院有权裁定对被执行人的其他财产采取查封、扣押措施。查封、扣押财产的价值应当与被执行人履行债务的价值相当。对动产的查封，应当采取加贴封条的方式。不便加贴封条的，应当张贴公告。对有产权证照的动产或不动产的查封，应当向有关管理机关发出协助执行通知书，要求其不得办理查封财产的转移过户手续，同时可以责令被执行人将有关财产权证照交人民法院保管。必要时也可以采取加贴封条或张贴公告的方法查封。既未向有关管理机关发出协助执行通知书，也未采取加贴封条或张贴公告的办法查封的，不得对抗其他人民法院的查封。②人民法院对被执行人所有的其他人享有抵押权、质押权或留置权的财产，可以采取查封、扣押措施。财产拍卖、变卖后所得价款，应当在抵押权人、质押权人或留置权人优先受偿后，其余额部分用于清偿申请执行人的债权。③被执行人或其他人擅自处分已被查封、扣押、冻结财产的，人民法院有权责令责任人限期追回财产或承担相应的赔偿责任。被执行人的财产经查封、扣押后，在人民法院指定的期间内履行义务的，人民法院应当及时解除查封、扣押措施。④人民法院对查封、扣押的被执行人财产进行变价时，应当委托拍卖机构进行拍卖。财产无法委托拍卖、不适于拍卖或当事人双方同意不需要拍卖的，人民法院可以交由有关单位变卖或自行组织变卖。被执行人申请对人民法院查封的财产自行变卖的，人民法院可以准许，但应当监督其按照合理价格在指定的期限内进行，并控制变卖的价款。拍卖、变卖被执行人的财产成交后，必须即时钱物两清。委托拍卖、组织变卖被执行人财产所发生的实际费用，从所得价款中优先扣除。所得价款超出执行标的数额和执行费用的部分，应当退还被执行人。

（5）拍卖、变卖被执行人知识产权中的财产权。被执行人不履行生效法律文书确定的义务，人民法院有权裁定禁止被执行人转让其专利权、注册商标专用权、著作权（财产权部分）等知识产权。上述权利有登记主管部门的，应当同时向有关部门发出协助执行通知书，要求其不得办理财产权转移手续，必要时可以责令被执行人将产权或使用权证照交人民法院保存。对知识产权中的财产权，可以采取拍卖、变卖等执行措施。

（6）冻结、转让被执行人的投资收益、股票或股权。①对被执行人从有关企业中应得的已到期的股息或红利等收益，人民法院有权裁定禁止被执行人提取和有关企业向被执行人支付，并要求有关企业直接向申请执行人支付。对被执行人预期从有关企业中应得的股息或红利等收益，人民法院可以采取冻结措施，禁止到期后被执行人提取和有关企业向被执行人支付。到期后人民法院可从有关企业中提取，并出具提取收据。②对被执行人在其他股份有限公司中持有的股份凭证（股票），人民法院可以扣押，并强制被执行人按照《公司法》的有关规定转让，也可以直接采取拍卖、变卖的方式进行处分，或直接将股票抵偿给债权人，用于清偿被执行人的债务。③对被执行人在有限责任公司、其他法人企业中的投资权益或股权，人民法院可以采取冻结措施。冻结投资权益或股权的，应当通知有关企业不得办理被冻结投资权益或股权的转移手续，不得向被执行人支付股息或红利。被冻结的投资权益或股权，被执行人不得自行转让。被执行人在其独资开办的法人企业中拥有的投资权益被冻结后，人民法院可以直接裁定予以转让，以转让所得清偿其对申请执行人的债务。

（7）执行被执行人到期债权。①被执行人不能清偿债务，但对本案以外的第三人享有到期债权的，人民法院可以依申请执行人或被执行人的申请，向第三人发出履行到期债务的通知。履行通知必须直接送达第三人。第三人在履行通知指定的期间内提出异议的，人民法院不得对第三人强制执行。②第三人收到人民法院要求其履行到期债务的通知后，擅自向被执行人履行，造成已向被执行人履行的财产不能追回的，除在已履行的财产范围内与被执行人承担连带清偿责任外，可以追究其妨害执行的责任。③在对第三人作出强制执行裁定后，第三人确无财产可供执行的，不得就第三人对他人享有的到期债权强制执行。④第三人按照人民法院履行通知向申请执行人履行了债务或已被强制执行后，人民法院应当出具有关证明。

（8）强制迁出房屋或强制退出土地，将腾空的房屋交给权利人。强制迁出房屋或者强制退出土地，由院长签发公告，责令被执行人在指定期间履行。被执行人逾期不履行的，由执行员强制执行。强制迁出房屋被搬出的财物，由人民法院派人运至指定处所，交给被执行人。

（9）对指定交付的财物、票证的执行。生效法律文书确定被执行人交付特定标的物的，应当执行原物。原物被隐匿或非法转移的，人民法院有权责令其交出。原物确已变质、损坏或灭失的，应当裁定折价赔偿或按标的物的价值强制执行被执行人的其他财产。对需要执行特定财物和票证的，执行人员可以传唤双方当事人到庭或指定场所，当面交付，也可由执行员转交，由被交付人签收。有关单位持有该项财物或者票证的，应当根据人民法院的协助执行通知书转交，并由被交付人签收。有关单位或公民持有法律文书指定交付的财物或票证，在接到人民法院协助执行通知书或通知书后，协同被执行人转移财物或票证的，人民法院有权责令其限期追回；逾期未追回的，应当裁定其承担赔偿责任。

（10）对法律文书指定行为的执行。被执行人拒不履行生效法律文书中指定的行为的，对于只能由被执行人完成的行为，经教育，被执行人仍拒不履行的，人民法院应当按照妨害执行行为的有关规定处理。对于可以替代履行的行为，可以委托有关单位或他人完成，因完成上述行为发生的费用由被执行人承担。

参考文献

[1] 王有强，董经. 国外农业法的启示和借鉴. 西北农林科技大学学报：社会科学版，2003：5

[2] 赵慧峰，王春平. 农村政策与法规. 北京：金盾出版社，2008.

[3] 中央农业广播电视学校. 农村法规. 北京：中国农业大学出版社，2003.

[4] 黄进，宋连斌，徐前全. 仲裁法学. 修订版. 北京：中国政法大学出版社，2002.

[5] 房绍坤，范李瑛，张洪波，等. 婚姻家庭与继承法. 北京：人民大学出版社，2007.